U0959895

权威·前沿·原创

皮书系列为
“十二五”“十三五”国家重点图书出版规划项目

BLUE BOOK

智库成果出版与传播平台

水利风景区蓝皮书

BLUE BOOK OF
WATER PARK

中国水利风景区发展报告（2020）

DEVELOPMENT REPORT OF WATER PARK IN CHINA
(2020)

主　编／兰思仁
副主编／谢祥财

社会科学文献出版社
SOCIAL SCIENCES ACADEMIC PRESS (CHINA)

图书在版编目（CIP）数据

中国水利风景区发展报告．2020／兰思仁主编．--
北京：社会科学文献出版社，2020.12
（水利风景区蓝皮书）
ISBN 978-7-5201-7275-2

Ⅰ．①中… Ⅱ．①兰… Ⅲ．①水利建设-风景区-研究报告-中国-2020 Ⅳ．①K928.7

中国版本图书馆 CIP 数据核字（2020）第 175968 号

水利风景区蓝皮书
中国水利风景区发展报告（2020）

主　　编／兰思仁
副 主 编／谢祥财

出 版 人／王利民
责任编辑／张建中　周　琼

出　　版／社会科学文献出版社·政法传媒分社（010）59367156
地址：北京市北三环中路甲 29 号院华龙大厦　邮编：100029
网址：www.ssap.com.cn
发　　行／市场营销中心（010）59367081　59367083
印　　装／天津千鹤文化传播有限公司

规　　格／开 本：787mm×1092mm　1/16
印 张：15.5　字 数：232 千字
版　　次／2020 年 12 月第 1 版　2020 年 12 月第 1 次印刷
书　　号／ISBN 978-7-5201-7275-2
定　　价／128.00 元

本书如有印装质量问题，请与读者服务中心（010-59367028）联系

《中国水利风景区发展报告（2020）》
编 委 会

前　言

《中国水利风景区发展报告》是以科研院校专家学者为主体的第三方研究团队，综合分析我国水利风景区发展动态，客观反映水利风景区改革发展成果，系统阐述水利风景区发展中一系列重要问题，并从理论上开展探索创新的综合研究报告。《中国水利风景区发展报告》力求多角度、多层面总结行业发展情况，反映新特点，分析新问题，探讨新趋势，提出对策与建议，对促进水利风景区全面、协调、可持续发展具有重要的理论指导与实践意义。《中国水利风景区发展报告》前五部的出版发行在社会公众中产生了积极影响，已经成为社会各界了解中国水利风景区建设与发展状况的重要载体和途径，以及各级党委政府开展决策的重要参考和行业管理工作者开展工作的基础依据。

《中国水利风景区发展报告（2020）》编写思路和框架结构与《中国水利风景区发展报告（2019）》总体保持一致，由总报告、专题报告、省市域和景区发展报告三个部分共 14 篇报告构成。总报告部分系统总结了 2019 年国家、省域（省级）水利风景区的发展现状与基本特征，分析归纳了 2019 年水利风景区的发展成效与基本经验，阐述了水利风景区面临的宏观形势与发展机遇，分析了新形势下水利风景区的发展趋势与前景，提出了水利风景区发展的发展措施与对策建议。专题报告部分围绕水利风景区生态修复与环境保护 PPP 模式的运作、水利风景区中水文化遗产的保护与利用、水利风景区中水利展示馆的建设、文化旅游融合发展理念在水利风景区建设中的运用等专题进行了研究。本书将省市域发展报告和景区发展报告合并在一个部分，省市域报告部分对浙江省水利风景区发展进行了系统叙述。景区报告部分对辽宁盘锦辽河鼎翔水利风景区、丹江口大坝水利风景区、福建莆田木兰陂水利风景区、广东乐从水利风景区、内蒙古乌兰浩特洮儿河水利风景区、河南济源沁龙峡水利风景区、河南郑州龙湖水利风景区七个景区进行了实证分析。

《中国水利风景区发展报告（2020）》编写工作历时约一年。为了使报告能够实事求是地反映水利风景区发展状况，研究团队于2019年初成立了编写组、技术咨询组和编审组三个工作组，在大量的实地调研、数据收集的基础上，书稿历经“三研三编三改三审”，即写作大纲、报告初稿、专题报告三次研讨，书稿第一稿、第二稿、第三稿三轮编撰、修改，通过技术咨询组会审、主编统审、出版社编审三次审稿，才得以成稿。其中的每一个环节都是交流碰撞、递进升华的过程，也是诸位专家倾注心血、真诚奉献的过程。兰思仁、谢祥财共同制定了书稿写作思路与框架结构，谢祥财、董青、汤勇生、李灵军、田玉龙、陈庚寅、汪升华对本书稿做了统稿修改，总报告部分由谢祥财、李灵军、司保江、赵敏、田玉龙、王凯、连泽俭、于小迪、韩凌杰、王欣苗等共同完成编写，陈菁、曾宜富、谢朝武、李琛、李鹏、温乐平、刘洋、刘林松、张蕾、廖梦均、苏争荣、程琳等同时参加了本书的其他部分的编写工作。

《中国水利风景区发展报告（2020）》成稿与出版，是众多专家辛勤劳动和智慧奉献的结晶，是水利行业老领导持续关心、支持与指导的结果，是基层水行政主管部门及水利风景区管理单位的同志们共同努力的成果。编写过程中得到了水利部领导及专家、基层党委、政府部门和水利风景区各级管理单位的关注、关心和帮助。水利部、水利部综合事业局领导及相关专家、专业人员为本书编撰提出了一系列指导意见和要求，水利部水利风景区建设与管理领导小组办公室对本书的编写与出版提出了许多宝贵意见和建议。编写过程中还得到了浙江省等省（市）水利风景区管理部门和辽宁盘锦辽河鼎翔水利风景区、丹江口大坝水利风景区、福建莆田木兰陂水利风景区、广东乐从水利风景区、内蒙古乌兰浩特洮儿河水利风景区、河南济源沁龙峡水利风景区、河南郑州龙湖水利风景区等景区管理单位的鼎力支持与协助。社会科学文献出版社政法传媒分社王绯社长、张建中编辑为本书的出版给予许多指导，付出了许多辛勤劳动。对此，一并表示诚挚感谢。由于时间和调研等方面的局限，本书难免存在不足和问题，真诚希望社会各界人士多提宝贵意见与建议，我们将在以后的相关工作中不断改进。

《中国水利风景区发展报告》编写委员会

2020 年 4 月

摘　要

《中国水利风景区发展报告（2020）》由总报告、专题报告、省市域和景区发展报告三个部分共14篇报告组成。

2019年是发展之年，水利风景区发展到了关键的一年。为此，总报告对水利风景区自2001年以来的发展进行了分析，对2019年国家、省域（省级）水利风景区发展现状与基本特征进行了总结概述，对水利风景区发展成效、存在问题、宏观形势与发展机遇进行了分析与总结，对水利风景区发展趋势进行了预测，对发展前景进行了展望，并针对存在的问题提出了具体的发展措施与对策建议。截至目前全国国家水利风景区为878家，达到省级质量的水利风景区2000多家，呈现"突出绿色发展，强调民生服务功能，注重文化内涵提升"等发展特征，水利风景区在我国经济社会发展中的综合效益日趋显现。在此供给侧结构性改革的深化之年，各省（区、市）及流域机构依托水工程或水域（水体），充分结合维护水工程、保护水资源、改善水环境、修复水生态、弘扬水文化、发展水经济等多层次多方面的需要，积极推动省级水利风景区建设发展。

专题报告部分围绕水利风景区生态修复与环境保护PPP模式进行了研究，阐述社会资本在水利风景区建设中起到的作用；论述了水利风景区中水文化遗产的保护与利用；分析了水利风景区中水利展示馆建设的意义与水利展示馆建设的步骤；提出了文化旅游融合发展理念在水利风景区建设中的运用与重要性；基于水利风景区旅游安全管理体系的建设，论述了我国水利风景区旅游安全管理的基本状态以及水利风景区旅游安全管理体系的建设。

省市域和景区发展报告对浙江省水利风景区建设管理创新实践情况进行了总结与探讨，针对浙江省域水利风景区发展做了系统研究。报告对浙江省水利风景区基础与现状做了描述，对其发展成效与问题做了总结，对发展形势做了分析，对存在的问题提出了对策与建议；对辽宁盘锦辽河鼎翔水利风景区、丹江口大坝水利风景区、福建莆田木兰陂水利风景区、广东乐从水利风景区、内蒙古乌兰浩特洮儿河水利风景区、河南济源沁龙峡水利风景区、河南郑州龙湖水利风景区等七个景区进行了实证分析，从具体案例上反映 2019 年水利风景区发展的现状、特征、问题与成效。

关键词： 水利风景区　省域发展　景区发展

目　录

Ⅰ　总报告

Ⅱ　专题报告

Ⅲ　省市域和景区发展报告

皮书数据库阅读**使用指南**

总 报 告

General Report

B.1
中国水利风景区发展回顾与前瞻

谢祥财　苏争荣　韩凌杰　赵　敏　连泽俭
李灵军　司保江　田玉龙　于小迪　王　凯　王欣苗*

摘　要： 本报告总结了十八大以来中国水利风景区的发展现状与基本特征、发展成效与基本经验、宏观形势与发展机遇、发展趋势与前景展望、发展措施与对策建议。其中，发展现状与基本特征，总结了十八大前后不同类型国家水利风景区规模数量与类型结构上的变化及其原因，归纳出十八大以后水利风景区发展呈现的特征：重视统筹发展，注重多方融合；全面规划布局，建好身边景区；围绕百姓生活，贴近民生需求；注重绿色发展，创建优质产品。发展成效与基本经验，总结

* 谢祥财，福建农林大学园林学院副教授，风景园林研究方向；苏争荣，国家水利风景区研究中心工程师；韩凌杰，水利部综合事业局工程师；赵敏，河海大学教授；连泽俭，水利部综合事业局工程师；李灵军，水利部综合事业局景区规划建设处副处长。

了十八大以来社会经济发展产生的环境变化给水利风景区发展带来的机遇和挑战，以及当前水利风景区发展的总体情况：基本达到了水质优、岸线绿、风景美且人与自然和谐发展的愿景目标。宏观形势与发展机遇，站在机构改革、生态文明建设、乡村振兴、脱贫攻坚等国家战略与政策部署的层面，分析了水利风景区在当前局势下的发展。发展趋势与前景展望，明确了水利风景区必须坚持“以人为本，全面协调，因地制宜，统筹兼顾”原则，努力打造社会各界认同、人民群众欢迎的环境友好型水利风景区。发展措施与对策建议，在前面内容的基础上提出水利风景区发展应有新的措施、新的政策，从景区的认定管理、水利功能特色、长效管理、退出机制、融入河长制、提高人员素质、解决发展不平衡不充分问题等方面提出对策措施。与之对应，从景区规划思路、景区品质、建设精品景区、发展三级景区网络、管理体制、管理制度等方面提出政策建议，使水利风景区发展呼应新时代要求，满足人们日益增长的美好生活需求。

关键词： 水利风景区　类型结构　社会效益

一　中国水利风景区发展现状

（一）发展现状

1. 景区规模与类型

（1）2001～2018 年新增国家水利风景区规模分析

从图 1 可以直观看到，2001～2004 年为年新增国家水利风景区逐渐上升期，2004～2012 年为相对平稳期，年增量基本稳定在 40～50 家；2012 年是一个转折点，增量从 44 家上升到 2014 年的 70 家，2015 年开始呈现逐年下降趋势。2012 年为党的十八大召开之年，之后两年即 2013 年和 2014 年水利风景区年增量达到最高峰，原因在于水利风景区的发展高度契合了十八大提出的生态文明发展战略。2015 年开始，水利风景区主管部门主导水利风景区从追求数量转变为追求质量的发展，严格控制国家水利风景区的申报和审定，因此在年增量上逐年呈下降趋势。

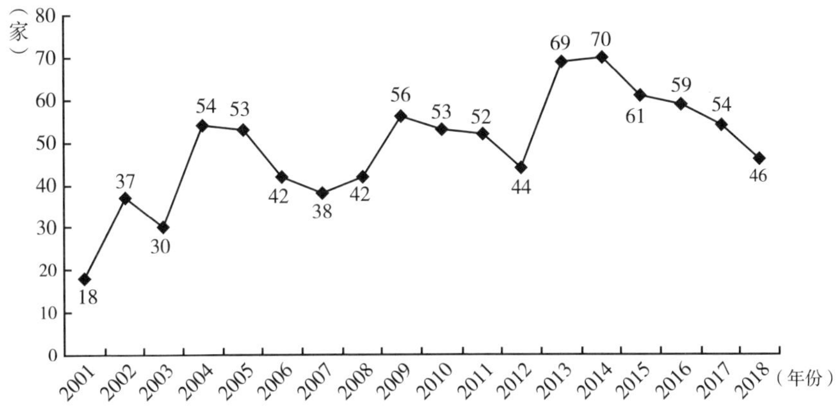

图 1　2001～2018 年新增国家水利风景区数量

（2）2001～2018 年国家水利风景区规模及类型分析

截至 2018 年，经过近 20 年的发展，全国已有 878 家景区被审定为“国家水利风景区”，2000 家景区达到省级标准，涵盖了 31 个省（自治区、直辖市）的主要江河湖库、灌区、水土流失治理区。水库型水利风景区达到 373 家，占总量的 42.48%；城市河湖型水利风景区共有 195 家，占总量的 22.21%；自然河湖型水利风景区共有 195 家，占总量的 22.21%；湿地型水利风景区共有 47 家，占总量的 5.35%；水土保持型水利风景区共有 37 家，占总量的 4.21%；灌区型水利风景区共有 31 家，占总量的 3.53%（见图 2）。总体而言，城市河湖型、自然河湖型以及水库型水利风景区数量远大于湿地型、灌区型和水土保持型水利风景区。分析其原因，主要为前三种类型水利风景区相较于后三种类型，在申报基数上占有绝对优势；另外，前三种类型水利风景区在休闲、游憩、旅游等方面的开发更具有优势和条件。

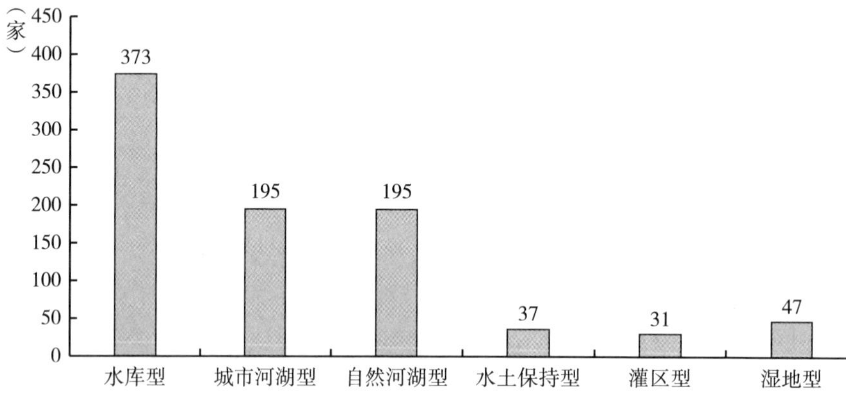

图2　2001～2018 年国家水利风景区规模及类型

（3）2001～2012 年国家水利风景区规模及类型分析

2001～2012 年，即水利风景区创办至党的十八大召开，国家审定批准“国家水利风景区”518 家，其中，水库型水利风景区达到 296 家，占总量的 57.14%；城市河湖型水利风景区共有 81 家，占总量的 15.64%；自然河湖型水利风景区共有 93 家，占总量的 17.95%；湿地型水利风景区共有 19 家，占总量的 3.67%；水土保持型水利风景区共有 17 家，占总量的 3.28%；灌区型水利风景区共有 12 家，占总量的 2.32%。以党的十八大为重要节点，从图 3 可以清晰看出，之前水库型水利风景区一家独秀，在规模上远远超过其他类型的水利风景区。究其原因，除了发展基数外，水库型水利风景区都是以水管单位为主体，相对于其他类型的水利风景区在确权划界上相对清晰，因此在初期阶段发展比较快。

（4）2013～2018 年新增国家水利风景区规模及类型分析

如图 4 所示，2013～2018 年，即党的十八大召开以后，全国新增国家水利风景区 360 家，其中，水库型水利风景区达到 95 家，占总量的 26.39%；

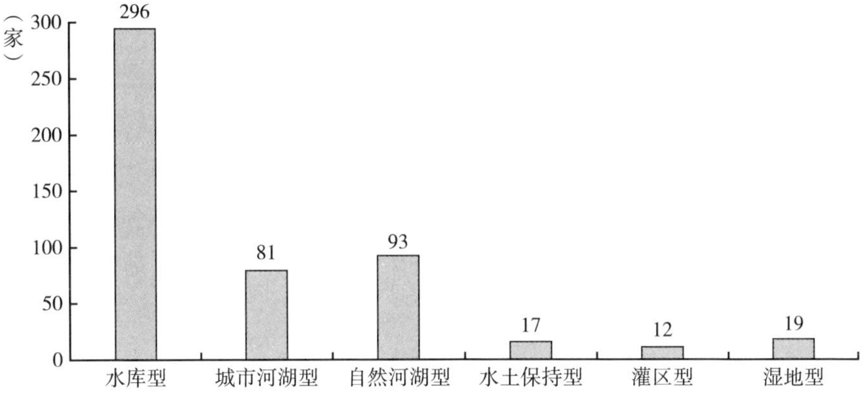

图 3　2001～2012 年国家水利风景区规模

城市河湖型水利风景区共有 113 家，占总量的 31. 39%；自然河湖型水利风景区共有 100 家，占总量的 27. 77%；湿地型水利风景区共有 21 家，占总量的 5. 83%；水土保持型水利风景区共有 19 家，占总量的 5. 28%；灌区型水利风景区共有 12 家，占总量的 3. 33%。

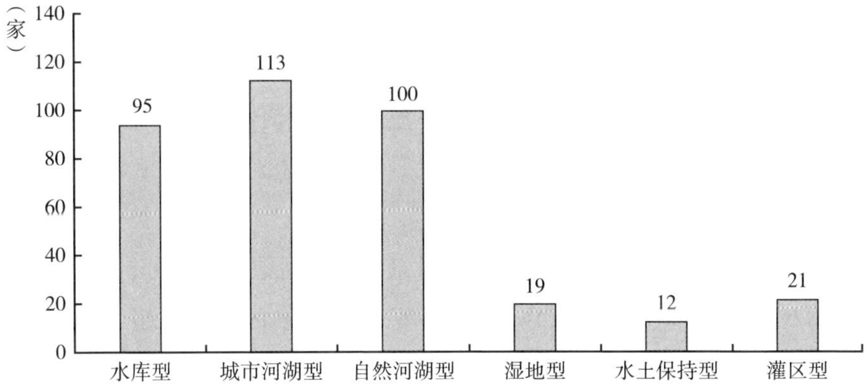

图 4　2013～2018 年新增国家水利风景区规模

如图 5 所示，党的十八大以后，被审定批准的国家水利风景区中，水库型水利风景区占比大幅下降，由原来的 57. 14% 降到 26. 39%，与此相反，城市河湖型水利风景区与自然河湖型水利风景区占比大幅提升，分别从

15.64%提升到31.39%、17.95%提升到27.77%。湿地型、水土保持型与灌区型的水利风景区占比则略有提升。

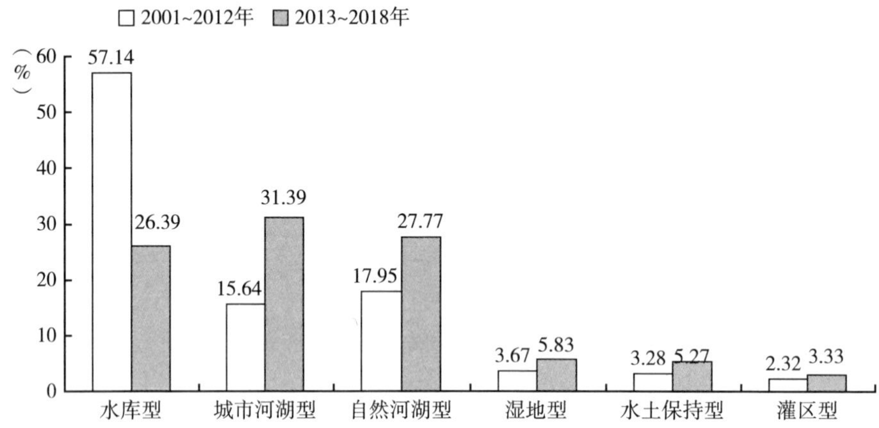

图5 国家水利风景区类型对比

党的十八大以后至2018年6年间，城市河湖型水利风景区与自然河湖型水利风景区的数量已超过水库型水利风景区；湿地型水利风景区以及水土保持型水利风景区与其他类型水利风景区占比有较大提升。城市河湖型水利风景区与自然河湖型水利风景区的快速发展，反映了水利风景区对城乡生态保护与休闲游憩贡献越来越大。湿地型水利风景区以及水土保持型水利风景区占比的增加，体现了水利风景区建设是对生态文明发展战略的积极践行。

（5）2001～2012年六大类型水利风景区年新增数量对比分析

图6所示，2001～2012年，以水库型水利风景区居多，超过总量的一半，城市河湖型与自然河湖型两种类型水利风景区约占另一半。其间，新增水库型水利风景区数量在2004年达到最高值——年新增42家，而后逐渐减少。城市河湖型与自然河湖型两类水利风景区年新增数量呈现逐年增加的趋势，由2001年两类数量相加不过水库型数量一半变成2012年两类数量相加与水库型景区数量持平；湿地型、灌区型和水土保持型水利风景区基本保持每年略微增长的状态。

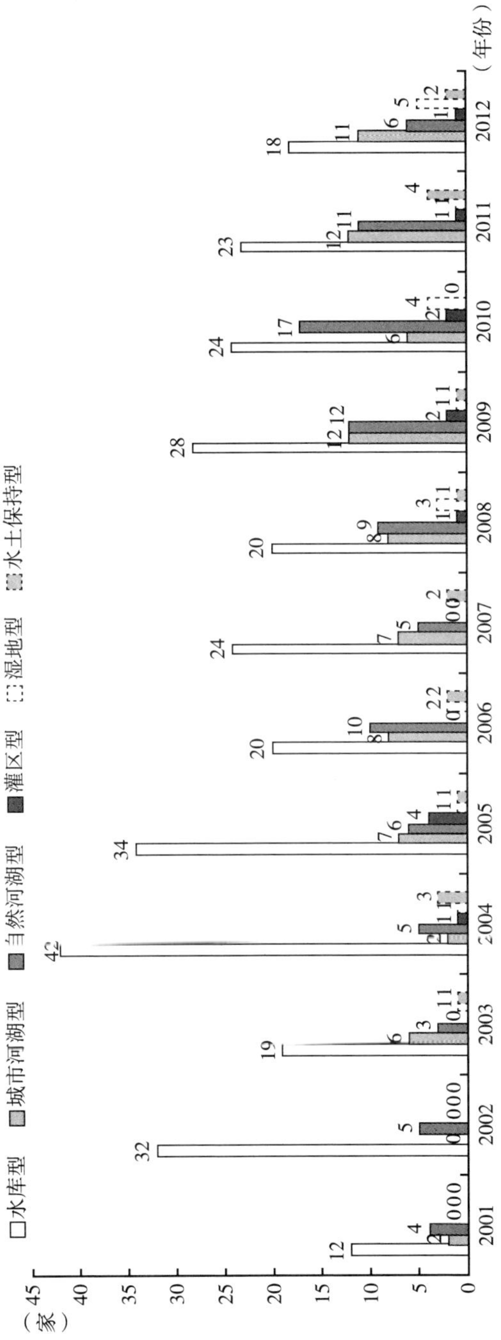

图6 2001～2012年六大类型水利风景区年新增数量对比

（6）十八大后六大类型水利风景区年新增量分析

从图7至图12可知，党的十八大以来，水库型水利风景区年新增量呈现逐渐减少的趋势，2016～2018年趋于平稳；城市河湖型水利风景区2014～2015年新增数量迎来高峰，2015年后基本维持在15家以上水平。自然河湖型水利风景区2013～2014年新增数量也迎来了高峰，2015年骤然下降，2016年数量上升后，2016～2018年也呈现逐年下降趋势。灌区型水利风景区数量呈现缓慢下降的趋势。湿地型水利风景区呈现比较平缓的下降趋势，2018年，湿地型水利风景区被审定数量为0；水土保持型水利风景区在党的十八大以后年新增量也相对较少。总体而言，十八大以后水库型水利风景区增量明显减少，城市河湖型以及自然河湖型水利风景区呈现强势增长趋势，说明了社会对于发展群众身边水利风景区的要求越来越强烈。

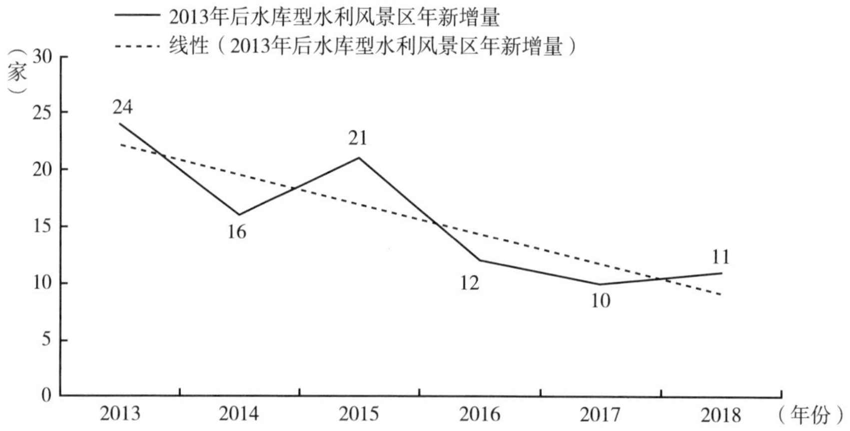

图7　2013年后水库型水利风景区年新增量

2. 空间布局

我们基于中国行政区划的大区划分来分析水利风景区的空间布局。华东地区水利风景区数量最多，为328家；华中地区、华北地区、西北地区、东北地区、西南地区数量相对均衡，在76与124之间；华南地区水利风景区数量最少，为32家。华东地区由于经济较发达，加之地域辽阔，水源丰沛，水利风景区分

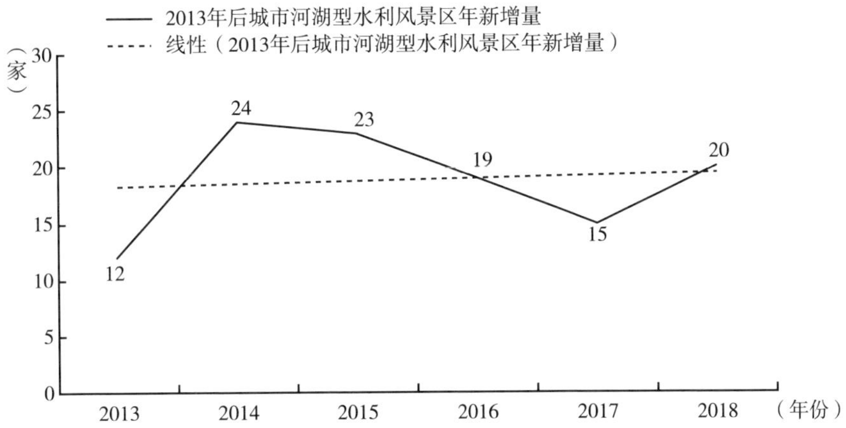

图 8　2013 年后城市河湖型水利风景区年新增量

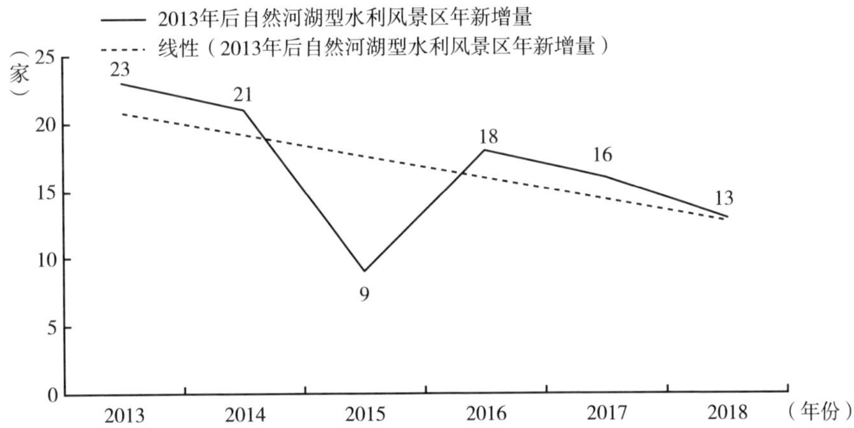

图 9　2013 年后自然河湖型水利风景区年新增量

布较为密集，数量优势明显。华南地区景区 32 家，远远落后于其他地区，主要原因是包含省份较少，覆盖面积较小（见图 13）。

（二）管理现状

1. 管理机构

在行政管理机构方面。各省水利厅也相继成立及完善省级领导小组，开

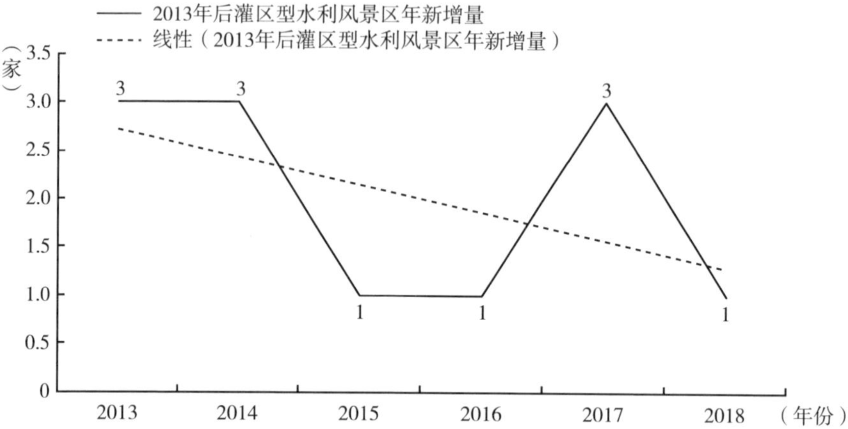

图 10　2013 年后灌区型水利风景区年新增量

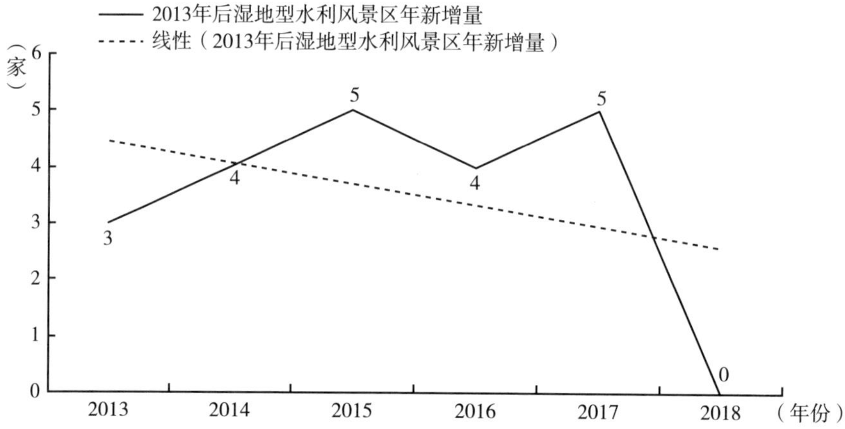

图 11　2013 年后湿地型水利风景区年新增量

展水利风景区的各项行政管理工作。2018 年，中央及国家机关新一轮机构改革完成之后，水利部将指导水利风景区建设管理职能明确设在河湖司。截至 2019 年年底，近 30 个省级水利厅（局）将水利风景区建设管理职能纳入部门“三定”职能中，工作体制进一步完善，为水利风景区未来建设提供了稳定的保障。

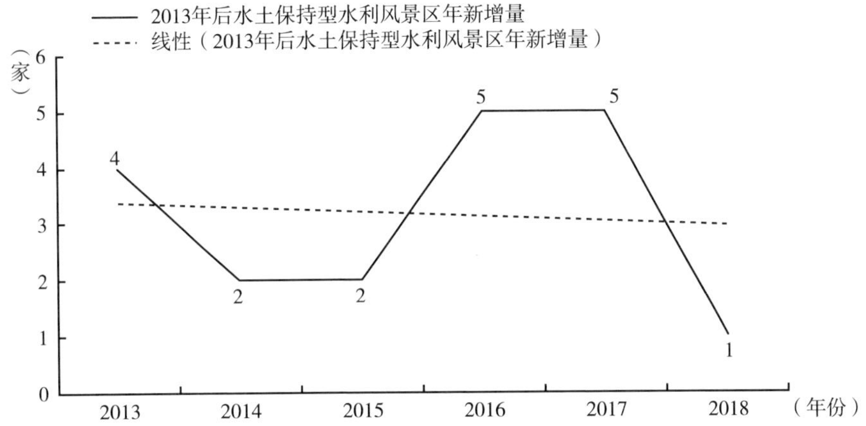

图 12　2013 年后水土保持型水利风景区年新增量

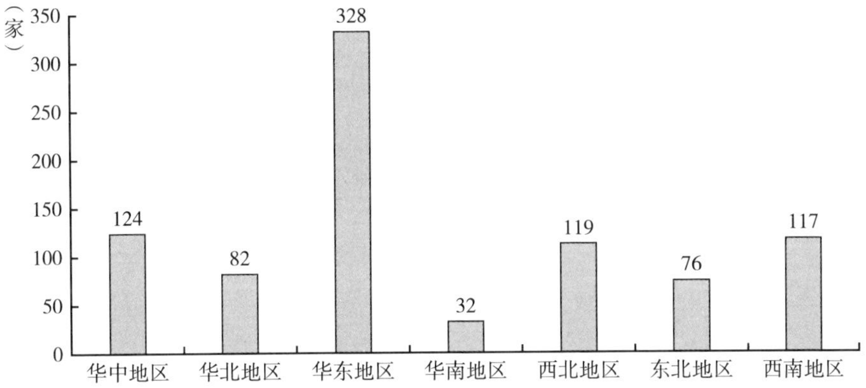

图 13　国家水利风景区地区分布情况

2. 管理制度

（1）水利部出台的规范和文件

自 2001 年以来，水利部相继颁布了水利风景区的系列标准、规范和文件，2001 年出台了《关于加强水利风景区建设与管理工作的通知》（水综合〔2001〕609 号），2004 年颁发了《水利风景区管理办法》（水综合〔2004〕143 号），同年发布了《水利风景区评价标准》（SL300 - 2004），2005 年颁发了《水利风景区发展纲要》（水综合〔2005〕125

号），2006 年颁发了《水利旅游项目管理办法》（水综合〔2006〕102 号），2008 年发布了《水利旅游项目综合影响评价标准》（SL422－2008），2010 年发布了《水利风景区规划编制导则》（SL471－2010），2013 年颁发了《水利部关于进一步做好水利风景区工作的若干意见》，2013 年修订发布了《水利风景区评价标准》（SL300－2013），2018 年印发了《全国水利风景区建设发展规划（2017～2025 年）》（水综合〔2005〕453 号）。这些标准、规范和文件的制定与实施保证了水利风景区健康有序发展。

（2）地方规范和文件

在水利部制定、颁发的系列标准、规范、文件的基础上，各省相继出台了水利风景区的相关地方标准和文件。如 2015 年福建省政府发布了《福建省水利风景区管理办法》，2016 年陕西省政府办公厅印发《关于加快推进水利风景区建设的意见》，2017 年江西省水利厅发布了《江西省省级水利风景区评价标准》，2019 年福建省水利厅发布了《福建省水利风景区标识系统建设技术指南》等。这些地方标准、文件的制定和实施有效补充了水利风景区的法规和规范。

3. 人才队伍

在人才队伍建设上，水利部以及各省（区、市）水利厅（局）多措并举，进行水利风景区各类型人才筹备和培养。首先，通过各类型的培训，持续加强景区人才梯队能力建设。分别针对市、县水利局水利风景区主管部门负责人、水利风景区单位负责人和水利风景区规划设计人员，水利部景区办每年举办多期全国水利风景区建设与管理培训，并带动各地开展各类专项培训，取得较好成效。其次，突出加强景区专家智库能力建设，全面梳理水利风景区专家库，按照景区法规、景区规划、建设管理、运营管理、文化科普、智能化等领域分门别类完善智库专业结构，根据老中青不同年龄阶段完善专家梯队建设。通过组织专家研讨、开展专项咨询和调研、组织编写培训教材、解读水利风景区发展形势和政策等方式，切实发挥专家智库智囊作用，保障景区科学发展。

二　国家水利风景区基本特征

（一）响应中央号召，注重绿色发展

党的十八大明确把生态文明建设作为党的行动纲领之一，提出“五位一体”总体布局。同时，习近平总书记对生态文明建设提出了“既要绿水青山，又要金山银山”的重要论断。水利风景区践行“两山”理论，积极实践“山水林田湖草是生命共同体”的发展理念，更加突出绿色发展，把水利风景区作为水利部门落实中央关于建设美丽中国、推进生态文明建设战略部署，建设幸福河湖的载体和抓手。

近年来，对国家水利风景区的认定提升了景区对水环境的各项要求，景区明确将“景区水质等级不低于Ⅳ类”作为一票否决的评价指标。调查表明，所有水利风景区全部实现污水达标排放，46.3%的景区水质达到Ⅱ类以上标准，60.6%的景区空气质量达到一级标准。水利风景区的建设发展已经成为良好生态环境建设的有力保障。

（二）积极主动作为，注重融合发展

党的十八大以来，水利风景区发挥主动性，不仅落实水利部门各项政策措施，而且积极依靠国家战略，与其他行业协同融合发展。在水利行业方面，水利风景区紧密结合河长制湖长制，统筹河流湖泊综合治理、中小河流重点治理、水系连通与水土保持生态治理等，改善河湖水生态环境，营造滨水文化景观。同时，响应中央生态文明建设号召，积极围绕“一带一路”建设、乡村振兴战略、京津冀协同发展、长江经济带建设、大运河文化带建设等国家重大战略部署，积极融入新型城镇化建设、美丽乡村建设、脱贫攻坚战、全域旅游等国家重大策略，结合流域、区域水利工程和江河湖库风景资源禀赋，建设发展水利风景区，协力推动社会各方面的发展。为促进地方景区主观能动性，加大水利风景区建设技术帮扶力度，组织专家深入基层调

查，现场指导帮助解决实际问题。通过召开工作会、现场会、座谈会、经验交流会，以及举办培训等，加强政策宣讲和业务辅导，让地方政府、各级水利部门及景区负责人准确把握水利风景区建设发展的新要求、新变化、新趋势，进一步提高站位，拓宽思路，主动将水利风景区融入地方经济社会发展大局中谋划，为水利风景区建设发展提供政策扶持，解决发展瓶颈。指导各地结合河长制湖长制，统筹流域综合治理、水土保持生态治理、城乡水环境综合治理、美丽乡村建设等，推动建设一批“安全、生态、文化、美丽”的水利风景区，完善现有水利风景区基础设施和文化服务设施，为河湖管理从“管得住”到“管得好”提供示范。

（三）贴近民生需求，创建优质产品

通过水利风景区建设，综合利用水利资源，改善水生态环境，让“脏乱差”的河流湖泊恢复健康，走向美丽，同时为社会提供了优质生态产品，拓展了水利社会服务功能，带动了当地经济社会发展，顺应了人民群众对美好环境的期待和要求，赢得了社会的积极反响和支持。党的十八大以来，以乡镇为主体单位申报水利风景区的数量越来越多，从侧面反映了老百姓对水利风景区的认可和需求。

（四）围绕百姓生活，建设好身边景区

党的十八大以后，被审定批准的国家水利风景区中，城市河湖型水利风景区与自然河湖型水利风景区占比大幅提升。另外，2012 年以来审定批准的国家水利风景区中，区位与乡镇交集密切的景区平均占比达到 50% 左右。水利风景区的类型结构和空间分布明显反映出水利风景区越来贴近民生，老百姓身边的水利风景区越来越多，社会效益越来越凸显。

（五）重视统筹发展，全面规划布局

随着水利风景区建设的发展，各景区、各部门越来越重视水利风景区的统筹规划工作。2017，水利部印发《全国水利风景区建设发展规划

(2017～2025年)》，各省水利厅组织市、区各单位编写市域水利风景区发展规划，在此基础上完成省域水利风景区发展规划。相关省市如福建省、江西省等，要求认定水利风景区之前，必须完成单体水利风景区总体规划，并对规划进行严格审查。全国、省域、市域、单体水利风景区的系统规划为当前及今后一个时期的水利风景区发展奠定了坚实基础。

三　水利风景区发展中存在的问题

（一）水利风景区功能与特色不够凸显

依托水利工程，以水环境保护、水生态修复为核心和基础，并对水利风景资源进行科学开发利用。发展水经济、弘扬水文化是水利风景区区别于旅游景区、国家公园或其他类型景区的特色所在。当前水利风景区规划、建设普遍存在重开发利用、轻保护的思想；对水利风景资源的调研不够充分，水文化挖掘不够深入，使得水利风景区固有的功能和特色不够凸显，水利风景区在一定程度上存在同质化现象。

（二）水利风景区长效管理机制尚不完善

自2001年以来，水利部相继发布了水利风景区的系列标准、规范和文件，明确了水利风景区的准入制度，规范了水利风景区规划、建设和管理的要求，促进了水利风景区的健康发展。但随着水利风景区数量的增加、规模的不断壮大，水利风景区发展的重心已经从追求数量转移到提升品质，从重创建转变到强监管。完善水利风景区长效管理机制，如制定水利风景区的退出机制、监管办法，进一步健全水利风景区其他政策法规体系等势在必行。

（三）水利风景区发展不平衡、不充分

当前，水利风景区发展尚存在不平衡、不充分问题。首先，在空间布局上，2012年以来，在总量和增量上，东部、南部、中部地区水利风景区明

显多于西部、西北部、东北部地区，景区数量排在全国前三位的省份位于东部地区（山东、江苏、安徽），排在后三位的位于西部和东北部地区（新疆、辽宁）。其次，在景区品质方面，近年来一批景区响应生态文明发展战略，积极融入乡村振兴、全域旅游等国家战略，主动作为，建设精品景区，取得了很好的生态效益、社会效益和经济效益。但许多景区仍然存在投入少、监管不到位等现象，以致景区品质难以提升。再次，类型结构存在不平衡的问题。党的十八大以前，从国家水利风景区数量看，水库型水利风景区数量最多，占国家水利风景区的 58.53%。而后，城市河湖型、自然河湖型水利风景区增量明显高于其他类型，至 2018 年，分别占比 31.39% 和 27.77%，而水库型占比降到了 26.39%。湿地型与灌区型的水利风景区占比虽略有提升，但仍然较低。最后，在水利风景区发展覆盖面上存在不充分问题。国家水利风景区以及达到省级标准的水利风景区不管在数量还是空间布局上很难相对均衡地分布在市、县层面。水利风景区作为优质的生态产品深受老百姓欢迎，发展市、县级水利风景区，发展老百姓身边的水利风景区显得尤为迫切。

四　发展成效

自 2013 年以来，在党的十八大精神的指引下，水利风景区进入了新的发展时期。水利风景区的外延持续拓展、内涵日益丰富，规模不断扩大、品位逐渐提升，初步体现出高质量发展的趋势。截至 2018 年底，全国累计国家水利风景区已有 878 家，同时有 2000 多家水利风景区达到省级标准。这些景区遍布长江、黄河等七大流域，分布于全国 31 个省级行政区域和新疆生产建设兵团，涵盖了国内各大江河湖库水域、重点产业灌区和水土流失治理区，为广大人民群众休闲娱乐、观光旅游、文化活动、体育健身、科普教育等提供了清新灵秀和颇具特色的空间场所，呈现良好的发展态势。

在此期间，各地水利风景区建设与管理单位以习近平新时代中国特色社会主义思想为指导，遵照“创新、协调、绿色、开放、共享”和“绿水青山就是金山银山”的发展理念，以维护河流湖泊健康美丽、提供优质生态产品、实施脱贫攻坚和乡村振兴战略、全面落实河长制湖长制为新的使命，以满足人民日益增长的美好生活需要为发展目标，综合利用景区所拥有的丰富而系统的水利设施、水域及其岸线，通过对景区的净化、绿化与美化，以及建设系统完善的水利科普和文化服务设施，积极发挥水利风景区“维护水工程、保护水资源、改善水环境、修复水生态、弘扬水文化、发展水经济”的六大主体功能。

（一）水利风景区的积极作用

1. 为维护河流湖泊健康美丽发挥了重要作用

党的十八大以来，各地以习近平新时代中国特色社会主义思想指导水利风景区的建设与管理，以满足了人民日益增长的美好生活需要为目标，不断加强水利风景区建设与管理，通过建设美丽河湖，促进美丽中国和生态文明建设，满足了人民群众对美好生活日益增长的需求，成效显著，得到了社会各界的一致肯定。水利风景区的建设与发展，在科学保护利用河湖水域及其岸线方面开创并形成了新的模式，有力地推动了加强河湖管理和维护河湖健康美丽的工作，使得生态群落得到了恢复与拓展，水资源短缺和水环境恶化的态势也得到了有效遏制。实践表明，水利风景区的建设与管理充分调动了社会各界的积极性，水利风景区所依托的河湖面貌被打造得焕然一新，水利风景区建设业已成为维护河流湖泊健康美丽的生动实践和完美诠释。

西昌邛海水利风景区依托四川省内第二大淡水湖邛海而建，位于四川省凉山州西昌市，属于自然河湖型水利风景区，2016 年被批准为国家水利风景区。自 2008 年起，西昌市启动了邛海生态保护与湿地恢复工程建设，强力推进清淤疏浚、退塘还湖、退田还湖、退房还湖，为邛海让出一片“天地”；通过实施低碳减排、恢复治理、生态保育、截污治污等工程，扩大湿地生态保护及补偿范围；同时建立健全邛海湿地的生态保护、修复、建设、补偿机制。截止到 2016 年，历时 7 年多、经历六期、总投资 51 亿元的邛海恢复工程全面完工，建成了 2 万亩湿地，水域面积恢复到了 34 平方千米，形成了国内著名的城市湿地。近年来，西昌市结合水利风景区建设与发展，针对邛海湖的实际，通过修建拦沙坝和防护堤、退田还湖和坡耕地造林等多项水生态修复和水环境改善工程，合理有序地开展小流域综合治理，在初步完成环邛海湖滨带30多千米岸线修复，有效解决入湖河道淤积问题的同时，形成了多处湖滨天然湿地，使得湖泊水质长期稳定在Ⅱ类标准。2018年，西昌邛海水利风景区被四川省授予首批河湖公园试点，在全国率先开展了河湖公园建设，形成了水利风景区的升级版，由此突破了行业限制，促进了融合发展。西昌邛海的实践表明，水利风景区通过对河流湖泊水域岸线的有效保护和综合利用，既维护了河湖的健康美丽，也顺应了人民群众对美好环境、美好生活的新期待，发展成果可为全民共享。

湖州吴兴太湖溇港水利风景区位于浙江省湖州市吴兴区北部、美丽的太湖南岸，面积为76平方千米，是依托世界灌溉工程遗产——太湖溇港而建的灌区型水利风景区，2017年被批准为国家水利风景区。景区管理部门把水利风景区提升与美丽河湖工程建设紧密结合起来，将维护河流湖泊健康美丽视为水利风景区工作的新使命。近年来，吴兴区将水利风景区作为生态文明建设、建设美丽河湖的重要载体、抓手、路径和平台，结合水利风景区建设，实施了河湖水系沟通与溇港整治工程，有效地改善了区域水生态环境。针对溇港河道建设现状，结合南太湖美丽溇港带暨国家水利风景区提升需求，吴兴区将水利风景区的打造提升与美丽河湖工程建设紧密结合起来，确定了美丽河湖工程建设任务为区域内“十横二十纵”美丽河湖建设，包括小溇港、小横塘生态治理，既有效地推进了区域美丽河湖工程建设，又为太湖溇港水利风景区建设提升奠定了坚实基础。

2. 为广大人民群众提供了优质生态产品

党的十八大以来的实践证明，水利风景区通过对水利设施、河湖水域、岸线及其相关联的滩涂、岛屿、植被、建筑、遗存等自然和人文景观的建设与保护，强调维系生态安全屏障，保障生态调节功能（吸收二氧化碳、制造氧气、涵养水源、保持水土、净化水质、防风固沙、调节气候、清洁空气、减少噪音、吸附粉尘、保护生物多样性、减轻自然灾害等），提供良好人居环境的自然要素（宜人的气候、清新的空气和清洁的水源等），充分体现了“绿水青山就是金山银山”的绿色发展理念和“最普惠的民生福祉”的观念，推进了绿色发展方式和生活方式的全面形成、人与自然的和谐共生，以及生态环境领域国家治理体系和治理能力现代化的全面实现。各地水利风景区无不呈现生意盎然、四季如画、清水绿岸、鸟语花香的优美景象，实实在在地为人们提供了富有特色的优质生态产品，大大增强了广大人民群众的生活幸福指数和精神获得感。调查表明，截止到2018年底，国家水利风景区全部实现了污水达标排放，超过半数以上的景区水质明显提升，46.3%的景区水质达到了Ⅱ类以上标准，60%的景区空气质量达到了一级标准。“一湖好水、惠泽万千”，水利风景区建设者与管理者用自己的智慧和付出，为人们奉献了一道道视觉盛宴，带给广大民众丰厚的享受。

长沙市结合水生态文明试点城市建设，通过创新机制、强化管理，科学推进水利风景区发展，精心打造具有长沙山水洲城、品质特色的水利风景区名片。全市依托“一江、六河、八湖、十三洲岛”的自然环境，打造了“麓山为屏、湘江为带、六河绕城、碧水连洲”的城市山水生态新格局。截至2017年，全市共建成了8个省级以上水利风景区，其中5个为国家水利风景区，这些水利风景区业已成为长沙生态旅游的热门景点和水利形象的展示窗口。长沙洋湖湿地水利风景区于2017年被批准为国家水利风景区，景区位于长沙市西南部大河西先导区内，总面积4.85平方千米。景区以“美丽洋湖、生态洋湖、科教洋湖、文化洋湖”为指导，以湿地生态为基底，通过重新构建湿地生态及水资源循环利用系统，形成了一个集湿地群落观赏、生态科普、两型理念（资源节约型、环境友好型社会）宣传为一体的特色旅游目的地，呈现“水质清洁、天然氧吧、四季花果、万千林相、百鸟争鸣、生命乐园”的美好景象。景区绿化覆盖率高达90%，汇集水杉、菖蒲等1300多种湿地植物，与市中心的温差将达到3℃以上，负氧离子高出中心城区6倍多，每年可固定吸收二氧化碳6500吨，形成了完整的湿地生态系统，成为生态保护与城市人居和谐统一的典范，也是长沙市民休闲观光娱乐、体验生态文明、感受环保理念的理想之地。

绵阳仙海水利风景区地处以“李白出生地、中国科技城”而闻名的四川省绵阳市，依托武都引水工程骨干囤蓄水库——仙海湖而建，2003 年被批准为国家水利风景区，也是四川省首批国家水利风景区。通过与生态、文化、旅游等产业深度融合，景区已成为集“水景观光、休闲度假、运动养生、科普教育”等功能于一体的高品质水利风景区。自 2013 年以来，景区始终秉持“绿水青山就是金山银山”的发展理念，致力于打造中国西部一流水利风景区，保护好仙海水生态环境，科学合理利用好水利资源，做好、做活水利风景区这篇富民文章。目前，景区水质常年保持在Ⅱ类以上，空气质量优良天数保持在300 天以上，通过严格的生态保护，让绿水青山奠定了景区可持续发展的基础。借助仙海湖良好的生态环境优势，景区积极探索文旅融合发展，为人民群众提供了优质的生态产品。2016 年，景区实现生产总值 7.3 亿元、财政总收入 1.46 亿元、人均财力位列绵阳全市第一，“绿水青山就是金山银山”发展理念在仙海得以充分展现。

3. 为实施脱贫攻坚和乡村振兴战略做出了新的贡献

脱贫攻坚和乡村振兴战略都是我国为实现“两个一百年”奋斗目标确定的国家战略，多地水利风景区建成后，通过合理开发水土资源和科学发展全域旅游，为景区周边人口提供了诸多创业和就业机会，脱贫致富与振兴乡村的作用十分显著。水利风景区融合了生态旅游、乡村旅游、休闲农业、特色小镇的发展，正在让“绿水青山就是金山银山”成为真实感受，“乡村旅游‘敲开’致富门，好风景变成了好日子”业已成为水利风景区发展的生动写照。与此同时，水利风景区建设将辖区内乡村河湖水系的保护与整治工作作为主要任务之一，由此营造了清新的田园风光，并充分发挥景区生态和产业的带动优势，从而为实现乡村经济转型升级打造了新引擎，创造了景区建设与扶贫攻坚、乡村振兴共荣发展的新局面。

宜良九乡明月湖水利风景区位于云南省宜良、石林、陆良三县交界处，是南盘江筑坝修建柴石滩水库所形成的高峡平湖，2015 年被批准为国家水利风景区。实践表明，水利风景区的建设与发展，优化了当地的三次产业布局，带动了区域的经济发展和社会进步，为扶贫攻坚做出了突出贡献。一是通过推动景区基础设施建设，使沿线群众受惠，景区周边交通设施的配套既方便了群众出行，又促进了周边地区经济发展，在扩大了库区作为国家级水利风景区知名度的同时，也助推了沿线旅游市场的繁荣，从而带动了当地农民的就业增收。二是通过在景区内打造国内顶级数字产业基地，有效地整合了诸如政策、产业、科研创新、科技服务等要素资源，推进了科技人文交流及各领域的合作，加快了区域经济跨越式的发展进程。三是通过在景区内打造精品旅游项目，推动全域旅游高质量发展，此举不但优化了当地产业布局、拉长了产业链，而且还弥补了经济发展短板、拓宽了群众就业渠道、增加了区域经济收入。

上堡客家梯田水利风景区位于江西省赣州市崇义县上堡乡，依托上堡农田水利灌区、赤水仙水库、仙龙潭水库而建，2017 年被批准为国家水利风景区。景区内生态环境良好、生物类群丰富、资源特色明显，是一个集休闲度假、生态观光、红色旅游、民俗体验、科普教育为一体的生态宜居、人水和谐的综合型水利风景区。崇义县委、县政府高度重视景区的建设与发展，将客家梯田纳入全县水利风景区建设发展规划，这对于提高当地居民水资源保护意识，以及修复生态环境，促进产业经济发展，建设配套设施，发展乡村旅游，助推精准扶贫，构建山、水、林、田、湖、草大生态共同体等起到了积极的作用，使上堡客家梯田水利风景区的知名度和美誉度不断提升。2012 年和 2014 年，崇义县客家梯田被上海大世界吉尼斯总部认证为全国最大的客家梯田，并入选第二批“中国重要农业文化遗产”名录。2017 年，上堡客家梯田水利风景区全年游客量达 20 万人次，景区开展的农业休闲旅游已经初具规模，有力地促进了当地的精准扶贫和乡村振兴工作。2018 年，崇义县客家梯田又以其独特的土地利用系统和农业资源景观，被联合国粮农组织授予“全球重要农业文化遗产（GI-AHS）”的称号，标志着这颗赣南地区的生态旅游新星已经脱颖而出，正式走向世界。

4. 为全面落实河长制湖长制发挥了积极作用

水利风景区具有维护工程、涵养水源、改善环境、修复生态、弘扬文化、服务大众等功能，突出对水利设施、河湖水域及其岸线的保护和综合利用，要求有序开发、合理利用水利风景资源，与河长制湖长制“水资源保护、河湖水域岸线管理保护、水污染防治、水环境治理、水生态修复和执法监管”要求的六大任务是紧密契合的。各地的实践充分说明，通过水利风景区的建设，实施山、水、林、田、湖、草生命共同体一体化治理，加强对河湖水域岸线空间管控，保护和改善了水生态、水环境，使以往“脏乱差”的河流、湖泊、湿地等恢复健康、走向美丽，展现了清水绿岸、鱼翔浅底、生态良好的美好画卷。水利风景区建设既为河湖建设提供了有效的途径，同时也为全面实施河长制湖长制发挥了积极作用。

2016 年以来，水利部太湖流域管理局以河长制为抓手，适时推进流域水利风景区建设与管理工作。一是将水利风景区建设纳入河长制管理体系，制定出台了《关于推进太湖流域片率先全面建立河长制的指导意见》，由此探索建立包括省、市、县、乡、村的五级河长体系。在实际工作中，水利风景区建设与管理工作被融合到河长制工作当中；同时根据已出台的关于流域片“一河一策”编制指南和湖泊河长制工作指导意见等文件，加强对流域内水利风景区建设与管理工作的分类指导和监督检查，全面落实水利风景区建设与管理工作的河长制管理目标，以此促进河湖水源涵养能力提升和水质不断优化，凸显流域机构对水利风景区建设与管理工作的协调、指导和监督等作用。二是以点带面，发挥水利风景区的示范带动作用，扎实推进流域水生态文明建设。在实际工作中，把加强水利风景区建设作为实现水资源可持续利用、推进水生态文明建设总目标的一项重要措施，创新工作方法，研究太湖流域水生态文明建设总体思路，从全流域角度绘制水利风景区未来发展蓝图。三是探索创新，将水利风景区建设纳入河湖管理工作范畴。在实际工作中，加强与流域各省市沟通，将工程管理与现代化水治理体系相结合，进一步促进河湖水系连通和水资源调控能力提升，使水工程与水生态、水景观、水文化、水精神的内涵在水利风景区的建设与管理中得到彰显。

自全面实施河长制湖长制以来，吉林省在建设和管理水利风景区的过程中，已初步探索出水利风景区建设与河长制湖长制有机结合的新型体制框架，对水利风景区建设与管理工作的考核也被纳入河长制湖长制年度考核的范畴。二者有机结合的效果已经彰显，城市河湖型水利风景区创建积极性提高，2018 年申报的水利风景区全部为城市河湖型；已建水利风景区的管理工作也更加规范。为落实河长制湖长制而实施的西部河湖连通工程，包括向海、嫩江湾、牛心套堡、引嫩入白等 10 余处水利风景区，随着工程的进一步推进，景区水利工程的引蓄洪水能力得到加强，景区湿地的恢复和改善面积不断增大，景区发展的质量稳步提高、内涵不断丰富，逐步呈现“河湖互济、蓝天碧水、粮丰草茂、渔兴牧旺、人水和谐”的吉林西部完整的水利风景体系。

（二）水利风景区的综合效益

结合“维护水工程、保护水资源、改善水环境、修复水生态、弘扬水文化、发展水经济”六大主体功能的发挥，水利风景区的综合效益主要体现在以下四个方面。

1. 优化了生态环境

水利风景区在建设与管理中突出了人水和谐的基本理念，成为人与自然和谐共生的示范区。水利风景区建设的生态环境效益主要体现在以下几个方面。一是通过统筹供需与科学保护，基本维护了水资源安全；二是通过尊重自然与适应自然，不断修复和培育了水生态；三是通过绿色发展与结构调整，逐步改善了区域水环境；四是通过防治并举和管控结合，持续减少了水土流失发生；五是通过标本兼治与协调发展，全面美化了城镇乡村风貌。

青海省玉树州通天河水利风景区依托玉树藏族自治州境内通天河干流和聂恰曲、益曲、巴塘河、扎西科河、勒巴沟等几条主要支流而建，属于自然河湖型水利风景区，2016 年被批准为国家水利风景区。玉树是长江、黄河、澜沧江的发源地，这里的景色令人神往。玉树州高度重视水资源保护及水生态修复，景区开发秉持“生态为先、稳定为要、发展为本”的基本理念，构建国家生态安全体系，努力实现生态系统良性循环。景区内的扎西科河、巴塘河等河道防洪整治工程改善了水环境，确保了水安全，释放了水空间，为沿岸居民提供了亲水场所。

宁夏回族自治区沙湖水利风景区距宁夏银川 40 千米，辖区 80 平方千米面积包括 45 平方千米的水域面积和 10 平方千米的湿地面积。沙湖取黄河之水，纳贺兰山洪，汇周边清泉溪流，连众多湖泊湿地。2011 年被批准为国家水利风景区以来，“人水和谐”已经成为景区发展的主旋律，天然的汇流和调节功能发挥了保护水资源的重要作用。湖面大面积的芦苇净化着水源，维护着自然环境和生态系统，沙湖成了鱼的王国、鸟的天堂，陆续成为国家首批 AAAAA 级旅游景区、中国王牌旅游景点、中国十大魅力休闲旅游湖泊、中国旅游百强景区。景区确立了“全面保护景区自然环境，最大限度地恢复和发展生物资源，合理利用自然资源，为人类造福”的发展宗旨，兼顾生态效益、经济效益和社会效益的实现，坚持把保持沙湖自然特色的完整性和鲜明性放在首位。塞上奇沙，湖秀天下，景区像保护眼睛一样保护沙湖生态环境，为生态文明建设贡献了力量。

2. 促进了经济发展

水利风景区通过建设与管理形成了独特的水工程景观、优美的水生态环境、灿烂的水文化内涵，吸引着旅游观光者，为科学利用水利资源、大力发展水利旅游奠定了坚实的物质基础。水利风景区建设的经济效益主要体现在以下几个方面。一是注重工程功能的合理开发与水土资源的科学利用，直接增加了水管单位的资金收入，充分实现了水利资产的保值增值；二是符合绿色经济与可持续的发展理念，不断促进了当地产业结构的合理调整，拉长了区域产业发展的链条，整体提升了区域三次产业的发展水平，拓宽了当地多种就业的渠道与脱贫致富的门路；三是强调经济社会的融合发展与优势品牌的不断建设，持续促进了地区经济发展的要素流动，稳步提高了区域经济的发展质量。

汾河二库水利风景区位于山西省太原市西北 30 千米的汾河干流之上，是依托汾河二库水利枢纽工程形成的水利风景区，2002 年被批准为国家水利风景区。汾河二库是一座以防洪为主，兼顾供水、发电、旅游、养殖等功能的大型水库，1999 年年底下闸蓄水后，在太原市汾河上形成了人工湖泊，水面曲折悠长，景色优美宜人，景区内林草覆盖率 90%，水质为Ⅲ类。党的十八大以来，景区践行“绿水青山就是金山银山”的发展理念，呈现“生态建设美，山川富百姓”的局面。景区水利旅游产业和水利经济逐步发展，既促进了地方经济的发展，也带动了景区职工和附近村民收入的提高。当地村民体会到了绿水青山变成金山银山的现实，开始自觉地保护水环境，爱护水生态。同时，景区基础设施逐步完善，在生态、水质、绿化、水土保持等方面的治理力度逐年加大，景区环境得到改善。景区收入由2000年的20万元，提高到2018年的2000余万元，取得了较好的经济效益、社会效益。

河南省荥阳古柏渡南水北调穿黄水利风景区位于河南省郑州市，景区依托南水北调穿黄工程而建，是国家AAAA级景区，2017年被批准为国家水利风景区。2015年3月，在南水北调中线通水几个月后，为了改变穿黄工程周边环境，优化水资源，保护水环境，景区在穿黄工程入口的山坡上种了樱花树，每年3~4月，这里是一片樱花的海洋，美不胜收。景区建设不但改善了景区的生态环境，还就近安排农民就业，实现了当地脱贫。昔日黄沙遍地，今朝亮丽景区，如今的古柏渡南水北调穿黄水利风景区，以“维护水工程、保护水资源、改善水环境、修复水生态、弘扬水文化、发展水经济”为发展理念，总占地面积30平方千米，已投资近10亿元，年接待游客180万人次，安排农民就业1000多人，实现了周边村民整体脱贫。

3. 推动了社会进步

水利风景区的建设与管理在顺应社会发展的同时，也满足了广大人民群众追求美好精神生活的需要，赢得了社会各界的普遍理解和广泛认可，也得到了社会各界的充分支持和积极参与。水利风景区建设的社会效益主要体现在以下几个方面。一是满足了大众对美好生活向往的需求，提高了人们的幸福指数，增强了人们的获得感；二是契合了宜居环境的建设，带动了城市建设与区域发展；三是迎合了新时期发展的潮流，促进了整个社会的和谐发展与共同进步。

湖南省韶山灌区水利风景区依托韶山灌区工程，横跨湖南娄底、湘潭和长沙3个市，2014年被批准为国家水利风景区。韶山灌区由水库枢纽、引水枢纽和渠道工程三部分组成，兼具防洪排涝、工矿城镇供水、发电、旅游等综合利用功能。灌区建成通水以来，从根本上改善了湘中人民的生产和生活条件，极大地促进了湘中地区农业生产和经济社会的发展，被誉为璀璨的“湘中明珠”。水利风景区的建设让灌区熠熠生辉。2018 年，灌区积极探索并创造新的发展思路，以湘潭市实施乡村振兴战略重点建设的首批特色小镇为契机，策划打造出以“研学教育、生态旅游、运动休闲”为功能定位的水利文化特色小镇——韶灌水利小镇，这在全国范围内绝无仅有。

江苏省苏州市胥口水利风景区东临长江，西枕太湖，以七浦塘、西塘河、胥口水利枢纽为核心，拓展至阳澄湖，辐射至与古城区相连的外塘河与胥江，形成了“一城一湖三带四景”空间格局，2004 年被批准为国家水利风景区。胥口水利风景区主要分为水利科普展示区、生态观光体验区、亲水休闲娱乐区三部分。党的十八大以来，景区以“生态保护、绿色共享、文化科普”为出发点，以“自然生态体系完整、水资源可持续利用、水生态环境优美、水文化底蕴深厚、水工建筑与自然环境相协调、物理空间与文化空间相融合”的建设目标，向世人呈现江南水乡人与自然和谐共生的精品水利风景区面貌。

4. 丰富了文化内涵

水利风景区在建设与管理中依托水利工程，因此它也是一个集中展示水利工程设施、技术和历史等丰富水利文化的载体。水利风景区建设的文化效益主要体现在以下几个方面。一是通过挖掘和开发水文化，拓展与丰富了中华文化的内涵底蕴；二是通过活化和展示水利资产，弘扬了具有时代特征的水利精神；三是通过宣传和弘扬人水和谐，促进了水文化自身的不断发展；四是通过秉持和加强寓教于乐方式，给人民群众提供了水科普知识。

泾阳县郑国渠水利风景区位于陕西省泾阳县境内，是以古秦国郑国渠水利文化遗址为基础，依托泾水资源，传承郑国遗风，充分利用引泾工程、治水名人、渠址遗迹和自然景观建成的水利风景区，2008 年被批准为国家水利风景区。郑国渠遗址 1996 年被国务院列为第四批全国重点文物保护单位，2016 年入选世界灌溉工程遗产名录。郑国渠水利风景区人文景观涵盖水文化、历史文化和科普教育文化等。其中水文化遗产 51 处，主要遗存是战国时代秦郑国渠，汉代白公渠，唐代郑白渠，宋代丰利渠，元代王御史渠，明代通济渠、广惠渠，清代龙洞渠等历代引泾古渠口遗址、供排水、跨河桥，与引泾灌溉有关的古建筑、古遗迹、碑刻、雕像，反映了我国不同历史时期引水、蓄水等灌溉工程技术的演变与发展，水文化底蕴丰厚，是一座名副其实的天然水利博物馆。历史科普教育文化主要有石匠坟、焦获泽、明清碑亭、李仪祉纪念馆等。自然景观有筛株洞、卧牛石、情人岛、螃蟹坡、美人浴等10余处，颇具人文色彩。

赤金峡水利风景区地处甘肃省河西走廊西端玉门市境内，景区占地面积9平方千米，其中水域面积4平方千米，2004年被批准为国家水利风景区。2007年被评为国家AAA级旅游景区，2011年被授予酒泉市“十二五”文化产业发展十大文化产业园区和酒泉市“十二五”旅游发展十大骨干旅游景区，2013年被全国旅游景区质量等级评定委员会评为国家AAAA级旅游景区，2018年被全域旅游品牌影响力活动组委会和全域旅游景区联盟评为“西北人气旅游目的地”“西北人气山水景区”“西北人气生态景区”，2019年被共青团中央等21部委评为“2017～2018年度全国青年文明号”。党的十八大以来，景区积极参加省内外各类宣传推介活动，提炼了“治水、用水、乐水、爱水”的赤金峡水文化内涵，创作了《大美赤金峡》歌曲，编修了《金峡神韵》书籍。通过连续多年举办“沙浴节”“槐花节”“泼水节”“红歌会”等群众喜闻乐见的民俗文化活动以及举办疏勒河水文化节、徒步大赛、玉门市经贸洽谈会、漂流文化节等系列活动，景区满足了人民群众日益增长的文化需求，让群众共享“天然氧吧”，体验漂流、冲关等无限乐趣，成为当地水利文化对外宣传的名片，赢得了业界和社会公众的高度认同。

五　基本经验

（一）准确定位，高位推动

党的十八大以来，随着我国经济社会进入新的发展时期，水利风景区也呈现新的发展态势，逐步由“重规模”向“重质量”转变、由“不平衡”向“相对均衡”转变、由“行业认可”向“社会认可”转变。在此背景下，水利部及其景区办、各级水行政主管部门认清形势、积极应对，并且准确定位，理顺体制，高位推动。

2013 年，水利部出台了《水利部关于进一步做好水利风景区工作的若干意见》，体现了对党的十八大精神的深入贯彻落实，确定了水利风景区建设天蓝、地绿、水净的美丽家园的目标，推动水生态文明建设走向新高度。同年，为了适应新时期发展的变化，水利部对《水利风景区评价标准》（SL 300－2004）及时进行修订的基础上，适时颁布了《水利风景区评价标准》（SL 300－2013），增设和调整了部分内容，进一步为水利风景区建设与管理提供了规范依据。

2018 年国务院机构改革后，《水利部职能配置、内设机构和人员编制规定》明确规定，由河湖管理司负责指导水域及其岸线的管理和保护，指导重要江河湖泊、河口的开发、治理和保护，指导河湖水生态保护与修复以及河湖水系连通工作。据此，各级水行政主管部门纷纷重塑管理机构，积极理顺管理体制。

（二）规划先行，有序创建

《水利部关于进一步做好水利风景区工作的若干意见》（水综合〔2013〕455 号）明确提出了“强化规划引领”的要求。2017 年，水利部印发了《全国水利风景区建设发展规划（2017～2025 年）》，充分体现了深入贯彻与落实生态文明战略和绿色发展理念、积极领会与实践“绿水青山就是金山银山”的科学论断的思想，为全面推进水利风景区建设与管理工作提供了重要依据与准则，也为水利风景区进一步发展指明了方向。为此，全国各省（市、自治区）及部分市（地、州）、县（区）高度重视，积极开展水利风景区建设发展规划的编制工作；一些地区还将水利风景区建设发展规划纳入当地水利发展总体规划，并注重与当地的区域经济社会发展总体规划相衔接，充分彰显了水利风景区建设对区域经济社会发展的作用与地位。

各级地方政府和各个景区管理单位在水利风景区建设发展规划编制过程中，对于生态丰富、环境优美和文化资源价值较高的目标区，采取“自下而上、上下结合”的方式，进行水利风景资源的调查与评估。在此基础上，根据各地资源禀赋特色和开发利用条件，以及当地经济社会发展状况和人民群众需求情况，基于对水利风景区建设必要性与可行性的分析，形成本地区、本单位水利风景区建设发展规划，从而为水利风景区的合理建设与科学发展厘清了思路、明确了目标、奠定了基础和提供了保障，充分体现出规划先行、有序创建的思想。

（三）加强监管，补齐短板

虽然水利风景区取得了令人瞩目的成就，但同时在某些方面仍然存在缺陷和问题，体现出发展的短板。

水利风景区在初步实现了规模化增长的基础上，各级水行政主管部门、景区管理单位积极采取多项具体措施，从增强行业发展质量和提高管理服务水平的角度出发，于适度控制景区建设规模和发展速度上下功夫，在建立动态复审机制的同时，加强培育精品水利风景区。与此同时，通过智慧景区的打造和网络平台的建设，采用现代化的管理手段，加强对景区建设与运行的监管。目前，通过不断努力，水利风景区建设由“重规模”向“重质量”转变的态势已初步显现。

针对水利风景区发展过程中的区域发展不平衡、质量水平不平衡、类型结构不平衡等状况，各级水行政主管部门积极作为，与景区管理单位一起努力解决存在的问题，通过实施宏观调控、政策引导和资金扶持等手段与措施，进一步平衡景区的区域发展规模，提高景区的行业整体发展水平，优化景区的类型结构，释放景区的行业生产力。目前，水利风景区建设正在逐步由“不平衡”向“相对均衡”转变。

在充分认识到水利风景资源潜在价值和水利风景旅游社会需求的基础上，各级水行政主管部门齐心协力，秉持“以开发促保护，以保护促发展”的理念，通过强化内部营销和发挥市场作用，彰显水利风景区的内在价值与发展价值，形成了相应的产业支撑，提高了景区的行业效益和地位。与此同时，景区已从水利系统的内部认识逐步发展为得到广大人民群众的空前相应，从而越来越被各界所认可，社会认知度越来越高。

（四）彰显特色，发挥功能

水利风景区与其他景区的最大区别，就在于水利风景区是依托水利设施、河湖水域及其岸线而形成的。再者，由于依托的是水利工程，因此与以自然资源为依托的其他景区相比较，水利风景区有着较多的人工干预和人工创造的成分。水利风景区突出的水科普宣传与水文化展示，则是水利风景区独特的标志。

基于水利风景区“加强水利设施、河湖水域及其岸线的保护和综合利用，维护河湖健康美丽，充分发挥水利综合效益，满足人民日益增长的美好生活需要”的发展目标，各地充分发挥“维护水工程、保障水资源、改善水环境、修复水生态、弘扬水文化、发展水经济”的水利风景区特有功能，通过培育和建设水利风景区的精品与典范，在展现水利风景区的自身特色的同时，也开辟了景区发展的新天地。

（五）标杆引领，典型带动

进入新的发展时期，水利风景区的发展环境发生了新的变化，理念更新、模式创新、手段求新随之而来。在此背景下，水利部开拓创新、顺应变革，以培育典型引领水利风景区的发展，取得了良好的成效。2013 年以来，水利部建立健全了“全国水利风景区建设与管理工作会议”机制。每年的此类会议通过梳理、总结和计划，既起到了稳步推进水利风景区建设与管理各项工作的作用，同时也提供了交流工作经验的平台，树立了先进典型，明确了学习榜样，推动了共同进步。

（六）创新机制，健全队伍

2013 年以来，水利部通过加强培训和人才引进，不断完善水利风景区的管理队伍建设，建立健全了“全国水利风景区建设与管理培训班”机制。每年的“全国水利风景区建设与管理培训班”被列入水利部的培训计划，从各级景区建设管理人员的实际需求出发，坚持以培养一支“能建设、擅管理、懂经营、会服务”的人才队伍为目标，通过举办针对管理人员、专业人员和一般人员等不同层次的系列培训活动，使各级景区建设管理人员丰富了专业知识、增强了管理技能，从而保障和推动了水利风景区建设与管理工作的可持续发展。

六　宏观形势

（一）中央新一轮机构改革为水利风景区发展提供了体制保证

中共中央批准实施的水利部新“三定”方案中，“指导水域及其岸线的综合利用”“维护河湖健康美丽”被列入水利部职能，“指导水利风景区建设管理工作”明确到水利部机关司局职责中。赋予水利风景区建设管理明确的职能定位，是对水利风景区多年来工作的肯定，也是对水利风景区功能发展提出的新的定位要求。机构改革后，水利部水利风景区建设与管理领导小组成员已经调整，办公室设在综合事业局，水利风景区建设管理工作机制得到强化，为水利风景区持续健康发展提供了制度保障。

保护江河湖泊，事关人民群众福祉，事关中华民族长远发展。良好的生态环境是最公平的公共产品，是最普惠的民生福祉。当前，人民群众对干净、整洁、优美的河湖生态环境有着十分强烈的诉求和美好期盼。维护河湖健康美丽，建设更多更好的水利风景区，已成为新时代水利工作者责无旁贷的职能任务。

（二）生态文明建设国家战略为水利风景区发展提供了广阔空间

中共中央、国务院高度重视生态文明建设。2005 年，继工业文明之后的文明形态——“生态文明”的理念被首次提出，并在理论研究和发展实践中不断被赋予新的内涵；2007 年 10 月，中国共产党第十七次全国代表大会报告中提出建设生态文明的理念；2015 年 9 月，中共中央、国务院印发《生态文明体制改革总体方案》，提出了生态文明体制改革的目标；2018 年 5 月 18 日，习近平总书记在全国生态环境保护大会上提出了新时代全面推进生态文明建设必须坚持的六项重要原则——一是坚持人与自然和谐共生，二是绿水青山就是金山银山，三是良好生态环境是最普惠的民生福祉，四是山水林田湖草是生命共同体，五是用最严格制度最严密法治保护生态环境，六是共谋全球生态文明建设；2018 年 12 月 18 日，在庆祝改革开放 40 周年大会上，习近平总书记指出，我们要大力加强生态文明建设，形成绿色发展方式和生活方式，牢固树立绿水青山就是金山银山的理念，建设美丽中国，让人民在天更蓝、山更绿、水更清的优美环境之中幸福生活；2020 年全面建设小康社会目标之一就是建设“生态环境良好的国家”。

习近平总书记多次强调，“要牢记绿水青山就是金山银山”，“要像保护眼睛一样保护生态环境，像对待生命一样对待生态环境”，“要坚持节约资源和保护环境的基本国策”，并亲自制定了“节水优先、空间均衡、系统治理、两手发力”的新时代治水思路，这也为新时代全国水利风景区指出了发展方向，提供了科学行动指南。

水利风景区是人与自然和谐共生的示范区，是水生态文明建设的重要载体和抓手。水利风景区秉承“创新、协调、绿色、开放、共享”的发展理念，坚持安全第一，保护优先，围绕主体功能定位，统筹规划，因地制宜，彰显水利特色，弘扬水文化，促进生态文明和美丽中国建设。在水利风景区建设管理过程中，加强水利设施、河湖水域及其岸线的保护，可以有效实现水资源可持续利用，增强自然水系生态的自我修复能力，促进综合利用，维护河湖健康美丽，充分发挥水利综合效益，满足人民日益增长的美好生活需要，实现“维护水工程、改善水环境、保护水资源、修复水生态、弘扬水文化、发展水经济”的基本功能定位。

陕西省西安市汉城湖国家级水利风景区自 2011 年国庆节对外开放以来，得到了社会各界一致好评和广泛点赞。然而在改造前，这里却被市民戏称为西安市最大的“卫生间”。从杂草丛生、垃圾满布之地，蜕变为800多亩庞大水域面积的都市翠屏，如此翻天覆地的变化不仅改善了附近居民的生活环境，更是汉城湖对党的十八大提出的生态文明建设理念的践行。西安汉城湖景区的建成和发展，在网上掀起了一场“到西安看看”的点击高潮。从原来的团结水库到如今的汉城湖，不仅仅是一个名字的变化，体现的更是各级政府为保护汉长安城遗址、改善区域环境、提升西安北城品质、保障区域经济社会全面协调可持续发展的为民思想。如今，景色宜人的汉城湖已经成为西安市民休闲娱乐的一个好去处。一个成功的水利风景区，既是一个城市的新名片，提升了这个城市的形象，提高了这个城市的影响力，也增强了其对外辐射力，成为西安市建设生态文明，展示汉文化、水文化的重要窗口。

（三）乡村振兴国家战略全面实施为水利风景区发展提供了重要基础

2017年10月18日，在党的十九大报告中，习近平同志提出了乡村振兴战略。他指出，农业农村农民问题一直是关系国计民生的根本性问题，必须始终把解决好“三农”问题作为全党工作的重中之重，实施乡村振兴战略。

2018年1月2日，国务院以2018年中央一号文件的形式公布了《中共中央 国务院关于实施乡村振兴战略的意见》。2018年3月5日，国务院总理李克强在《政府工作报告》中讲到要大力实施乡村振兴战略。2018年5月31日，中共中央政治局召开会议，审议《国家乡村振兴战略规划（2018~2022年）》。2018年9月，中共中央、国务院印发了《乡村振兴战略规划（2018~2022年）》，并发出通知，要求各地区各部门结合实际认真贯彻落实。

实现乡村产业兴旺、生态宜居、生活富裕，离不开水利的支撑和保障。饮水安全、灌区建设、水土保持、河湖治理、农村水电等水利工作都事关乡村振兴。近年来，山东竹泉村等水利风景区进行了有效探索，他们以水利风景区建设为抓手，加大与乡村旅游、民俗民居、休闲农业、特色小镇等旅游形式相融合，推动乡村一、二、三产业融合发展，发挥水利风景区生态和产业带动优势，为乡村经济转型升级打造新引擎，实现了从过去脏、乱、穷到现在净、美、富的转变，有效推动乡村河湖水系保护整治和水利遗产保护利用，营造出绿水青山、清新清净的田园风光，创造了乡村振兴背景下水利风景区建设发展新局面。

四川省围绕“水安全有保障、水资源有保证、水生态有保护、水文化有底蕴、水景观有特色”要求，因地制宜开展“水美新村”建设试点，统筹推进农村水资源、水生态、水环境、水灾害“四水共治”，大力实施清库、清塘、清渠“三清”工程，推广生态河塘、渠道和河道治理，促进水体自然生态修复。“水美新村”建设已成为统筹推进农业农村工作的重要抓手，成为展示水生态文明建设的重要窗口。此外，四川以“水美新村”为载体，推动建设了国家级 42 个、省级 72 个共计 114 个水利风景区。

（四）全国脱贫攻坚战取得决定性胜利为水利风景区发展提供了有利条件

2015 年 11 月，《中共中央关于制定国民经济和社会发展第十三个五年规划的建议》提出，“实施精准扶贫、精准脱贫，因人因地施策，提高扶贫实效，分类扶持贫困家庭”；2015 年 11 月 27 日至 28 日，习近平总书记在中央扶贫开发工作会议上强调，要消除贫困、改善民生、逐步实现共同富裕，这是社会主义的本质要求，也是中国共产党的重要使命。当前，全面建成小康社会，是中国共产党对中国人民做出的庄严承诺；2015 年 11 月 29 日，中共中央、国务院发布了《关于打赢脱贫攻坚战的决定》。

近年来，在脱贫攻坚战中，水利风景区由于其独特的自然资源禀赋，成为水利扶贫工作中支持贫困地区发展特色产业、实现绿色发展、促进脱贫致富的重要途径。各级水利风景区建设管理部门因地制宜，结合不同地区、不同类型水利风景区工作实际，主动匹配所在地脱贫攻坚总目标，科学制定或修订水利风景区建设发展规划，将其作为重要内容和考核指标，制定台账，列出了具体任务书和时间表，引导、支持贫困人口通过参与水利风景区建设实现了就业和增收。

从实践经验来看，经济发展落后地区的水利风景区多数位于江河的源头区域，多为自然河湖型水利风景区。对于这类景区，要科学分析其风景资源禀赋、水利景观特色、历史文化特点、产业现状布局、市场空间品质、环境容量承载力、新型主体带动能力和产业覆盖面，制定具有水利风景区特色的绿色产业发展规划。在建设过程中，需要实施居民异地搬迁的水利风景区，要将贫困人口充分纳入异地搬迁名单，科学规划、分批分次、有效实施，切实做到搬得出、稳得住、能致富。同时，要加大力度支持贫困地区水利风景区实施生态保护或修复，通过各种途径协调增加重点生态功能区转移支付力度，科学划定政策实施范围，让有劳动能力的贫困人口及时就地转成护河员、护林员等专兼职生态保护人员，从而实现生态补偿脱贫。

要根据水库型、自然河湖型、灌区型、水土保持型等水利风景区特点，深入实施“水利风景区＋乡村旅游”扶贫工程，使其成为旅游扶贫的重要阵地和所在地区经济社会发展的新动力。结合当地休闲农业、乡村民宿和旅游康养发展，制定精准政策和措施，鼓励支持有条件的贫困村、贫困户发展乡村旅游，加工特色农产品，拓宽贫困户就业增收渠道。要注重培育旅游与工农业、文化商贸等融合发展的旅游新业态，延伸延长、加粗加大产业链条，努力创造更多更有效的旅游供给形态和供给机会，从而为水利风景区建设发展提供重要机遇。

湖北省兴山县着眼实现绿色发展，对小水电实施“禁、转、改、退、恒”分类处置，着力推进小水电绿色转型。投资 14 亿元，把水生态治理当成水利风景区的前期投资，改造七十余座小水电泄放生态流量。同时，兴山县提出打造三峡香溪河全流域水利风景区的目标，明确兴发集团为实施主体，实行整县推进，现已建成高岚河国家水利风景区，古夫河、南阳河省级水利风景区，并整合串联了昭君村景区、昭君别院、榛子黄粮高山避暑康养等项目。通过水利风景区的建设和带动，该县打造了“最美水上公路”乡村旅游精品走廊，发展农家乐320家，创造就业3359人，带动库区和景区周边5600多贫困户脱贫致富，13个建档立卡贫困村实现了脱贫出列。

七　发展机遇

（一）流域发展国家战略为水利风景区发展带来了新机遇

2016年1月、2018年4月，习近平总书记在长江上游的重庆和中游的武汉召开两次推动长江经济带发展座谈会，深刻阐明推动长江经济带发展需要正确把握的重大问题并做出工作部署。3年多来，推动长江经济带发展领导小组办公室会同国务院有关部门、沿江11省市牢牢坚持“把修复长江生态环境摆在压倒性位置”，着力强化顶层设计、改善生态环境、促进转型发展、探索体制机制改革，共护一江清水浩荡奔流。2018年，在首届中国国际进口博览会开幕式上，习近平总书记宣布支持长江三角洲区域一体化发展并将其上升为国家战略。2019年，中共中央政治局会议审议通过《长江三角洲区域一体化发展规划纲要》，国务院批复《长三角生态绿色一体化发展示范区总体方案》，标志着长三角一体化发展国家战略全面进入施工期。

党的十八大以来，习近平总书记多次实地考察黄河流域生态保护和发展情况，多次就三江源、祁连山、秦岭等重点区域生态保护建设提出要求。2019年9月18日，习近平总书记在郑州主持召开黄河流域生态保护和高质量发展座谈会并发表重要讲话。习近平总书记强调，要加强生态环境保护、保障黄河长治久安、推进水资源节约集约利用、推动黄河流域高质量发展、保护传承弘扬黄河文化，让黄河成为造福人民的幸福河。

2019年10月11日，在水利部江河流域水资源管理现场会上，水利部部长鄂竟平表示，当前我国大江大河治理的主要矛盾发生了重大变化，要实现防洪保安全、优质水资源、健康水生态和宜居水环境四方面目标。

围绕流域生态保护和高质量发展需求，要解决水利风景区发展不平衡、不充分问题，构建结构优化、环境优美、设施完善、功能保障、管理科学、服务到位的流域水利风景区发展格局，通过规划建设、改造提升、打造精品等方式形成流域水利风景区群落，满足人民日益增长的美好生活需要，提供更多优质生态产品。

丹江口水利枢纽是新中国成立以来我国自主设计、自行建设的大型水利枢纽工程，是南水北调中线工程的水源地。新时代赋予这座水利枢纽新的历史使命，作为国家水利风景区，丹江口大坝水利风景区积极响应水生态文明建设号召，践行绿色发展理念，大坝“左岸观叶、右岸赏花、坝顶有绿、坝前有景”的格局已经形成，成为丹江口市的一张亮丽名片，一座生态之城正在南水北调中线工程源头崛起。

青海玉树州通天河水利风景区依托玉树藏族自治州境内通天河干流和聂恰曲、益曲、巴塘河、扎西科河、勒巴沟等几条主要支流而建，属于自然河湖型水利风景区，2016 年获批国家水利风景区。玉树是长江、黄河、澜沧江的发源地，这里的景色令人神往。

黄河三盛公水利风景区位于内蒙古巴彦淖尔市磴口县，是依托被誉为“万里黄河第一闸”的三盛公水利枢纽建设的大型国家水利风景区。风景区以丰富的自然和人文景观为基础，以黄河文化为底蕴，以“低碳环保、生态和谐”为开发理念，以“传承黄河水利文化、打造文化创意景区”为建设宗旨，形成了充分体现水利原真性、原创性和原生态的黄河流域水利风景区。景区的一大亮点是对废旧水利物资进行了大量的开发利用，使用枢纽工程废旧物资建设景区，不但为水利风景区的建设管理节省了大量开支，而且避免了人工材料对生态环境的二次污染。景区着力打造以“实景黄河”“全景黄河”“立景黄河”为核心的三位一体大型黄河文化体验景区；围绕“黄河——水利——生命——文明——生态”的主线，布局和建设三大景区五个园区，讲好黄河故事，弘扬和传承中华水文化，努力将风景区打造为“水清、岸绿、景美、人畅”的生态宜居地、黄河文化传承地和低碳环保、生态和谐的示范区。

（二）河（湖）长制全面推行为水利风景区发展提供了重要保障

2016 年 12 月，《关于全面推行河长制的意见》正式发布，提出全面建立省、市、县、乡四级河长体系。各级党委或政府主要负责同志担任河长，县级及以上河长设置相应的“河长制”办公室。2017 年 11 月，《关于全面推行湖长制的意见》出台，建立省、市、县、乡四级湖长体系。各级负责同志担任湖长，湖泊所在市、县、乡要按照行政区域分级分区设立湖长，实行网格化管理，确保湖区所有水域都有明确的责任主体。

截至 2018 年 6 月底，水利部完成全面建立河长制目标任务；2018 年年底，如期完成全面建立湖长制任务。2019 年初，全国共明确省、市、县、乡四级河长 30 多万名、四级湖长 2.4 万名，设立村级河长 93 万多名、村级湖长 3.3 万名，实现了河长、湖长“有名”。目前，河长制、湖长制的组织体系、制度体系、责任体系初步形成，河湖健康有了守护人。

经过 20 年的建设发展，各级各类水利风景区已经形成一定规模的群落体系，涵盖全国主要江河湖库、重点灌区和水土流失治理区，成为国家水治理体系的重要组成部分。水利风景区积极发挥全面推行河长制湖长制中的重要作用，按照“山、水、林、田、湖、草是一个生命共同体”的总体要求，努力打造保障安全、生态优良、景观怡人、文化靓丽、健康美丽的水利风景区，引领示范各级各地河湖治理保护，充分发挥当地党委政府及相关部门协同共治的作用，加快河湖治理，为社会提供更多更好的优质生态产品，还老百姓清水绿岸，让水利风景区成为人水和谐的新实践、美丽河湖建设的新名片。

2017 年 4 月，重庆市印发《重庆市全面推行河长制工作方案》，将河长制工作纳入区县经济社会发展实绩考核和市级机关党政目标绩效考核。同时，将“绿色 +”理念融入经济社会发展全过程，在长江干流及主要支流岸线 1 千米范围内严禁新建重化工项目，在 5 千米范围内严禁新布局工业园区，全面完成“十一小”企业的关停取缔。各流域水质持续改善，城市建成区的黑臭水体得以成功“变身”。重庆市以河长制为抓手，从解决人民群众身边的水污染问题入手，使河长制生态环境效益立竿见影。在 20 世纪初期，璧南河一度污染严重，成为臭水河。2010 年，璧山率先在全国推行河段长制，对璧南河进行综合治理，不但将原先的臭水河建成了国家水利风景区，该河还于2017年底成功获评“全国最美家乡河”。过去行人闻之掩鼻的“臭水河”，如今变成游人如织的水利风景区。通过河长制的实施，目前，重庆市已建成集休闲娱乐、观光旅游、科普教育于一体的水利风景区31处，其中国家级水利风景区15处。

（三）大运河文化保护传承利用为水利风景区彰显水文化提供了难得契机

近年来，大运河文化带建设受到高度重视，仅在2017年习近平总书记就曾先后两次作出重要的指示、批示，强调大运河是流动的文化，是祖先留给我们的宝贵遗产，要统筹保护好、传承好、利用好。2019年2月，中共中央办公厅、国务院办公厅联合印发《大运河文化保护传承利用规划纲要》，提出了“共抓大保护、不搞大开发”的战略定位，以及“璀璨文化带、绿色生态带和缤纷旅游带”的功能定位，并明确提出“加强对非物质文化遗产重要载体和空间的保护，实施周边自然、人文环境和遗产集聚区域整体性保护，推进大运河沿线文化生态保护区建设”。7月24日，中央全面深化改革委员会第九次会议正式审议通过了《长城、大运河、长征国家文化公园建设方案》，标志着国家文化公园铺开全新的建设篇章。

近年来，在水利建设者的共同努力下，大运河沿线水利风景区在加强生态环境保护、保障运河长治久安、推动大运河沿线高质量发展，以及保护、传承、弘扬大运河历史文化等方面都发挥了重要作用。

扬州市按照关于大运河文化带建设的要求，全面开展大运河环境整治工作，为打造“文化之河、生态之河”开展了一系列探索。依托古运河水利风景区的资源特色，按照保护要求和发展利用需求，以古运河为经济廊道，发展低碳绿色经济，从河口到高桥路（邗沟）之间的区域规划建设为运河生态经济体验带，以此加快推进古运河沿线健康、体育、文化、旅游、农业、金融、互联网等产业融合发展，将运河景观的改造提升与生态修复、文化公园建设相结合，与特色小镇、特色田园乡村建设相结合，构筑“生态+文化+旅游”为一体的景观综合体，营造“水城共融”景象。

（四）全域旅游发展战略全面实施为水利风景区发展拓展了新的领域

2018 年 3 月 9 日，《国务院办公厅关于促进全域旅游发展的指导意见》发布实施，明确指出要推动旅游与农业、林业、水利融合发展，要科学合理利用水域和水利工程，因地制宜、因势利导，发展观光、游憩、休闲度假等水利旅游。

水利风景区建设是在保障水利工程防洪、灌溉等基本功能发挥的前提下，对水利设施、河湖水域及其岸线的综合利用行为。水利风景区通过环境景观、基础服务和文化科普设施建设，成为所在地全域旅游发展的核心旅游吸引物，为游客提供了审美游憩价值与休闲度假和科学、文化、教育等功能。水利风景区建设能够促进水利与旅游的融合发展，可以产生“水利旅游 + 休闲度假”“水利旅游 + 研学”“水利旅游 + 乡村扶贫”等多类水利主题产品，在“大众旅游时代”兴起的背景下吸引越来越多的国内外旅游者。各地可以水利风景区为载体发展水利旅游特色产业，利用全域旅游发展契机，促进区域特别是偏远地区经济社会发展，促进经济增长和就业增加。

山东省德州市齐河县大力发展旅游业，全力打造全域旅游。大清河国家水利风景区由政府投资 3 亿元建设，占地面积 40 万平方米，水域面积达 20 万平方米，以传承历史文化、体现风土人情、展示地域风貌为经线，以保护水生态、人水和谐、诗意栖居为纬线，紧扣“发展、生态、民生”主题，采用中国传统园林造景方式，合理安排水陆景点，打造出舒密有致、远近映衬、昼夜互补的景观效果，形成了“一河、一湖、四图、五园、八景、四馆”的景区格局。同时，将党性教育、民俗展示、运动健身等元素融入景区建设，配套建设了党员教育体验基地、民俗博物馆、晏婴祠、体育公园等，将其建成一处集自然景观与历史人文内含于一体的开放式观光休闲公园，赋予景区更丰富的意蕴。

浙江省台州市发展全域旅游，打造都市区全域水利风景区。目前台州市区有河流 2400 条、池塘 8400 个，水域面积占国土面积的 8.87%，是典型的江南水乡。根据规划，水利风景区布局将涵盖“五湖四环、一廊多带”。台州沿河特色水文化丰富，如南官河、东官河等承载的官河文化，永宁江、西江五洞桥等凝聚的灌区文化，沿海围涂展示的围垦文化，十里长街、章安老街等沉淀的历史街区商贸文化等，这些都为打造水利风景区、发展市区全域旅游提供了宝贵的风景资源。“五湖四环一廊多带”水利风景慢游体系建成后，自然人文美景众多，如高闸浦“流淌的岁月”，洪家场浦滨水商贸，栅岭汪飞龙湖城市名片、东官河三岔口人文公园、山水泾乡土画意等，这些将把台州烘托为独具魅力的“山海水城、和合圣地、制造之都”。

八　发展趋势

（一）水利风景区优质生态产品更加丰富

水利风景区建设为人民群众提供了优质生态产品。习近平总书记在党的十九大报告中指出，我国社会主要矛盾已经转化为人民日益增长的美好生活需要和不平衡、不充分发展之间的矛盾。经过近20年的发展，国家在水利风景区建设中，主要是对水利工程、水域及其岸线的综合利用，水利部门以维护河流湖泊健康美丽为原则，为人民群众提供了优质的生态产品，这是水利行业对经济社会发展的重大贡献和有效作为，符合人民群众对优美生态环境的需要。

各级水利部门对此的认识正逐渐深化，准确把握新时期水利风景区功能定位，履行好相关职责，全面结合河流湖泊综合治理、中小河流重点治理、湖库水系连通、水土保持生态治理、美丽乡村建设等，统筹生产、生活、生态用水，推进水利设施、水域及其岸线综合利用，实现“一河（湖、库）一景一品一韵”，着力解决好水利风景区发展不平衡、不充分问题，让人民群众在家门口就能享有“水清、岸绿、景美”，具有文化品质的生态生活空间。水利风景区建设将从现在国家级、省级风景区的发展模式向国家级、省级、市级等综合模式展开。

（二）水利风景区建设发展机遇凸显

随着国家经济社会发展方式的转变，水利从传统水利向现代水利转变，从工程水利向资源水利、民生水利转变，水利工作也从行业管理走向社会管理。一带一路、乡村振兴、扶贫攻坚、文旅融合、生态文明建设等成为水利风景区发展良好的机遇。水利风景区不但在涵养水源、维护工程、修复生态、改善环境等方面发挥重要作用，还能在弘扬文化、服务大众方面提升水利综合效益，水利风景区在建设中追求“河畅、水清、岸绿、景美”，人在景中、鱼翔浅底的美丽景象；强调规划先行，一张蓝图绘到底，全面统筹河湖水域及岸线综合利用，注重保护，坚持尊重自然、顺应自然、保护自然；以保护定利用、以利用促保护，划定蓝线，明确管理保护范围，推动解决水域岸线确权划界难题；严格用途管制，合理划分保护区、控制利用区和可利用开发区，实现岸线资源节约、集约利用。水利风景区将成为一个科学保护和利用河湖及其岸线的新模式，从而推动河湖管理的发展，维护河湖健康美丽。

（三）水利风景区成为河长制、湖长制的新平台

河长制、湖长制的落实和功能的发挥为补水利短板、强监管提供了基础，全面推行河长制、湖长制为有序利用水利风景资源搭建了新平台。中央明确提出全面推行河长制、湖长制，进一步加强河流湖泊管理保护工作，是实现绿色发展、推进生态文明建设的内在要求。河流、湖泊是水利风景区建设的基础性资源要素，维护河湖健康生命、实现河湖功能永续利用是水利风景区发展的目标追求。开展水利风景区建设，加强河湖岸线管理，保护水资源，防治水污染，改善水环境，修复水生态，与河湖管理要求一脉相承。把水利风景区建设管理纳入全面推行河长制、湖长制工作，为水利风景区建设发展搭建了新的平台。

水利风景区将在全面推行河长制、湖长制中发挥积极作用，遵循山水林田湖草生命共同体的理念，打造安全有保障、生态优良、文化彰显、健康美

丽的风景区。按照河长制、湖长制要求，水利风景区应成为各地河湖治理保护的引领示范，成为当地政府尽快把群众身边的河湖治理好的有力抓手。水利风景区应提供更多优质生态产品，让老百姓享受清水绿岸、人水和谐的优美环境，成为美丽中国的新窗口、新名片。

（四）水利风景区建设严格依《规划》而行

2017 年 12 月 22 日，水利部编制发布了《全国水利风景区建设发展规划（2017~2025 年）》（简称《规划》）。各级水利部门按照《水利部办公厅关于组织编制水利风景区建设发展规划的通知》（办综合函〔2016〕486 号）要求，积极组织人力对风景优美、自然生态和文化资源价值较高的河湖和水利工程等目标区进行调查评估，按照资源禀赋和保护利用条件，以及所在地经济社会发展状况、人民生活需求情况，研判规划建设水利风景区的必要性、可行性，进而拟定规划方案并报当地政府，纳入当地经济社会发展规划。

《规划》的编制和实施以满足人民群众美好生活需要为目标，推进河流、湖泊、自然和文化资源的保护利用，重点解决水利风景区建设发展不平衡、不充分问题，对于深化水利和旅游供给侧结构性改革有着极其重要的意义，是推进生态文明和美丽中国建设的重要举措。《规划》对我国河流、湖泊、自然和文化资源保护利用以及水利风景区建设发展现状与形势进行了科学研判，厘清了发展思路，明确了指导思想、功能定位、基本原则和发展目标。

九　前景展望

水利风景区遵循“创新、协调、绿色、开放、共享”新发展理念，综合利用水利设施、水域及其岸线，通过绿化、美化，建设完善水利科普和文化服务设施，为人民群众提供优质生态产品。景区必须根据经济社会发展需要和政府规定，明确主体工程，确定目标任务，厘清发展思路，维护河湖健康美丽，实现可持续发展。

（一）根据实际建设水利风景区

做好资源评价与评估，推动水利风景资源有序利用。在摸清水利风景资源的基础上，根据经济社会发展需要，编制完善区域性水利风景区发展规划，指导景区编制完善总体规划。做好资源价值分析，依据国家主体功能区划和水功能区划的有关要求，确定水利风景区的主题功能和建设发展模式，充分发挥地方政府的主导作用，整合相关资源，根据保护生态系统完整性的要求、资源管理统一化的需要，合理划定景区范围，并依据景区主体资源情况，确定管理主体及责任要求，大力开展水利风景区建设，重点建设贴近基层、贴近群众的各类景区，推出一批国家级、省级、市级水利风景区，逐步优化设计风景区层级结构。

（二）重点提升现有水利风景区

紧紧围绕提质量、树品牌，进一步完善水利风景区配套设施，提升综合服务水平，创新景区建设管理模式，实现水利风景区质量、品牌、社会影响力的稳步提升，完善景区设施建设，提升景区综合服务能力，从需求侧入手，以问题为导向，结合水利工程建设改造，改善交通通信、供水、供电、排污等基础设施和卫生、餐饮、住宿、娱乐、科普教育等服务设施，按照智慧景区建设方向，完善游客咨询、环境解说、应急管理的系统，全面提升景区旅游服务质量，为游客提供高效、便捷、安全的服务，加强景区环境保护和生态修复，改善区域水生态环境，创新资源开发利用模式，提高水利风景区综合效益，将水利风景区的保护和利用与水生态文明城市建设、全域旅游发展、美丽乡村建设等工作相结合，建立健全水利风景区投融资和运营管理体制机制，积极推动文化、学研、科普、山水康养等创意创新产业在水利风景区的发展。

（三）推进精品水利风景区建设

结合推动河长制、湖长制，落实最严格的水资源管理制度，完善水利风景区管理体制机制，推动精品景区建设，发挥示范带头作用，提升景区智能化管理水平，加强水利风景区监管，逐步健全水利风景区安全保障和监督管理体系，建设一批精品水利风景区，发挥典型示范带动作用，围绕景区主体功能，结合景区资源特点和地方文化特色，统筹水利工程规划设计、建设管理，结合水利风景区监督管理工作，定期开展水利风景区质量评估，加大政策支持，推动建设一批生态环境良好、管理智能化、文化主题鲜明、基础服务设施完善的精品水利风景区。

（四）生态文明引领水利风景区建设

生态兴则文明兴。习近平总书记强调，绿水青山就是金山银山，要像保护眼睛一样保护生态环境，像对待生命一样对待生态环境。水利风景区很好地发挥了保护生态、涵养水源的功能作用，是水利部门推进生态文明建设的重要抓手和载体。为此，要在水利风景区的规划、建设及其管理等各项工作中，更加积极践行新发展理念，实施山、水、林、田、湖、草生命共同体一体化治理，统筹协调水利工程建设和水生态环境建设，严格水域岸线保护与管理，控制开发利用范围、方式和强度，进一步提升水利风景区及其周边水生态品质。要抓实专项检查，以问题为导向，加快建立并完善复查工作机制，进一步强化对水利风景区事中、事后监管，牢牢守住发展和生态两条底线，从严预防环境污染和生态破坏。要继续严格执行国家水利风景区申报制度，坚决执行水质不达标一票否决制，进一步压实省级水行政主管部门初审把关责任。要建立并完善规划审查工作机制，推动国家水利风景区规划前置技术审查，强化规划引导，推动水利风景区走生态优先、绿色发展之路。

（五）美丽河湖促进水利风景区建设

水利部“三定”方案明确了水利部具有“指导水利设施、水域、岸线的综合利用”的职责，要“坚持保护优先，加强水资源、水域和水利工程的管理保护，维护河湖健康美丽”。河流、湖泊是水利风景区建设的基础性资源要素，维护河湖健康生命、实现河湖功能永续利用是水利风景区的主旨目标追求，这与河湖管理目标一脉相承。这就要求我们要切实把握好全面加强河湖管理的新机遇，将水利风景区建设与管理纳入全面推行河长制、湖长制工作。要围绕“一带一路”建设、京津冀协同发展、长江经济带及大运河文化带建设等国家战略，结合水利工程和江河湖库风景资源禀赋，加快实施《全国水利风景区建设发展规划（2017～2025年）》，积极推动长江两岸、黄河沿岸、南水北调工程沿线、大运河沿线、太湖沿岸及珠三角水网地区等重要江、河、湖、库、渠沿线水利风景区建设，系统部署水利风景区发展空间，形成以点带线、由线到面的水利风景区发展格局，为到2025年基本实现“县域有水景、市域有精品”的人与自然和谐发展的河湖生态新格局提供支撑。

（六）乡村振兴战略带动水利风景区建设

乡村振兴战略是党的十九大提出的一项重大战略，是关系全面建设社会主义现代化国家的全局性、历史性任务，是新时代“三农”工作总抓手，是加快农业农村现代化、实现中华民族伟大复兴的必然要求。水利风景区正成为水利行业实施精准扶贫、实现乡村振兴的重要措施，发挥了突出作用，并取得了一定成效。为此要将水利风景区建设与管理作为一项政治任务，围绕乡村振兴战略总体要求，聚焦农业供给侧结构性改革，创新水利风景区管理体制机制，突破发展瓶颈，完善水利风景区基础设施和服务设施，提高水利的社会服务供给质量。

水利风景区要努力在脱贫攻坚和实施乡村振兴战略中做出新贡献。实现乡村产业兴旺、生态宜居、生活富裕离不开水利的支撑和保障，饮水安全、灌区建设、水土保持、河湖治理、农村水电等水利工作都事关乡村振兴，要发挥水利风景区生态和产业带动优势，营造清新清净的田园风光，为乡村经济转型升级打造新引擎，不断为脱贫攻坚、乡村振兴提供新的动力。

十　发展措施

根据前文分析的水利风景区存在问题，按照问题导向的原则，提出水利风景区发展措施。

（一）严格景区认定管理

根据近几年水利风景区建设与管理实践，应从申报时完成《水利风景区规划》、使水利科普成为水利风景区要件两方面入手，提高水利风景区准入门槛，严格景区申报、认定管理。

从《水利风景区规划》看，应将过去申报时只提交《水利风景区规划大纲》升级为提交《水利风景区规划》。过去提交的景区《水利风景区规划大纲》，水资源保护篇幅明显不够；有的保护措施只是泛泛而谈，没有针对景区水资源实际的保护措施。专家组成员要增加水环境专家，专家们现场考察时要更加关注景区水体水质现状和《水利风景区规划》中水资源保护方面的内容，以及保护是否对症下药，措施是否有针对性。

从水利科普看，要更加注重水利风景区水利科普宣传，应当结合工程特点，建设水利科普、水文化展示、水生态环境教育场所，展示并宣传节水知识，以及污水治理、水情教育、水资源保护等方面的水利科普知识，治水故事、治水先贤、治水精神、河流文化等水文化知识。这些应成为今后申报国家水利风景区的要件。

（二）彰显水利功能特色

2018 年底党和国家机构改革后，由于原来的多种类型景区（公园）已划归国家公园管理局，全国还存在国家公园、国家水利风景区、国家旅游景区三类。国家公园强调自然风景资源和文化景观的保护，国家旅游景区突出发展全域旅游，介于两者之间的水利风景区，由于依托水域与水利工程而建的特性，强调在保护水利工程与水资源的前提下开展科普、文化、教育等活动，提供人们休闲游憩的区域。因此，水利风景区发展必须突出水利主体功能与水文化特色：要更加注重发挥水利工程防洪与排水、灌溉与发电、航运与调水等水利主体功能，突出水利特色；更加关注景区水资源保护措施的落实，确保景区水域水质不低于四类标准；更加重视景区水工建筑物景观设计与文化品位，使景区的水利工程能用文化解读，成为水利风景区的重要风景资源；更加强调利用河流滨水空间，彰显地域文化，讲好河流故事，弘扬优秀水文化。

（三）加强景区长效管理

要完善水利风景区标识系统。由于相当数量的水利风景区由水利工程管理单位建设与管理，管理单位办公地点往往在景区范围内，忽视对景区标识系统的规划与建设。为保证办公、管理与开放旅游互不干扰，应在规划时将办公及管理设施与景区相对分开，同时统一设计管理单位与水利风景区的大门，水利风景区标牌、解说、导视与安全警示系统等，补齐水利风景区标识标牌短板，更好地为游客服务。

要制定切合实际的景区管理办法。由于六种类型水利风景区的不同特色，制定管理办法时要因地制宜，对于城市河湖型，因其位于城市，来景区的大多是附近小区的市民，要特别注意体育锻炼设施的日常维护与安全检查，以免造成人身伤害。要注意滨水栏杆的检查与维护，防止造成老人、小孩发生落水事故。

要建成景区信息化管理系统。自 2018 年以来，水利部景区办着力推进各景区与部景区办网络信息的互联互通，在各省都已联通了一些景区，受到了各地的普遍欢迎。一方面，各省景区办要积极行动起来，落实更多的景区与部、省景区办网络联通，扩大景区联通数量。另一方面，各景区要安排专人更新信息，维护管理好景区信息化管理系统，既让游客多一个了解景区的窗口，利于促进旅游发展，也方便部、省景区办了解各景区情况。浙江省宁波市东钱湖水利风景区重视信息化建设，2016 年，景区开始通过互联网推介水利风景区，游客可以通过互联网了解东钱湖，进行网上订票、订房、订车，收到很好的效果。

水利部门要充分发挥河长制的作用，结合落实河道长效管理制度，落实水利风景区管理经费，为水利风景区可持续发展提供资金保障。

（四）建立景区退出机制

关于建立水利风景区退出机制，业界已呼吁多年。2018 年底，部景区办在对各省景区进行抽查时发现较多问题，建立水利风景区退出机制呼声渐高。建立退出机制是一个系统工程，不能一蹴而就，应从建立景区年度工作总结报告制度、复查制度、退出机制入手，层层递进，逐步实施。

建立报告制度：建立自下而上的景区年度工作报告制度，每年年底，各景区将年度工作总结报所在地水利局，省景区办汇总后报部景区办，部景区办以此了解全国水利风景区特别是国家水利风景区的发展状况、存在问题、景区呼声。

建立复查制度：在基层景区年度工作报告的基础上，有针对性地安排国家水利风景区复查，实地检查各景区《水利风景区规划》落实、水利主体功能发挥、水资源保护、水利旅游开展等情况，听取景区意见，汇总存在问题，反馈复查意见，对于问题要求限期整改，对不能按期整改的单位，发出黄牌警告。

建立退出机制：对在接到黄牌警告后，仍然不能在限期内整改或整改不到位的景区，由原批准单位——水利部颁发文件，取消其国家水利风景区资格。

建立水利风景区退出机制，可以从制度上推进水利风景区规划落实落地，增加省、市景区办加强水利风景区管理的压力感，增强水利风景区管理部门管好景区的责任感与紧迫感，提升水利风景区建设质量。

（五）解决发展不平衡、不充分问题

山、水、林、田、湖、草是一个生命共同体，维护河湖健康美丽是水利风景区进入新时代的重要使命。水利风景区发展不平衡、不充分问题，与当地水利部门是否重视、水利工程建设结合景区建设是否落实、上级组织与帮助是否到位有关，应采取下列办法解决。

关于景区类型发展不平衡问题。据了解，全国水利风景区中城市河湖型、水库型、自然河湖型占比最高，达到25% ~30%，灌区型、水土保持型、湿地型占比较低，为2% ~5%。应在分类指导的基础上，帮助、支持各地重点发展水土保持型与灌区型水利风景区。国家172项重大节水工程

中，大多有灌区建设内容，应结合重大水利工程建设，建设灌区型水利风景区，既突出水利风景区的水利特色，又增加灌区型水利风景区的数量。建议在“十四五”规划期间，水利部重点扶持水土保持型与灌区型景区发展，补齐两类水利风景区数量短板。湿地型水利风景区因权属和范围与湿地公园交叉，为避免产生矛盾，可暂不作为水利风景区建设内容。

关于水利风景区地区发展不平衡问题。主要是东部、南部、中部地区水利风景区数量明显多于西部、西北部、东北部地区（除了直辖市面积较小和特殊原因外），景区数量排全国前三位的都是东部地区（山东、江苏、安徽），排后三位的都是西部和北部地区（新疆、新疆生产建设兵团、辽宁）。对于西部、北部地区，部景区办应采取专门安排专家举办培训班、现场考察指导等办法，帮助当地认清建设水利风景区发展的优势与劣势，树立冰天雪地、枯水河流也是风景资源的理念，建设少花钱、少对河湖干扰的自然河湖型水利风景区，突出西部、北部地区水利风景区面积大、自然河流特色明显、人为扰动少的特点，补上水利风景区数量短板。

关于景区发展不充分问题。随着国家 172 项重大水利工程建设逐步完成与世界灌溉工程遗产数量的逐年增加（2019 年已达 19 处），原来水利风景区的分类方法在景区建设实践中出现新问题：水利枢纽型与水文化遗产型两类水利风景区在申报填写景区类型时，不符合原来六类景区中的任何一类。创新景区类型，增加水利枢纽型和水文化遗产型水利风景区，已水到渠成。这两类景区，一种是新建（除险加固）的大型水利枢纽，水工建筑物体量大、数量多、功能全，代表着新时代水利发展的成果，水利特色明显；另一种大多是历史悠久，经过几百、上千年历史沉淀下来的优秀古代水利工程，与周边山水环境、古村落和谐融合，并且大多仍然服务于人类，其中蕴含着先人们治水的科学智慧，为当代水利所借鉴，是水文化内涵底蕴深厚的精品水利风景区，可考虑适度调整水利风景区类型。

（六）融入河长制、湖长制管理

河长制关于“水资源保护、河湖水域岸线管理保护、水污染防治、水环境治理、水生态修复、执法监管”的六项任务，与水利风景区“维护水工程、保护水资源、改善水环境、修复水生态、弘扬水文化、发展水经济”的六项规划内容基本相同。各地应将水利风景区元素融入河流综合治理“一河一策”，由河长牵头，有关部门共同参与，将每一条河都建成水清、岸绿、景美、流畅的幸福河，建成老百姓身边的景区，使沿河居民享受水利风景区建设带来的福祉。

（七）加强人才培养，为水利风景区发展提供高素质队伍保障

正确的路线方针确定之后，干部就是决定性的因素。对水利系统来说，水利风景区毕竟是个新生事物，专业性强，是水利、生态、文化、园林、旅游、经济、管理等多领域、多学科的交叉地带，难题多，又比较复杂。仅靠传统思维方式和发展方式、原有的知识和人才，很难适应水利风景区发展的需要。各地应切实加强水利风景区专业人才培养，尤其是领军人才和复合型人才的培养。要探索创新用人机制和分配机制，以事业发展吸引人才，以信任支持重用人才。要建立并不断充实完善专家库，充分发挥专家的理论指导、技术支撑和引领作用。要加大专业技术和管理人员培训力度，全面提高行业人才队伍整体素质，并密切联系实际，有针对性地培养和训练一批一线管理与业务骨干，造就一支敬业爱岗能打胜仗的专业人才队伍，从而为水利风景区的持续健康发展提供坚实的人才队伍支撑。

十一　对策建议

党的十九大作出了我国社会主要矛盾已经转化为人民日益增长的美好生活需要和不平衡、不充分的发展之间的矛盾的重大论断。过去人们对水的需求主要集中在防洪、饮水、灌溉等方面；现在，人们对优质水资源、健康水生态、宜居水环境的需求更加迫切。也就是说，随着我国社会主要矛盾发生变化，我国治水主要矛盾也已发生深刻变化：从人民

群众对除水害兴水利的需求与水利工程能力不足的矛盾，转变为人民群众对水资源、水生态、水环境的需求与水利行业监管能力不足的矛盾[1]。

水利风景区是依托水域和水利工程、为发挥水资源综合效益而建的，水利风景区规划就是围绕维护水工程、保护水资源、提升水环境、修复水生态、弘扬水文化、发展水经济六项内容而进行的。新时代，水利风景区面临发展的新形势。为此，建议如下。

（一）调整景区规划思路

总体思路。水利风景区规划应在维护水工程、保护水资源的前提下，结合水利工程建设提升水环境、修复水生态、弘扬水文化，按照水利风景区的不同类型，进行水利风景资源的综合利用和发展旅游的规划。

资源调查。水利风景区规划的风景资源调查与过去基本相同，主要对水利风景区所在地的自然、人文、社会、经济、水资源和水工程等方面的资料进行收集和分析[2]。不同的是，现在的水利风景资源调查，应更加强调景区范围内水文化与地域文化资源的调查，包括河流文化、治水人物及治水事迹、古代水利工程、历史上的洪旱灾害、水神崇拜与祭祀活动、与水有关的民俗民风、水利碑刻等；古村落、古树、古桥、古祠堂、古建筑等历史遗迹，重大事件，著名人物，历史传承下来的节日等。这些都是开展水利旅游的风景资源。

资源保护。主要包括水工程维护与水资源保护两个方面。在水工程维护方面，考虑到水利工程特别是水闸在灌溉时要放水，水闸和溢洪道在暴雨时要泄洪，为保证游客安全，景区规划游览线路时要按照有关水利法规，留足与水工建筑物之间的安全距离，有安全避险措施。在水资源保护方面，应采取污水纳管措施，避免旅游设施污水直接排入景区水域，污染水体。水上游船要采用电瓶式的环保游船，收集的垃圾与厕所粪便移至岸上集中处理。对于水利风景区范围内有取水口的，要严格按照《中华人民共和国水污染防治法》中“饮用水水源水体保护规定”要求：不在一级保护区内开展旅游活动，在二级保护区内开展旅游活动时，按照规定采取措施，防止污染饮用水水体。

资源利用。新形势下利用水利风景资源编制水利风景区规划，是在对风景资源进行梳理与分析后，首先进行水工程和水资源保护规划，在此基础上再进行旅游规划，安排景观建设格局、设计景观节点、安排游览线路等。对于不同类型的水利风景区，因为保护水工程、水资源的要求不同，规划的重点应不同。对于水库型景区，水工程与水资源保护的任务都很重，旅游规划应主要考虑生态旅游与水利文化旅游。自然河湖型景区大多位于河流上游，人类干扰较小，溪流水质清澈，没有什么水利工程，主要保护对象是河流水质，旅游规划应以开展生态旅游为主。城市河湖型景区位于城市（城镇），混凝土建筑多、人口密集，市民们特别需要良好的河流滨水活动空间进行休憩、聚会与锻炼，旅游规划应考虑设置亲水步道、亲水广场、体育锻炼设施，方便市民就地开展散步、聚会和锻炼身体等活动，建设成为小区居民身边的水利风景区。如广东省佛山市乐从水利风景区，是依托东平河而建的开敞式景区，建设单位在滨河绿化带栽种了乔木、灌木、水生植物相结合的植物群落，其间设置了绿色步道，供市民休憩、散步。景区设置了跑步、散步与骑行道，篮球场、羽毛球场、沙滩游泳场，滨河小区居民出了小区就能进入景区。景区成为市民家门口的水利风景区，增强了老百姓的认同感与幸福感。

（二）提升早期景区品质

水利风景区评审始于 2001 年，早期的水利风景区评审侧重于扩大景区数量，景区申报时有的没有水利风景区规划，专家组现场考察与评价时间短，要求也不规范，水利风景区与同时期其他类型景区相比有一定差距，提升早期水利风景区品质势在必行。应从提升水工建筑物景观文化水平、提升景区生物多样性水平、提升景区服务设施水平入手。

提升水工建筑物景观文化水平。建设水利风景区的初心之一是发挥水利工程的综合效益，水工建筑物是水利风景区的重要风景资源之一，应在不影响水利工程主体功能的前提下，对早期水利风景区内的水工建筑物外观进行景观文化改造，彰显水工建筑物的文化内涵。

提升景区生物多样性水平。早期依托河湖水域建设的水利风景区，由于缺乏生态文明理念，有的河湖水域采用混凝土硬质化护坡，有的为了蓄水随意设置拦水坝，造成河湖水体与岸坡土体缺乏交流，致使河流水体分隔成多段，鱼、虾等河流生物减少，生物多样性丧失。应根据河湖自然禀赋与功能，对过度采用混凝土护坡的岸段进行拆除，减少河流建坝的数量或降低坝的高度，让河湖尽量恢复自然状态，提升河湖的生物多样性。

提升景区服务设施水平。不论水利风景区是敞开式还是收门票，为游客提供必要的服务设施是水利风景区的应有之义。敞开式水利风景区大多位于城区，应沿滨水空间设置亲水步道，方便附近市民沿河边亲水、散步；收门票的大多位于郊外，应完善游客咨询、标识导向等公共服务，提供足够的车位，积极适应新能源汽车迅速普及的趋势，加大景区周边电动汽车充电桩建设，提供更多的一站式服务。应配套建设餐厅、茶社等服务设施，满足游客的不同需求。

（三）建设精品景区集群（廊道）

《全国水利风景区建设发展规划（2017～2025 年）》提出建设一批精品水利风景区、发挥典型示范带动作用的要求，各省、市景区办应统筹水利规划与建设，结合景区水利风景资源特点和地域文化特色，建设精品水利风景区群落和精品水利风景区廊道。

江苏省淮安市在约 80 平方千米范围内，集中了 6 个国家水利风景区：有代表现代水利工程水平的大型“水立交”——淮安枢纽水利风景区；有新中国成立后建设的第一座泄洪超过 10000 立方米/秒的节制闸——三河闸水利风景区；有开凿于 600 年前的清江浦——古运河水利风景区；有集水土保持研究、科普教育、休闲游乐于一体的水土保持示范园——樱花园水利风景区；有我国治水和漕运史上规模最大的衙署园林——清晏园水利风景区；有距离火车站、机场都在 18 千米以内，可进入性强且水生态环境良好的古淮河水利风景区。六个景区水利风景资源互补，可在此基础上建设精品水利风景区群，发挥国家水利风景区的集群效应和影响力。

如长168千米的江苏省入海水道（功能是将汛期洪泽湖洪水东泄入海），从上游到下游分布有二河、淮安、淮阜、滨海、河口五座大型水利枢纽工程（均是省水利厅直属单位），其中有三处水利风景区：淮安枢纽国家水利风景区、二河枢纽省级水利风景区和滨海枢纽省级水利风景区。目前，淮河入海水道二期工程已列入国务院172项节水供水重大水利工程，主要任务是进一步扩大淮河下游洪水出路，使洪泽湖防洪标准达到300年一遇。受国家发改委委托，中国水电科学研究院已于2019年8月组织召开淮河入海水道二期工程可行性研究报告评估会议，工程即将立项动工。部、省景区办应积极配合，在入海水道可行性研究阶段就考虑结合工程扩建，将淮阜、河口两座水利枢纽建成省级水利风景区，将二河、滨海两个省级水利风景区建成国家水利风景区，加上已有的淮安枢纽国家水利风景区，168千米长的入海水道就有5个水利风景区，平均30余千米左右就有一个水利风景区，已形成现代水利特色显著的精品水利风景区廊道。

全国像江苏省淮安市水利风景区精品群落和入海水道水利风景区精品廊道的区域与河流还有一些，如江苏省苏州市、徐州市在约100平方千米范围内都有5~6个国家水利风景区，也可建成水利风景区精品群落；连通甘肃与陕西两省的渭河，已有8个国家水利风景区，也可建成水利风景区精品廊道；部、省景区办应联手现场考察，选择一些国家水利风景区相对聚集的地区、河流，重点规划建设水利风景区精品群落与精品廊道，提升国家水利风景区品质，打造国家水利风景区品牌。

（四）建设三级景区网络

当前，全国各行各业正在编制“十四五”发展规划，部、省、市水行政主管部门要将水利风景区规划纳入本级“十四五”水利发展规划，结合水利建设与管理工作建设水利风景区，形成部、省、市三级水利风景区网络，做到上下呼应，形成共识，抓住新时代、新机遇，推进水利风景区健康持续发展。

国家水利风景区——提升品质，建设精品水利风景区。水利部要总结近

20 年来国家水利风景区发展的经验与不足，结合水利风景区监督管理工作，建立定期开展水利风景区管理工作评估的制度，在突出水利风景区主题功能、保护水利工程安全的前提下，发挥水资源的综合效益，开展水利旅游。要加大政策与资金支持力度，推动建设一批水文化主题突出、基础服务设施完善、生态环境良好、管理智能化的精品水利风景区。

省级水利风景区——加强管理，融入水利建设与管理。各省景区办要在全面了解水利风景区情况的基础上，根据景区是水利部门管理或非水利部门管理、是公共财政投资或社会资本投资、属于经济较发达地区或欠发达地区的不同情况，进行分类指导。按照六类水利风景区分类，尽可能将其纳入年度水利发展计划，将水利风景区发展纳入河湖管理范畴，融入各级河、湖长制内容，使水利风景区与河湖监督管理、河湖长制工作一起布置、一块检查、一同考核，使其真正成为水利建设与管理中心工作的一部分。

市级水利风景区——开始启动，建设群众身边的景区。目前，除国家水利风景区外，大多数省也都开展了省级水利风景区评审工作，已建成约 2000 个省级水利风景区。据了解，全国市一级只有山东省临沂市与浙江省丽水市开展了市级水利风景区评审工作。丽水市水利局根据市全域旅游示范区创建工作任务书年度计划要求，2016～2018 年三个年度共考核通过 29 个市级水利风景区，加上已建成的 5 个国家水利风景区，实现了“建设一处水利工程，营造一片美丽风景，带动一域生态旅游”的良好态势。市级水利风景区由于面广量大，多由乡、村建设，离老百姓近，直接服务于村民开展特色民宿等乡村旅游，既提升了乡村环境，又带动了农民致富，还推动了全域旅游，一举数得，受到市、县、乡各级领导的肯定与群众的好评。

丽水市市级水利风景区发展的经验值得向全国推广，这对于逐步形成部、省、市三级水利风景区的梯度培育机制，扩大水利风景区的社会影响十分有利。

（五）理顺景区管理体制

首先，理顺部级层面管理体制。2018 年底，党和国家机构改革中明确水利部管理水利风景区的行政职能在部河湖司。应参照水利部其他专业职能的管理办法，如水利部规划计划司负责全国水利发展的规划制定与计划安排，部水规总院负责全国水利规划的技术审查，为规划计划司行政职能提供技术支撑。再如部水资源司负责全国水资源的保护、开发、利用管理与大江大河水量分配，部水资源中心负责水资源开发与利用的技术审查，为水资源司行政职能提供技术支撑。参照上述水利部规划计划管理与水资源管理行政职能与事业单位技术支撑的分工体制，建议部河湖司发挥水利风景区建设与管理的行政职能，将水利风景区建设、管理与监督工作融入河湖连通工程规划与建设、河湖岸线管理与监督，解决水利风景区建设经费问题；部景区办作为河湖司行政职能部门的延伸，为水利风景区建设与管理服务，为河湖司行政职能提供技术支撑。

其次，理顺省级层面管理体制。按照党中央机构改革的部署，省级机构改革方案原则上与中央保持一致。大部分省（区、市）水利（水务）厅（局）三定方案关于水利风景区管理职能都在河湖处，如浙江省水利厅水利风景区行政职能已由原来的水库处调整到河湖处，厅河湖管理中心（事业单位）负责水利风景区具体技术工作。广东省水利风景区行政职能明确在河湖处后，相关领导工作积极性很高，提出要尽快改变本省水利风景区工作落后的局面。但机构改革中也出现个别省（区、市）水利风景区职能划出水利部门，一些省（区、市）水利（水务）厅（局）三定方案中没有明确水利风景区管理职能，水利风景区仍由原来的部门管理的问题，造成各地水利（水务）厅（局）水利风景区管理不协调的局面，这对新时代水利风景区持续健康发展极为不利，亟待予以理顺。

最后，建立市级层面管理体制。如果部、省级水利风景区管理体制能形成水利部河湖司（各省级水利厅河湖处）行使水利风景区行政职能，部景区办（水利风景区行政职能延伸的事业单位）提供景区技术支撑的水利风景区工作体制，一方面水利部、各省水利厅可将水利风景区工作纳入水行政管理范围，将水利风景区和其他水利工作，如规划计划、工程建设、运行管理、监督执法、考核评比等一起布置、检查与监督，会使已划出水利风景区职能的省级水利风景区管理逐步回归水利部门。

部省两级水利风景区管理体制的规范有利于市县（区）级管理体制的理顺。通过数年的努力，逐步形成部、省、市三级水利风景区梯度培育机制，有了体制与机制的保障，就可以做强市级水利风景区基础，建设老百姓身边的水利风景区；做大省级水利风景区“蛋糕”，树立水利风景区良好形象；做精国家水利风景区品牌，与国家公园、旅游景区互补；用水利风景区的发展成果满足人民群众日益增长的美好生活需求，为全域旅游、乡村振兴国家战略做出水利贡献。

（六）完善景区管理制度

水利部应根据新时期国家发展、水利发展的新形势，在对原管理办法进行修改的基础上，尽快颁布新版水利风景区建设管理办法，以指导各地水利风景区建设与管理。在部新版水利风景区建设管理办法出台后，各省应结合当地水利风景区发展实际，颁布省级水利风景区建设管理办法，这一方面可使部新版水利风景区建设管理办法落地，另一方面可对市、县（区）级发展具有当地特色的水利风景区提供有价值的指导，使全国水利风景区健康、可持续发展。

参考文献

[1]《中国水利报》，2019 年 1 月 17 日第 2 版。
[2]《水利风景区规划编制导则》（水利行业标准 SL471—2010）。

专题报告

Special Reports

B.2 水利风景区生态修复与环境保护PPP模式研究

赵敏 张蕾 汪永禄*

摘　要： PPP模式是在公共基础设施中，由政府和社会资本合作的一种项目运作模式，体现了“利益共享、风险共担、全程合作”的关系，也为水利风景区建设进一步引入市场机制和拓宽资金渠道提供了可能性及有效途径。本研究基于对水利风景区PPP模式和生态环境领域PPP模式发展现状的概述，着重对海口市美舍河－沙坡水库水环境综合治理PPP项目进行了案例分析，剖析了案例项目的融资模式与运行机制，总结了案例项目已取得的成效，以期为水利风景区的发展提供启

* 赵敏，河海大学教授，博士生导师；张蕾，水利部综合事业局经济师；汪永禄，伦敦国王学院硕士研究生。

示与借鉴。

关键词： 水利风景区 生态修复 环境保护 PPP 模式

水利风景区建设，其基本目的在于维护水工程、保障水资源、改善水环境、修复水生态、弘扬水文化和发展水经济，在发挥自身功能的同时，也具有显著、广泛的外部效益，诸如改善人居环境、提升区域形象、提高经济效益辐射力等。由此可见，水利风景区既可提供以赢利为目的的产品与服务，同时又能提供公益性产品与服务，这就决定了水利风景区在经营管理上具有双重属性。长期以来，由于水利风景区的双重性，尤其是水利风景区效益的外部性，水利风景区在其建设和运营过程中融资水平较低，这在某种程度上制约了水利风景区的健康发展。水利部在《关于进一步做好水利风景区工作的若干意见》（水综合〔2013〕455 号）中明确提出，要通过创新投融资模式，进一步引入市场机制，以此拓宽资金渠道，从而鼓励、引导社会资本参与水利风景区建设。所谓 PPP（Public-Private Partnership）模式，是在公共基础设施建设中政府和社会资本合作的一种项目运作模式。该模式鼓励民（私）营企业通过与政府进行合作，继而参与公共基础设施的建设。由此可见，PPP 模式为水利风景区建设进一步引入市场机制、拓宽资金渠道提供了可能性和有效途径。

一 水利风景区 PPP 模式及其发展现状

（一）水利风景区 PPP 模式内涵及其意义

水利风景区 PPP 模式即由政府与社会资本建立“利益共享、风险共担、全程合作”的共同体关系，采取公私合营的模式进行水利风景区的建设与管理。这种模式既可减轻政府财政负担，又可降低社会资本投资风险。因此，PPP 模式是破解难题、实现共赢、加快水利风景区项目开发的实用手段之一。水利风景区建设采用 PPP 模式的现实意义体现在以下几个方面。

1. 实施 PPP 模式有助于缓解景区建管融资难的问题

水利风景区建设项目自身具有投资规模大、融资渠道窄、回收周期长、投资风险大的特点，因此融资难的问题已成为制约其发展的主要瓶颈。而应用 PPP 模式，通过创新投融资机制可以引入社会资本投资，一方面能够缓解当前景区建设资金不足所造成的困局；另一方面，政府加强对社会资本合作及 PPP 模式的支持，也可以增强社会资本加入景区建管的信心。

2. 实施 PPP 模式有助于发挥社会合作方的专业优势

水利风景区建设采用 PPP 模式，可以充分利用社会资本合作所拥有的先进理念和专业经验，通过发挥专业人员及其专业管理的优势，动员市场资金对整个水利风景区进行规划、建设、整合、包装，并在此基础上加以运营和推广，使景区发展能够更快、更好地适应市场需求，从而在积极发挥政府作用的同时，真正体现“让市场在资源配置中起决定性作用”的理念。

3. 实施 PPP 模式有助于协调政府与景区开发主体的关系

水利风景区在建设过程中，开发商主体存在多种性质，因此常常会面临政府与景区开发主体如何协调的问题，两者倘若处理不好关系，则容易产生矛盾和冲突，从而影响景区的总体开发和运作，甚至影响景区的形象。而 PPP 模式强调的是充分协调与相互合作，在此机制下，政府与社会资本合作方（开发商主体）能够充分协商，基于双方的目标追求共同规划，使两者形成既利益共享又风险分担的真正合作伙伴关系。

4. 实施 PPP 模式有助于处理景区开发主体与周边的关系

水利风景区的开发建设多少会改变相关的经济社会环境，因此会在一定程度上影响到景区周边老百姓的生产与生活。而在 PPP 模式下，环境效益和社会效益也是其追求的目标，所以政府和社会资本合作方在签订合同之前，一般会充分考虑景区周边乡镇及有关方面的利益诉求，继而预估和解决景区周围可能出现的负面影响和存在的问题，形成利益共享与责任共担的合作机制，从而确保景区开发工作顺利有序地开展。

（二）水利风景区 PPP 模式运作方式及流程

1. 运作方式

根据水利风景区的不同建设特点和规划内容，可以设计出不同的 PPP 模式，既可以是 BOT（建设 - 运营 - 移交）模式，也可以是 TOT（转让 - 运营 - 移交）模式，还可以是 BOO（建设 - 拥有 - 运营）模式，或者是上述三种模式的相互组合。而在 PPP 模式下，项目的规划、设计、投融资、建设、运营及维护等具体工作，一般可部分或全部交给社会资本合作方负责。在公私合作过程中需要强调的是，对于社会资本的回报机制应当予以明确提出，一般可运用诸如使用者付费、政府付费的方式，或者是由两者结合的方式，而政府的支出责任则应纳入财政预算。

2. 运作流程

水利风景区 PPP 模式运作的具体流程一般有以下几个步骤。首先，进入开发计划。项目既可由政府发起也可由社会资本发起，但一般是以政府发起为主，一旦发起后要纳入省级财政部门（或由其设立的 PPP 中心）制订的 PPP 项目年度开发计划。

其次，编制实施方案。项目发起并列入相关年度计划后，其实施方案由项目实施机构组织编制。而所谓的项目实施机构，按照财政部的规定应由政府或其指定的职能部门、事业单位承担，融资平台公司不可作为项目实施机构。实施方案的内容一般包括以下部分：项目概况、项目运作模式、交易结构、采购方式、风险分配框架、合同体系、监管框架等。编制完成的项目实施方案，既是项目融资的基础性文件之一，也是项目授信评审参考的最主要文件之一。由项目实施机构报送本级政府审批项目实施方案，一旦政府审批通过，就可以发起项目的社会资本采购。

再次，通过评估论证。项目实施方案通过审批后，省级财政部门（或 PPP 中心）会与行业主管部门一道，对项目开展物有所值和财政承受能力评估论证，前者针对所有项目，后者只涉及政府付费项目。只有项目通过评估论证才可以开展后续工作。

复次，采购社会资本。按照政府采购所规定的相关程序和办法，通过评估论证的项目，需要在省级媒体上公开发布资格预审文件，同时社会资本方要提交相关的响应文件（银行可以配合出具贷款承诺函），之后通过相应程序（评估、谈判、磋商等）来确定社会资本，采购方式则可以在公开招标、邀请招标、竞争性谈判、竞争性磋商、单一来源采购等多种方式中，根据实际情况加以选择。社会资本方确定后，项目实施机构与社会资本签署谈判备忘录，对采购结果和 PPP 合同进行媒体公示。公示无异议且由政府批准后，项目实施机构和社会资本签署相应的 PPP 项目合同。如同项目实施方案，PPP 合同既是项目 PPP 融资的基础性文件之一，也是项目授信评审参考的主要文件之一。由政府采购确定的社会资本既可单独组建项目公司，也可与政府共同组建项目公司开展项目的后续工作。

最后，项目建设运营。项目公司组建后，即可具体负责项目的融资、建设与运营等工作。在此环节中，银行提供融资的，可进行贷款发放支付。而在项目运营过程中，政府有支付义务的部分则需纳入同级财政预算。

（三）水利风景区 PPP 模式融资方式及资金平衡

1. 项目公司

水利风景区 PPP 项目的实施机构应由政府指定，符合条件的社会资本方应通过特定的政府采购方式进行选择，由实施机构与社会资本共同组建项目公司（SPV）。通过签订特许经营协议，由政府授权项目公司进行本地区的水利风景区建设。而在 PPP 项目合同中，应明确约定项目公司组成各方的股权比例，各方应按此比例并根据项目开发的进度和实际需要，及时、足额地缴纳股权出资额。

2. 融资方式

水利风景区 PPP 项目一般可采用以下三种融资方式。一是通过政府的渠道，由政府成立引导性产业基金，并因此吸引社会投资者。该基金应全部用于项目建设，其资金由政府采购所确定的托管银行进行封闭运行，通过项目实施机构、社会资本方和托管银行三方成立的合伙企业，相关资金被划拨到项目公司，并经政府授权由项目公司统一管理，以对接项目的开发与实施。

二是通过社会资本的渠道，充分发挥社会资本方的作用，采用项目公司中社会资本方股东借款、金融机构贷款等方式，筹措项目建设资金。

三是通过项目公司的渠道，采用无追索项目融资方式，也就是由项目公司以自身拥有的资产或权益作为融资抵押，项目公司的各股东方仅以项目资本金为限，承担其相应的责任或风险。

3. 赢利模式

水利风景区 PPP 项目一般存在以下四种赢利模式。一是构建财政补助机制。将可行性缺口补助纳入景区属地政府的一般公共预算支出计划，以此形成“可行性缺口补助”的回报机制，这也是一种较为常见的赢利模式。一般而言，经营收入可包括但不仅限于景区门票收入、配套设施出租收入、停车位收费以及其他收入等。

二是通过要素“肥瘦搭配”。在进行景区项目设计时，可根据景区的资源禀赋条件来增补营利性资源的开发权。可通过营利性项目捆绑（如搭配少量乡村养老产业开发权等）的方式增加收益来源，也可通过开发一些副产品等方式增加经营收入，还可考虑用景点或产品冠名等方式设置增收项目。

三是进行项目分割。可考虑只对景区开发中的部分经营性功能（供水、发电、航运、旅游等）采取 PPP 模式，而对公益性功能（防洪、排涝、水土保持等）仍采用政府投入方式，以此进一步减轻社会资本对项目的一次性建设投入。

四是设置奖补政策。政府可在景区项目运营方案中，设置一定的奖补政策（针对水保、环保、农业、林业、旅游等），对达到既定目标的项目公司进行相应的奖励。

（四）水利风景区 PPP 模式发展现状

PPP 模式在我国经历时间不长，且发展有起伏。自 20 世纪 90 年代开始，涉水领域尤其是城市水务领域引入了 PPP 模式；直到进入 21 世纪后，这一进程才逐步加快，并引起社会广泛关注。尽管在 2009 年以后这一进程有所减缓，但近年来一系列密集的政策推动使之迎来第二次发展契机，在仍然于传统的城市水务领域发挥作用的同时，PPP 模式也逐步拓展到水环境治理、农田水利以及重大水利工程等领域，并且经历了不断的改革与探索。

1. 水利建设 PPP 项目入库情况

（1）总体情况。根据全国 PPP 综合信息平台项目管理库统计，截至 2018 年底，水利建设类项目共有 373 个，项目投资额达 3068 亿元，占总投资额的 2.3%；单个项目投资规模在 3 亿～10 亿元的项目数量占项目总数的 43.3%。项目分布在全国 27 个省、自治区和直辖市，其中位列前三位的是云南、河南和新疆三省区，项目数量分别为 67 个、42 个和 26 个，分别占水利 PPP 项目总数的 17.96%、11.26% 和 6.97%。目前，这些项目近半数已进入实施阶段。总体上，在全国基础设施和公共服务的 19 个一级行业中，水利项目数量位列第六，占有一定位置。但水利 PPP 项目只占全国项目总数的 4.31%，占同期水利项目的比例更低，且区域间发展不平衡。

（2）主要特点。一是项目类型较多且主要为新建项目；二是项目合作模式以 BOT 为主；三是项目回报机制以可行性缺口补助和政府付费为主。

（3）主要难点。第一，PPP 模式涉及领域广、政策性强，因此对项目前期参与各方要求比较高；第二，水利项目技术要求高、投资大，使得社会资本方参与存在一定的难度；第二，水利项目回报周期长、风险因素增多，导致项目融资难度较大。

（4）主要问题。一是政策规定不够具体，缺少相关细化规定；二是赢利分析薄弱，回报形式边界条件和激励机制不完善；三是项目资本金设置问题较为突出。

2. 水利风景区建设 PPP 项目入库情况

由国家发改委中国投资协会设立的中国 PPP 服务平台显示，截至 2018 年底，涉及水利风景区建设的 PPP 项目信息只有 2 个，即“江苏连云港临洪河省级湿地公园（临洪河省级水利风景区）项目”和“渭南市华州区少华湖水利风景区 PPP 项目”。

（1）江苏连云港临洪河省级湿地公园（临洪河省级水利风景区）项目

该项目地处江苏省连云港市东北部，属于水利行业新建环境保护（湿地保护）项目，发起于 2017 年 6 月 23 日，总投资 3.24 亿元，合作期限为 10 年（含建设期 2 年），目前处于执行阶段。

项目实施内容为湿地保护与恢复，改善临洪河的水质，保护丰富的动植物资源，抢救性保护临洪河口海岸滩涂湿地及候鸟迁徙中途停留站点，修复临洪河及浅海水域受损的湿地生态系统，并通过科普宣教来弘扬湿地文化，同时适当开展多种生态旅游休闲活动，充分发挥湿地公园的经济、社会和生态等多方面效益。

项目实施机构为连云港市水利局，采取的运作方式为设计－建设－运营－移交（DBOT），回报机制为可行性缺口补助。本项目由政府方指定的国有资产出资方与通过法定方式（招标）选择的社会资本方共同出资组建项目公司，具体负责本项目设计、投资、建设、运营、维管和移交等工作。在本项目合作过程中，社会资本方作为控股方负责公司的运营维护，负责与政府方出资代表按照约定的出资比例共同组建项目公司，负责项目的投资、建设、运营、维管和移交，按项目公司的章程规定分享收益，确保项目的顺利进行。

（2）渭南市华州区少华湖水利风景区 PPP 项目

深圳市铁汉生态环境股份有限公司与其全资子公司深圳市铁汉生态资产管理有限公司铁汉生态建设有限公司、中国电建集团西北勘测设计研究院有限公司组成的投标联合体为“渭南市华州区少华湖水利风景区 PPP 项目”的中标单位。

渭南市华州区少华湖水利风景区 PPP 项目建设区域位于渭南市华州区的石堤河、罗汶河滞洪区。项目分两期实施，一期主要对现状湖区进行修正改造，二期主要结合景观布置进行湖区局部扩挖。

该项目规划面积 946.1 万平方米，其中水域面积 337.9 万平方米，绿化面积 249.72 万平方米，岛屿面积 59.3 万平方米，覆土建筑面积 20.4 万平方米，花海面积 115.9 万平方米，农业面积 106.1 万平方米。通过湖区扩挖，以最小工程介入，在确保湖区满足相应防洪标准和保障水安全的基础上，充分挖掘当地历史与文化内涵，将其融入景观设计，并通过湖区设计带动华州区的整体城市布局发展，建设一系列有别于华州区本土景区的新型旅游休闲景区，提升华州区的旅游硬件水平。

该项目初步估算的总投资为 207628 万元，其中工程费 138024 万元，独立费用 30447 万元，预备费 16847 万元，建设期利息 10581 万元，移民与环境部分费用 11729 万元。

该项目合作期限为 20 年，其中建设期为 2 年，运营期为 18 年；项目采用 BOT + TOT 方式运作，项目回报机制为“投资、建设、维护一体化” + “政府可行性缺口补助”。

二　生态环境领域 PPP 模式概述

2018 年 5 月，习近平总书记在全国生态环境保护大会上专门强调要提高环境治理水平，要充分运用市场化手段，完善资源环境价格机制，采取多种方式支持政府和社会资本合作项目。同年 6 月 16 日，中共中央、国务院在《关于全面加强生态环境保护　坚决打好污染防治攻坚战的意见》中明确提出，推进社会化生态环境治理和保护；采用直接投资、投资补助、运营补贴等方式，规范和支持政府和社会资本合作项目。由此可见，该意见的颁布从国家的层面为生态环保类 PPP 项目提供了政策支持，因此可以认为，PPP 模式在生态环境保护领域大有可为。

（一）生态环境 PPP 项目的主要特点

仅从 PPP 模式适用的角度来看，生态环境项目与市政环保领域项目（如垃圾焚烧、污泥处置和污水处理等）相比，具有以下几个方面的特点。

（1）就适用范围而言，生态环境 PPP 项目既适用于传统的市政环保项目，也适用于与生态环境相关的其他治理类项目，比如空气监测和治理、土壤修复、流域治理、河道整治和农村环境治理等。

（2）就项目性质而言，生态环境项目更具有显著的公益性，项目产出所面对的受益群体众多且不固定，因此大多属于典型的公共服务类项目。而“绿水青山就是金山银山”的理念可以视为此类项目的最新缘起，也给予其最强大的理论支撑。

（3）就项目界面而言，生态环境 PPP 项目需要应对的点源往往处于分散状态，因此不能简单遵循单体项目的一般惯例，采取“由点及面”的处理方式，而是需要“点、线、面”三者协同控制、融合治理，可见此类项目的综合性、复杂性和开放性较为突出，不容低估。

（4）就项目收益而言，生态环境 PPP 项目的适用范围决定了其实施后所能够形成的固定资产是非常有限的，项目性质决定了其更多体现的是生态环境改善之后所产生的外部性效应，所以项目运营所能带来的经营性收入有限。

（5）就项目可行性而言，生态环境 PPP 项目具有涉及面广、资金需求量大以及建设周期较长等特点，导致经济收益偏低但社会效益突出，故而对任何一个地方政府而言，都是一个极大的挑战。因此，生态环境项目取道 PPP，可以在资金、技术和管理等方面向社会资本借力，不啻是传统的政府全投资路径之外的较好选择。

（二）生态环境 PPP 项目面临的问题

1. 政策导向十分明确，但缺乏主流理论支撑，突破有难度

生态环境 PPP 项目近几年颇受高层重视，政策导向方面大手笔频出，浓墨重彩。但就具体模式和项目实操而言，却缺乏类似于市政环保领域之“或取或付”（Take or Pay）、收费公路领域之最低需求风险、轨道交通领域之“TOD”（Transit-Oriented-Development，以公共交通为导向的开发）、城镇综合开发领域之“产城融合”的主流理论作为支撑，相应的在政策落地方面无法做到精准定位，找不到比较好的突围方向。

2. 公益性目标简单明了，但牵涉范围偏大，战线偏长

生态环境 PPP 项目的目标不复杂，简单讲就是改善生态环境。但是如前所述，此类项目牵涉的范围大、战线长，对于部门协同、区域协同、政策协同和利益协同的要求很高，加之 PPP 模式本身固有的与我国现行法律法规之间的冲突，此类项目推进起来阻碍重重。

3. 投资规模巨大，但回报机制单一，严重依赖政府信用

生态环境 PPP 项目在运作模式方式也局限于单纯的政府付费，或是“拉郎配”式的经营性项目打捆操作，不但难以形成可直接变现的固定资产，而且回报机制严重依赖于地方政府的履约能力及意愿，始终摆脱不了拉长版 BT 的影子。在创造资产、为地方政府投融资平台做大做强提供支持等方面，甚至远不如 BT 来得直接。

（三）生态环境项目投融资模式的内在逻辑

基于上述对生态环境 PPP 项目特点和问题的分析可以看出，此类项目要么是由政府或其投融资平台完全包办，走公建公营、政信融资的传统路径；要么是面向市场，走多元化融资的创新道路，例如 BT 模式和 PPP 模式等都是地方政府曾经或现有的选项。但无论是哪一种选择，生态环境项目投融资的内在逻辑都可以归纳如下。

1. 基于公益性获得外部支持

基于生态环境治理的公益性，及其对城乡社会经济生活的重大影响，生态环境项目需要也有充分理由获得来自政府的各方面支持，主要包括政府直接投资、财政补贴、税收优惠及政策性金融支持等。

2. 基于外部性获得溢价回收

基于生态环境项目的外部性形成的受益者，主要指生态环境改善带来的周边土地增值及物业开发的受益群体，包括但不限于地方政府、房地产开发商、各类商业实体、房地产所有权人或长期租赁人等。通过制定与实施适合于当地法律及政策框架的受益者负担制度，形成生态环境项目相关溢价回收机制，应当成为此类项目投融资的最佳路径选择。在这方面，类似于 TOD

模式的主流理论框架的搭建，及其在政策端和实操端的应用与推广，就成为重中之重，希望能引起政策制定者的充分重视。

3. 基于商业性获取项目融资或企业融资

生态环境项目的投资人或运营方可以基于项目的预期收益（主要来自政府付费），也可以通过企业自身及第三方的信用担保，采取项目融资或企业融资等市场化的方式来筹措建管资金。对于通过市场化方式进行的融资，商业层面的考量必然是第一位的。而受限于此类项目成本高、收益欠佳的普遍状况，即便是项目融资，融资方对于项目之外的增信安排也往往有更多要求。对于民间资本而言，融资难、融资贵的短板在此处就尤为突出。

4. 基于政府权利和义务的部分让渡获得社会投资

PPP 模式是这一路径和逻辑的典型代表。总体而言，相对公平的市场竞争环境、适合的合作伙伴、支持性政策的稳定、合理的风险分担及回报机制、科学可行的绩效考核体系，特别是地方政府的财政承受能力和契约精神，是生态环境 PPP 项目（甚至任何类型的 PPP 项目）成功实施的关键前提。

（四）生态环境领域 PPP 模式的应对策略

综上所述，生态环境 PPP 模式的破局方法如下。概括而言，首先需要量体裁衣，为此类项目构建一套符合中国国情及 PPP 立法方向的理论体系，为后续政策制定与执行打开方便之门。其次需要做好顶层设计，解决法律冲突、部际及区域协调、政策出口等 PPP 模式的共性问题。最后需要为具体项目的落地打造可复制、可推广的示范性样本。

从政策制定和项目实操两个方面入手，生态环境领域适用 PPP 模式的破局之法还需考虑如下几方面因素。

1. 政策制定层面

所有相关政策（限制或禁止性的除外）都应该遵循“三可”原则，围绕“投资人可融资、财政可承受、项目可持续”这条主线来加以制定，三者缺一不可。凡是有利于这三个方面的政策，都值得努力争取，反之则应尽量规避。

（1）就“投资人可融资”而言，应从政策层面为生态环境 PPP 项目提供强增信，包括预算优先、入库优先、提供创新与容错空间（如适当允许商业项目捆绑、逐步建立受益者负担机制）等，都是可以考虑采取的措施。

（2）就“财政可承受”而言，建议考虑采取以下方式以最大限度地减轻地方财政压力，努力达成控债与发展的双重目标。

第一，特别加强政策及部门协同，识别和汇总可为生态环境项目所用的优惠政策和扶持资金，包括环保、住建、农业、林业、文旅、民政、金融等领域。

第二，以优先参与区域内项目总体策划、投资和融资为条件，优选与吸纳产业及财务投资人共同筹措生态环境 PPP 引导基金。

第三，尽快搭建“谁受益、谁投资”的基础设施及公共服务投融资理论体系，提倡和推行受益者负担机制，并与资源环境价格机制的完善相结合，互为补充，将此作为生态环境投资、融资、建设和运营的长期主要抓手。

（3）就“项目可持续”而言，需着重考虑对地方政府（特别是换届后的政府）履约能力和意愿的强化。一方面需要在 PPP 合同层面建立合理的风险分担机制，尽可能地让合作双方各得其所，同时还要确保任何一方的违约成本远高于守约成本。另一方面关系到对项目产出的考核，于项目公司而言是绩效考核，于政府而言则是政绩考核，必须要有实实在在的“紧箍咒”才行。

2. 项目实操层面

所有生态环境项目实践应逐步打破固有思维，跳出拉长版 BT 的怪圈，因时、因地、因项目制宜，从“多规融合”的角度入手，借助外部专业力量，做好 PPP 项目的前期策划，为前述“三可”原则创造落地条件。

（1）从中央层面推动“多规合一”，吸纳环保部门实质性参与国民经济和社会发展规划、城乡规划及土地利用规划的制定与修改，逐渐消解长期以来环保与发展之间的矛盾与冲突。

（2）由生态环境及 PPP 主管部门发力，制定指导性意见，鼓励地方政府强化生态环境 PPP 项目的制度建设和组织建设，并视情况给予前期工作经费支持。

一是由市（区、县）政府牵头制定深化生态环境项目投融资机制改革创新、加快生态环境治理的指导意见，大力倡导并推动全市（区、县）范围内的体系性立法，并为之创造各方面的条件。

二是优化部门分工与协调。由市（区、县）政府或其指定机构牵头，加强统筹，分工协作，督促环保、规划、住建、发改、财政、国土、农业、林业、税务、招商等部门，协调制定与生态环境保护相关的法规、制度、政策、规范、标准等体系，进而实现多规融合、相互呼应、总体协调、梯次推进。

（3）在合法合规的前提下，积极吸纳专业咨询机构、金融机构等的意见，加强对生态环境 PPP 项目的前期策划工作，为项目实施决策做参考，同时推行 PPP 项目可研、规划和实施“三位一体”的咨询服务标准，以利于“三可”原则的贯彻和落实。

（4）推动在市（区、县）政府层面设立专门机构，对与生态环境保护相关的投资政策领域（如政策性资金、绿色债券、专项债、资产证券化、项目收益债等）进行系统和全面的专项研究和对接，并根据政策要求开展相关工作，努力创造条件，积极争取并用好用足国家及各级地方政府在生态环境及其衍生领域的优惠政策。

（5）对于在生态环境 PPP 项目的相关理论研究、制度设计、投融资管理和项目实践当中遇到的问题，诸如合规风险、模式风险、投融资风险、运营风险及其衍生问题，需要及时加以总结与提炼，通过积极、高效的制度创新和实务运作带来的成果，创造合规话语权，抵消相关风险。在这方面，近年来国内较为流行的产城融合模式值得借鉴。

PPP 模式作为舶来品与现行法律法规及政策体系之间的矛盾与冲突是与生俱来的，磨合不易。生态环境 PPP 项目因其自身特性所限，更是难以摆脱对传统投融资路径的依赖，而且由于政策法规的“红线”环绕，举步维艰，此为破局之难。但是改革与创新从来如此，为了保障控风险与促发展这一双重目标的实现，PPP 从业者往往需要在“红线”边缘游走，走得多了，形成倒逼效应，“红线”以内的空间自然也就大了，层次也会更加丰富。生态环境保护项目既有顶层加持之利，又有 PPP 模式可为载体，破局正逢其时。

三　案例分析：海口市美舍河－沙坡水库水环境综合治理 PPP 项目

美舍河水利风景区规划面积 4.6 平方千米，其中水面面积 1.46 平方千米，纵跨海南省海口市龙华区、琼山区和美兰区，于 2017 年被水利部评为国家水利风景区。景区以美舍河为中心，上游至沙坡水库，下游至长堤路河口，包括沙坡水库、美舍河和凤翔湖湿地等。周边区域有白水塘湿地公园和观澜湖等优质水文景观旅游区，与景区形成良好的资源映衬，可打造区域内优质的水文景观聚集区。景区内美舍河河道曲折蜿蜒，两岸设置有生态护堤，以主河道为纽带串联起水库、湿地、岛屿、林地、农田等景观，生态景观较好。

（一）项目概述

随着经济社会的发展及人类活动的加剧，美舍河流域的生态环境问题日渐凸显，一是水安全问题，河道长期被淤积或阻断，造成过水断面不足，导致沿岸低洼处内涝严重；二是水环境问题，河道内源和外源污染均较为严重，污染物严重超标，导致水体黑臭；三是水生态问题，河道不断被渠化，河道生态环境遭到破坏，导致水体自净能力逐步丧失。

2016 年，海口市委、市政府高度重视美舍河水体治理问题，提出要坚持“控制面源污染、截污纳管、分散处理、恢复水体自然状态”四步走，推进美舍河治理再出新成效。通过引入社会资本与政府合作，实施了“PPP + EPC + 跟踪审计 + 全程监管”的治理模式，采取了“控源截污、内源治理、生态修复、景观提升”的治理方法，以点带面、逐个突破，对美舍河进行综合治理，并以此全面推动了对全市32条城镇内河（湖）水环境综合整治工作的开展。

项目建设以水环境改善为打造重点，建立完整的生态系统及雨洪管理体系，同时建立完善的海绵城市生态基础设施。改善美舍河现状水质，依托美舍河良好的资源，以保护生态环境为原则，结合海绵城市措施，塑造“生态美、设计美”的总体空间氛围，营建出一个以滨河休闲为特色，集“生态保育、湿地观光、滨水游憩、市民休闲、科普教育”为一体的城市绿心，让市民获得更多的幸福感、获得感和安全感。

海口市美舍河-沙坡水库水环境综合治理PPP项目于2016年4月18日委托深圳市万德公共咨询有限公司发布了竞争性磋商文件。经评审谈判，2016年5月24日，确定了北京桑德环境工程有限公司、北京爱尔斯环保工程有限责任公司组成的联合体为本项目的成交供应商，作为社会资本方与政府共同合作开展整体项目。

2016年9月，社会资本方委托中国市政工程中南设计研究总院有限公司完成了本项目的项目建议书的编制，并通过了海口市水务局、海口市发展和改革委员会等部门组织的专家评审。同年10月，项目建议书经过数轮技术方案讨论、评审和修改后，海口市发展和改革委员会正式发布《海口市发展和改革委员会关于同意美舍河-沙坡水库水体水环境综合治理项目建议书的函》（海发改投资函〔2016〕1730号）。

2017年4月，社会资本方委托中国市政工程中南设计研究总院有限公司依据项目建议书，完成了本项目的可行性研究报告编制，并通过了海口市水务局、海口市发展和改革委员会等部门组织的专家评审。当年6月，项目建议书经过数轮技术方案讨论、评审和修改后，海口市发展和改革委员会正式发布《海口市发展和改革委员会关于同意美舍河-沙坡水库水体水环境综合治理PPP项目可行性研究报告的复函》（海发改投资函〔2017〕509号）。

2018年6月，社会资本方组织中国市政工程中南设计研究总院、北京土人城市规划设计股份有限公司等数家设计院完成项目初步设计，完成海口市水务局组织的专家评审，并征询了海口市发展和改革委员会、海口市环保局、海口市园林局等政府相关部门意见。8 月，海口市城镇内河（湖）水环境综合治理工作领导小组办公室组织召开美舍河治理阶段性完工暨科普馆开馆新闻发布会，宣布海口市美舍河－沙坡水库水环境综合治理 PPP 项目阶段性竣工。12 月，项目初步设计经过设计单位数次修改后完成最后上报，海口市水务局正式发布《海口市水务局关于〈海口市美舍河－沙坡水库水环境综合治理 PPP 项目初步设计〉的审查意见》（海水务〔2018〕974 号）。

2019 年 7 月，项目初步设计完成设计概算审核，海口市发展和改革委员会正式发布《海口市发展和改革委员会关于同意海口市美舍河－沙坡水库水环境综合治理 PPP 项目初步设计及概算的复函》（海发改投资函〔2019〕1127 号）。

主要建设内容包括：铺设截污管线总长 13.5 千米，完成河道清淤 16.7 千米，清理污染底泥约 35 万立方米，清理河道水葫芦约 12 万平方米，建设美舍河滨河生态景观 17.7 万平方米，建设美舍河水生态 41 万平方米，建设凤翔公园湿地 1.5 万平方米，建设 500 立方米/天、1000 立方米/天、6000 立方米/天的 3 座污水处理站。

（二）项目融资模式与运行机制

1. PPP 模式基本架构

（1）项目的运作方式。该项目的运作方式采用了“PPP＋EPC＋监管”的模式，即“公私合作＋交钥匙工程＋全过程监管”。其中，在工程建设部分采取的是 EPC（交钥匙工程）方式，在公私合作的框架下进行分工协作，也就是由社会资本方通过在当地成立相应的项目公司，具体负责本项目的投融资、设计、建设和施工、运营、维护与管理的工作。实施机构则是对项目建设及运营进行全过程监管，待项目经营期满后，项目公司将项目资产无偿移交给实施机构。

（2）项目的合作期限。该项目合作期限为建设期＋运营期，合计 15 年零 7 个月，自《海口市美舍河－沙坡水库水环境综合治理 PPP 项目协议》签字生效之日起开始计算。建设期从 2016 年 6 月 1 日至 2017 年 11 月 30 日，运营期从

2017 年 1 月 1 日至 2031 年 12 月 31 日。2031 年 12 月 31 日该项目期限届满后，所形成的全部资产将由项目公司无偿移交给海口市政府。

2. 项目投融资结构

（1）项目总投资。根据项目可行性研究报告，该项目工程建设内容包括污水处理设施工程、截污干管、滨水生态岸线、堤防岸线建设、清淤工程、湿地建设、信息监控等，基于财务测算细节匡算每单位工程量所需投资额计算，项目总投资为 7.4 亿元。

（2）项目资本金。该项目成交社会资本应在采购人与成交社会资本签署项目合同之日起三十（30）日内在海口市注册成立项目公司，注册资本金（以实缴货币资金为准）不低于 14800 万元（占项目总投资的 20%）。首期出资额 7400 万元应于乙方成立时缴纳，余下出资额在 2017 年 1 月 31 日前足额缴纳。

（3）项目融资。该项目总投资除成交社会资本自有资金投入之外，其余资金 5.92 亿元（占项目总投资的 80%）由成交社会资本或项目公司以债权融资的方式解决。项目公司以其收益权（因取得项目经营权而享有）按程序依法向提供融资的合法债权人作为质押担保，所融资金应全部用于本项目的投资建设。政府不提供融资担保，但有义务为项目公司提供融资所需资料及文件。而未经政府同意，项目公司不得将项目所拥有资产、设施、设备等进行转让和抵押。若未来项目公司不能顺利完成项目融资，则成交社会资本应采取诸如股东贷款、补充提供担保等方式确保项目公司的融资足额到位。

3. 风险分配基本框架

美舍河 – 沙坡水库水环境治理工程 PPP 模式运作时，将按照风险收益对等、风险分配优化和风险可控等原则，结合项目投融资结构及项目自身特点，根据公司合作双方（政府和社会资本）的能力或优势，若谁对哪种风险更有控制力，则谁就承担相应的风险，以此来达到降低在整个建设和运营周期内项目所面临各种风险的目的。项目风险分配基本架构如下。

（1）可由政府承担的风险

包括政策、制度、法律等方面可能产生的风险。具体而言主要是指行业管制政策变动、水环境治理标准提高、税种或税率变动、相关技术标准提高、治安环境恶化、无法按时取得建设用地，以及政府部门工作人员渎职怠政导致决策迟缓等一系列可能影响项目建设进度和增加项目成本的因素。之所以这类风险主要可由政府承担，是因为这些风险主要是由政府方所引起的，或者说一旦风险出现后只有政府有最强的控制力。

（2）可由社会资本承担的风险

包括投融资、工期延误、工程质量、成本超支、技术、运营管理等方面可能产生的风险。一般而言，社会资本方在项目建设期和运营期所承担的风险大多属于非系统性风险，具体包括但不限于：建设期间产生的融资不能按时到位、融资成本过高、工期延误（非社会资本方原因导致的情况另行约定）、建设质量及建设成本超支等风险，以及在运营期间产生的运营效率及服务质量等风险。

（3）可由双方共同承担的风险

包括利率变化超限、通货膨胀超限和不可抗力等方面可能产生的风险。其中，前两者可能产生的风险主要应由社会资本承担，但其承担该风险应有一定的上限，一旦超过承受上限，则超过的部分应由政府以补贴的方式进行分担。而不可抗力风险由于其是不可避免和不可控制的，所以应由政府和社会资本双方共同承担。

（三）项目已取得的成效

经过两年多的治理，主体工程已基本完工，铺设污水管网 13.5 千米，建设 5 座污水提升泵站和 3 座日处理量达 7500 吨污水的临时一体化设备，建设日处理量达 5000 吨的人工梯田湿地；完成河道清淤 16.7 千米，清理底泥约 35 万立方米。经原环保部、住建部认定，水体已消除黑臭，常态下达Ⅴ类水及以上标准，提前完成考核目标。可研批复总投资 8.1 亿元，2018 年 8 月投入运营。

为进一步巩固和推广美舍河治理成果，建立健全保护管理长效机制，海南省第五届人大常务委员会第三十二次会议于 2017 年 9 月 27 日批准并公布

《海口市美舍河保护管理规定》，自 2018 年 1 月 1 日起施行。2018 年 3 月，海口市河长制工作领导小组办公室又出台了《海口市美舍河保护管理实施细则》。

项目已取得的主要成效如下。

第一，水安全得到保障。河道的雨洪蓄排能力得到增强，基本缓解了流域的内涝问题。通过改变原有的“三面光”断面形态，拓宽了河道洪水位断面。以 20 年一遇的洪水为例，通过对断面调整后的测算可知，洪水水面线比改造前平均降低了 0.4 米，洪水流速进而也降低了 30%，因此项目显著增强了河道的排涝能力。

第二，水环境逐步改善。根据持续监测的数据，域内水体已全面消除黑臭现象，化学需氧量、氨氮和溶解氧等主要水质指标已达到地表水 V 类的标准。与此同时，项目区鱼类、两栖生物、微生物、鸟类群落的栖息空间已初步形成，河道自净能力正在逐步恢复。

第三，水景观不断提升。在保障水环境和水安全的前提下，项目区所构建的城市滨水景观系统已可为广大市民提供优质的公共生态产品。例如，美舍河下游 6 千米慢行系统已全线贯通，且沿线增建了 22 个市民活动广场、融合水岸空间，为广大市民群众营造了亲水体验的活动空间；而在绿化植物的选择上，则以本地植物（花、草、树等）为主，在充分体现本地特色的同时又可有效地控制成本。

由此可见，项目的实施使美舍河生态治理取得了明显的成效，水体黑臭现象已得到基本消除，水质常态下达到 V 类水及以上标准，提前完成了项目预定的考核目标。目前美舍河环境取得的巨大变化已使其成为城市更新和生态修补的典范。

2017 年 4 月 22 日、2018 年 10 月 27 日、2018 年 12 月 27 日和 2019 年 1 月 16 日，央视《新闻联播》《焦点访谈》分别专题报道了海口水体治理工作。国家黑臭水体督察组分别于 2018 年 5 月和 2018 年 11 月两次对海口市黑臭水体治理成果给予充分肯定，典型经验和做法被国务院通报表彰。2018 年 12 月 20 日，原环境保护部、住房和城乡建设部把美舍河水环境治理作为黑臭河流生态治理十大典型案例之一向全国推荐。2019 年 5 月，海口市荣获城市黑臭水体治理示范城市，获得中央资金 4 亿元支持。与此同时，海南省水务厅将美舍河控源截污做法向全省推广，而美舍河水体治理也为海口荣获全球首批“国际湿地城市”称号做出了重要的贡献。

B.3 水利风景区中水文化遗产的保护与利用

王 凯　廖梦均*

摘　要： 经过多年建设，水利风景区的类型发生了变化，出现了一些依托水文化遗产而建的水利风景区。由于水文化遗产独特的价值所在，水利风景区中水文化遗产的保护与利用问题逐步提上了景区管理单位重要的议事日程。水文化遗产保护包括真实性保护、科学性保护和完整性保护。水文化遗产利用应注重水文化遗产精神层面挖掘、水文化遗产适应旅游分析、水文化遗产融入乡村振兴与水文化遗产解说系统设计。

关键词： 水利风景区　水文化遗产　乡村振兴

一　水利风景区中的水文化遗产

（一）依托水文化遗产建设水利风景区

在国家水利风景区中，有的景区是依托水文化遗产而建的，如南京市胭脂河、绍兴市护城河等国家水利风景区；有的景区虽然不是依托水文化遗产而建，但水文化遗产是景区重要的风景资源之一，如宁波市东钱湖国家水利风景区。

南京胭脂河水利风景区。位于南京溧水区城区西部，依托明代修建的古胭脂河而建。为解决两浙至京城（南京）水运问题，避免沿长江溯流而上，

---

* 王凯，南京市水利局原局长；廖梦均，水利部综合事业局工程师。

“风涛之险，覆溺者多”，明洪武二十五年（1392 年），朱元璋决定“自畿甸近地凿河，以通于浙，俾输者不劳，商旅获便”（《明通鉴》卷十《纪十》），命崇山侯李新负责开凿胭脂河，朝廷动员了六郡民工数万人“穷日夜凿之”，“役而死者万人”，一年河成。

胭脂河历经兴废，现在虽已不再用于航运，但仍可通水。2008 年，溧水县水利局依托胭脂河水文化遗址，成功申报国家水利风景区。2016 年，景区内的胭脂河博物馆建成并开放，提升了水利风景区的水文化品位。

绍兴环城河水利风景区。环城河流淌了 2000 余年，是绍兴市的母亲河，也是城市重要的水文化遗产，见证着绍兴发展的历史、孕育着城市的文明。20 世纪初，绍兴市政府对环城河进行综合治理，通过采取拆除违建、河道清淤、整理驳岸、种滨河植绿、建设景观、彰显文化等措施，对历史遗存的古桥、古驳岸、古建筑等水文化遗产修旧如旧，使其成为重要的滨水文化景观，将环城河建成集排水、绿廊、游憩、文化等多功能于一体的环城水系，景观面积达 114 万平方米，其中水域 60 万平方米。环城河如一条项链环绕绍兴 8.3 平方千米的老城区，给这座江南水城增添了无限风情。管理部门开辟了水上游览专线，让人们可以走进河流，从河上欣赏城市景观，为市民提供了休闲娱乐的好去处。

2004 年，绍兴市水利局依托古环城河水文化遗产，申报环城河国家水利风景区，获得水利部批准。

宁波东钱湖水利风景区。东钱湖是一座水库，位于宁波城东 15 千米，湖东、南两面傍山，西北毗邻平原。湖泊水域面积 22 平方千米，湖岸线长 45 千米，周边建有多座古“碶”（溢洪道），溢流多余的洪水。北宋时期，王安石考中进士后从政的第一站，就是担任东平湖所在的鄞县知县。他勤政爱民，兴修水利，挖湖筑堤。当地百姓蒙其恩惠，感其大德，于清嘉庆元年（1796）在湖滨下水村口立“忠应庙”奉祀。殿悬“勤政恤民”，柱联曰“宰鄞邑察舆情施政有方，兴水利行清苗有口皆碑”。大殿正中塑王安石泥彩坐像，整座大殿庄严辉煌。

2017 年，东钱湖管委会依托东钱湖水库、周边多座古碶水文化遗产、治水明贤王安石事迹，创建国家水利风景区，获得水利部批准。现在，东钱湖景区正着力发展“智慧水利风景区”，运用“互联网”技术宣传景区，大大提升了水利风景区的知名度和影响力。

（二）增加水文化遗产型水利风景区类型

2019 年 9 月 18 日，习近平总书记在郑州举行的黄河流域生态保护和高质量发展座谈会上，做出了“让黄河成为造福人民的幸福河”的重要指示。在日前召开的全国江河流域水资源管理现场会上，水利部部长鄂竟平强调“不仅黄河，其他江河也要成为造福人民的幸福河”。幸福河的内涵是不仅要实现防洪保安全、优质水资源、健康水生态和宜居水环境，还要传播水文化，满足人们了解水文化的需求。

2010 年，水利部颁发《水利风景区规划编制导则》，将水利风景区分为城市河湖型、自然河湖型、水库型、湿地型、灌区型、水土保持型六类。10 年过去了，水利风景区建设出现了发展不充分的问题，一些具有水文化遗产的河流水域，在申报水利风景区时不符合 6 类水利风景区中的任何一种，在填写申报表“景区类型”一栏时左右为难。为此，应该增加水文化遗产型水利风景区，让更多的水利风景区富含水文化。突出水文化特色，既让人们享受水利风景区带来的水文化福祉，也不失为保护水文化遗产的一种好方法。

当游客来到上述三个景区，看着水利风景区标识牌对水文化遗产的介绍，了解到流淌了 2000 余年环城河的文化内涵、900 多年前王安石治理东钱湖流域水患的事迹、胭脂河造福当地人 500 多年的历史，一种对水文化遗产的敬畏、对治水先贤的感恩之情便油然而生，他们会感受到水利风景区深厚的历史文化底蕴，产生水文化遗产保护的自觉性。这是增加水文化遗产类型水利风景区的根本所在。

二　水文化遗产价值

历史留下来的水文化遗产一般有历史价值、科技价值、文化价值、社会价值、生态价值、审美价值、经济价值、旅游价值中的一种或数种。

（一）历史价值

历史价值指水文化遗产在水利发展历史中各个阶段的时代特征等信息，起到给后人提供相关的指导、帮助与借鉴的作用。如位于湖北省襄阳市、依托战国时期的长渠（白起渠）而建的水利风景区。公元前279年，秦国白起将军伐楚，修坝建渠，水淹守城楚军取得胜利。长渠——因战争而建的输水渠道，后来成为襄阳平原重要的灌溉渠道，当地老百姓为纪念白起，称“白起渠”。长渠历经秦汉、南北朝600多年的维护与修复，到5世纪已经形成了“长藤结瓜”灌溉工程，具有蓄水、输水功能；宋代灌区进一步发展，灌溉面积达万顷；明清时期时有兴废；新中国成立后，灌区管理者一方面保持了原有渠首位置与输水干渠走向基本不变，另一方面逐步扩大灌区面积。现在，灌区灌溉面积已达202平方千米，受益人口约34万人。

（二）科技价值

科技价值指水文化遗产在水利工程建设、使用过程中代表当时水利科学水平，其做法起到给后人启迪的作用。中国治水历史悠久，在水利工程上有许多独特的创造，代表了当时世界水利发展的先进水平。如位于福建省莆田市、依托北宋时期木兰陂而建的水利风景区，运行900多年，仍在造福百姓。木兰陂在选址、坡基的软基处理、设计中对泥沙淤积问题的解决办法，特别是坡体构造中“将军柱”设计的科学性，保证了坡体的整体性。近千年来，木兰陂成功地抗击了木兰溪上游洪水径流的冲击和下游海潮的拍打，保障了南、北洋灌区20多万亩水稻的灌溉用水，养育了河流两岸生民，促进了莆田地区的人口繁衍与文明发展。

（三）文化价值

文化价值指水文化遗产在长期历史发展脉络中形成的物质、制度、精神层面的成果，给后人以启迪与指导。如位于内蒙古自治区巴彦淖尔市、依托秦代古灌区而建的河套水利风景区。在物质层面，灌区历经秦汉、南北朝、唐代特别是清朝后期的快速发展，至宣统年间，河套平原引黄干渠已达40余条，灌溉面积达100万余亩。在制度层面，经历了早期秦汉至唐代以政府管理为主体——清代与民国时期以民间组织管理为主体——新中国成立后以地方政府管理为主体的管理方式演变脉络。在精神层面，黄河是多沙河流，特点是善徙、善淤、善决，决口后原来的渠道被冲毁，需要重新修筑，一次又一次修筑，形成了河套灌区人不畏困难，与黄河抗争的精神，这在清后期“河王”——王同春的身上表现得尤为突出。

（四）社会价值

社会价值指水文化遗产所具有的使民众产生社会归属感与文化认同感的作用。水文化的社会价值推动着当地的社会发展与文明昌盛。如位于浙江省湖州市环太湖区域、依托春秋战国时期的古溇港而建的溇港水利风景区。古太湖流域“水高田低、河港纵横”，河网面积达50%以上，当地先民为垦殖湖滨、发展生产，首先要解决洪涝问题。经过2000多年创造性的劳动，人们在这片湖荡低洼之地修建了独特的溇港圩田工程系统，为发展“桑基鱼塘”打下了基础。随着农桑经济与水产养殖业的发展，物产日益丰富，商业贸易应运而生，集镇迅速崛起，水运流通发达，湖州从沮洳之地逐步演变为“鱼米之乡”“丝绸之府”“文化之邦”“财赋之区”，推动了当地的经济发展与社会文明进程。

（五）生态价值

水文化遗产的生态价值指水文化遗产建成后及运行中，在满足人类水资源需求的同时，并没有对河流生态系统造成负面影响。如位于岷江进入成都平原的起点处、依托都江堰水利枢纽而建成的都江堰水利风景区。

都江堰作为一座生态水利工程，其秘诀是二王庙碑刻上“乘势利导，因时制宜”八个大字。什么是“势”？岷江山区与成都平原交会处独特的弯道河势、山体形势，成都平原西北高、东南低的地理形势，这就是“势”。

这是自然禀赋，其他地方没有。什么是“时”？根据岷江含沙量大，枯水、洪水不同时期流量变化大的水文特征，科学规划鱼嘴、飞沙堰、宝瓶口三大构件，系统解决引水、泄洪、排沙问题，安排岁修事宜，这就是“时”。这是贤人安排，人文因素。

独特的自然禀赋，遇上了顺应自然的治水贤人——李冰，就出现了都江堰这座伟大的生态水利工程。都江堰是集生态、经济、社会效益于一身的国家水利风景区。

（六）审美价值

审美价值指对人们对于美的理解与追求有作用的情感观。一方面，水文化遗产类型的多样性反映了人们不同的审美观；另一方面，不同专业与不同经历的人，对同一种水文化遗产，其审美结果亦不同。如位于湖南省新化县、依托古梯田灌溉系统而建成的紫鹊界水利风景区。一些人对紫鹊界的审美是春季插秧前灌水、稻田如镜的水景美；一些人欣赏秋季水稻成熟时金黄色的色彩美。我们的审美感受是其独特的科学用水之美：梯田水源来自本地降雨；梯田区位于山体的中下部，上部是乔木、灌木、茅草、树根与土壤组成的森林生态系统，其结构起到很好的拦雨蓄水作用；山体为花岗岩和沙壤土，土质松散、孔隙度大，像海绵一样，降雨时起到渗水、吸水、储水的作用，为水田提供充足的水源。不下雨时，土壤析出地下水灌溉稻田。

（七）经济价值

经济价值指水文化遗产在利用过程中，对当地发展经济和提高农民收入所起的有利作用。如位于内蒙古自治区巴彦淖尔市、依托始建于秦汉时期的黄河古灌区而建的河套灌区水利风景区。河套平原处于游牧文明与农耕文明交汇带，在战争与和平年代的交错中，不同民族汇聚相融，从秦汉时期开始的屯垦戍边、发展灌区发展至今，已有2200多年的历史，灌区面积逐步扩大。中华人民共和国成立后，逐步形成了由引黄总灌渠、乌拉河总排渠及两河之间分灌渠组成的引黄灌排系统。现在，河套灌区灌溉面积近千万亩，产粮300万吨以上，其经济价值显而易见。

（八）旅游价值

旅游价值指水文化遗产作为水景观给人们带来精神层面享受的作用。水文化遗产不仅有经济价值等物质层面的价值，还有旅游等精神层面的价值。如位于陕西省汉中市、依托始建于汉末“汉中三堰”之一的山河堰古灌区而建的山河堰水利风景区。堰由西汉萧何、曹参主持修筑（亦有始建于五代末、北宋初之说）。民国年间，近代著名水利专家李仪祉在山河堰区修建褒惠渠，将灌区灌溉面积扩大到近20万亩。20世纪70年代，国家在褒谷口修建石门水库，石门灌区面积达50万亩。三个时期所建的水利工程惠泽灌区百姓，成为汉中独特的水文化风景线。山河堰遗址的古朴沧桑、李仪祉褒惠渠给百姓带来的恩惠、石门水库宏伟的高坝平湖景观，都是水利风景区重要的风景资源，吸引着游客们纷至沓来。

三　景区水文化遗产保护的“三性”

景区水文化遗产保护的“三性”指保护的真实性、科学性、完整性。

（一）真实性保护

真实性保护主要体现在水文化遗产的维修上，古代水利工程历经千百年的水流作用，要按照文物保护维修“三同”的要求，采用与水文化遗存相同的结构、相同的材料、相同的工艺进行维修。相同的结构、材料相对好办。前者可以按照古水利工程遗址原有的结构进行修复；后者因古水利工程用石材量大，运输成本高，工程建筑用材都是就地取材，采石场距离古遗址不会太远，而工程的维修用材量也不会大，这个问题也好解决。难解决的是，由于当代建筑工程主要使用混凝土，需要砌石的工程越来越少，传统的砌石工艺已基本上失传，技术好的石工已很难找到了。

（二）科学性保护

由于水文化遗产“活态性”的特点，在其本体结构不变、河床平面形态基本不变的条件下，有些构件是可以改变的。如无坝引水工程，在汛期、非汛期水流顶冲点会上移或下挫，人力维修应该允许分水嘴的位置在上下或左右方向适当调整，以适应水流量的变化及水流冲击力及方向的改变而引起的河床变化。如宁夏引黄古灌区位于黄河上的无坝引水口，有的仍然发挥着取水作用，有的随着经济社会发展建设水库大坝，取水口已淹没在大坝蓄水位以下。大坝蓄水后，一方面，灌溉取水保证率大大提高，另一方面，取水口还在，但已不发挥取水作用了。

（三）完整性保护

完整性保护指水文化遗产既是“物质遗产”，又是“非物质遗产”，两者都有保护的问题。水文化遗产非堰、坝，即渠、井，或梯田，其物质形态水文化显而易见。非物质形态水文化也很丰富，包括依附于物质遗产本体的村落、祠堂、庙宇及传统习俗、生产生活方式等，人们在使用水文化遗产的同时产生了诸如理想、祝愿、期盼等精神方面的需求，这种需求一代代传承下来，形成了非物质文化遗产，这些均应按照相应的要求加以保护。如都江堰每年清明灌溉来临时的节庆——“放水节”，在工程遗址渠首还原了古法治水场景，传承、展现了祭祀、拜水、放水等古法仪式和民俗，吸引了众多当地百姓前来观看，起到了引导民众了解、保护水文化遗产的宣传作用。

四　景区中水文化遗产的利用

（一）注重水文化遗产精神层面挖掘

物质层面的水文化遗产看得见、摸得着，人们容易理解。精神层面的水文化遗产往往不容易引起人们的注意，这与我们挖掘、梳理、提炼得不够有关。如果做得好，水文化遗产背后的故事及体现的精神，更容易让人振奋，从而唤起人们的思考与共鸣。如福建省莆田市木兰陂水利风景区，从钱四娘、林同世，到李宏、冯智日，四人三批领导建设。钱四娘第一次建坡选址偏上，被洪水径流冲毁；林同世第二次建坡选址偏下，被海潮击垮；到李宏与冯智日第三次选择河宽流缓的地方为坡址，终于建成木兰陂，实现了造福桑梓的愿望。游客们看了木兰坡，再听到“三建木兰陂”的故事，心灵受到震撼，会对木兰陂留下更加深刻的印象。

（二）注重将水文化遗产转换为旅游资源

由于水利风景区有六种类型，水利风景区规划中水文化遗产适应旅游方式也就不同。如江苏省洪泽湖水利风景区。始建于汉代、明代成型的洪泽湖大堤及明清时期的护坡遗存，两头康熙年间的铸铁镇水水牛，两座乾隆时期的碑刻，是景区难得的水文化遗产；中华人民共和国成立初建成的三河闸经过除险加固，展现了水闸的宏伟与壮观，是景区的核心风景资源。景区旅游线路规划要做到古代水文化遗存与现代水利工程两者兼顾，既要讲好洪泽湖大堤等水文化遗产的历史故事，又要重视三河闸大型现代水闸的展示。让游客既了解古堤深厚的历史文化底蕴，又知晓三河闸的重要功能，对水利工程的历史发展脉络有全面的了解。

（三）注重水文化遗产利用融入乡村振兴

如灌区型水利风景区中的水文化遗产大多有古堰，我们既要重点保护好古堰——水利风景区的核心风景资源，又不能眼睛只盯着古堰，还要着眼于与古堰密切相关的灌区，更要把视野扩大到灌区内的农田、村落。要将古堰渠首，灌溉渠道，灌区农田、农作物、村庄风貌、农民的田间生产劳作、田园生活、农家美食等，都作为水利风景区的风景资源，进行整体谋划。让游客来到灌区型水利风景区，有平时看不到的古堰、有异于城市风景的灌渠、有不同于城市建筑的乡村民宿、有不同于城市饮食的农家菜、有脱离了城市嘈杂的田园生活，把城市市民吸引到景区来、把外出打工的年轻人吸引回乡村，开展乡村旅游，带动乡村振兴。

（四）注重水文化遗产解说系统设计

水文化遗产型水利风景区对解说系统的要求比其他类型水利风景区要求更高。一是景区解说牌设计要精细。既要将水文化遗产内涵说清楚，又要避免文字表述过多。二是导游解说内容要准确。解说内容要有具备水利史素养的水利专业人员撰写，既要准确解释水文化遗产，又要符合解说的一般要求。三是要注重挖掘精神层面的价值。既要讲清水文化遗产实物的历史与科学价值，又要介绍遗产背后的故事及其精神支撑，让游客在物质层面与精神层面都感受到水文化遗产的魅力。

B.4
水利风景区中水利展示馆的建设

陈　菁*

摘　要： 水利展示馆是水利风景区建设中的重要内容。随着水利展示馆的迅速发展，部分展馆建设存在同质化现象突出、水利特色挖掘不够等问题。本章在明确水利展示馆建设意义的基础上，从前期资料收集与挖掘分析、编写展本文本、展陈设计，到后期建设管理等方面充分阐述了展馆的建设内容，为水利展示馆发展提供了丰富的参考依据与可借鉴的建设经验。

关键词： 水利风景区　水利展示馆　水文化

一　引言

水利展示馆是水利风景区建设中不可或缺的重要内容。2018 年水利部党组书记、部长鄂竟平在全国水利博物馆联盟会议中做了重要批示，充分肯定水利类博物馆是水文化建设的重要载体，应发掘历史治水经验，做好展陈、科普、宣传、教育等工作。自 2017 年起关于国家水利风景区申报工作的通知中明确指出，景区应涵盖文化科普设施等。据统计，江苏省拥有水文化展示馆的水利风景区超过 70 家，占全省景区总数的 50%。随着水利展示馆的迅速发展，部分展馆建设存在同质化现象突出、水利特色挖掘不够等问题。如何有效利用这一重要载体，讲好水利故事，传承治水文明，成为当前

* 陈菁，河海大学农业工程学院副院长、教授，研究方向为水土资源规划与管理。

展馆建设亟待解决的难题。

因此，开展水利展示馆建设的研究，从展本、设计、施工到运营管理，一方面有利于丰富水利展示馆建设理论，以历史资料的挖掘分析引导设计与建设，形成系统的工程建设体系；另一方面有利于推动水文化遗产挖掘与保护工作，保证水文化展示馆的建设质量，促进精品水利风景区的培育与发展。

二 建设意义

1. 提供水利科普教育的集中场所

水利展示馆是水利风景区内水文化展示、宣传教育的主要室内场所，通常以实物、图片、音像或视频为基础，采用声、光、电等各种科技手段，向人们进行水情教育，传播水科学文化知识。既为涉水方面的自然和人类文化遗产提供保护收藏、陈列展示、宣传教育和研究交流的集中场所，又能为社会发展提供学习、教育等综合服务。如南京水利展示馆（位于南京外秦淮河水利风景区）作为全国首个反映地方水利发展历程的专业展示馆，自2008 年建成开放以来，累计接待国内外参观者近 10 万人，不仅是南京市水文化交流的重要场所，生动展示了南京源远流长的水文化，还是全国首批中小学节水教育社会实践基地，积极做好了中小学生节水知识的教育科普工作。

2. 实现水利工程与水文化的有机结合

部分以水利工程（枢纽）为依托建设的水利风景区，其工程内容往往缺乏艺术美感与文化特色的凝练。建设水利展示馆，有利于充分挖掘、利用地方水文化与区域民俗文化，在景区内营造良好的文化氛围，让人们在游览水利设施、享受现代水利的同时，能进一步了解感受当代水利实业的巨大成就和水文化的深刻内涵，实现水利工程与水文化的有机结合。位于江西省的峡江水利枢纽工程展示馆，是全省首个以工程水文化为核心，集工程展示、经验总结、水利水电科普等功能于一体的展馆。展馆通过“工程篇”“移民篇”“生态篇”“放眼篇”等四大篇章，运用文字图片、高清视频、现代声光电技术、沙盘模型相结合的手段，全方位回顾峡江水利枢纽工程建设历程，展现水利工程生态、景观、精神等不同的文化内涵。

3. 促进水利遗产的保护与传承

自古以来，人类在与水相处互动过程中留下非常丰硕的文明成果，既有通过文学、艺术等方式表达出来的对水的认识和领悟，又有在用水、管水与治水过程中形成的民约法规与行为模式等。建设水利展示馆，一方面有利于促进水利遗产的保护，能集中收集整理一大批文化价值颇高的水利古籍、水利工程历史遗存、治水方针、用水工具等，反映历史上人们利用水资源的智慧和成就；另一方面有利于促进水利遗产的传承，通过现代科技手段让水利文物“活”在公众的视野里，让展馆成为水利文明的保存者、记录者与传承者。三河闸闸史展示室位于江苏省三河闸水利风景区内，其以大量的实物展品和丰富的历史文献资料，如当年三河闸指挥部办公家具、施工图纸、各种建闸时的文件、建闸时使用的测量工具和工程施工时使用的工具等老物件，生动地展示了三河闸工程的建造过程和大闸管理技术发展历程。

三　水利展示馆建设的几个步骤

1. 前期工作

（1）现场踏勘

现场踏勘是首要工作，调研内容主要包括以下几方面。一是明确展馆的展示范围，以所在流域为展示单元或以地方水文化为展示单元；二是实地调研展馆位置与其所在水利风景区，了解景区基本情况；三是与展馆建设方充分沟通，一方面确定展馆面积、规模、展示形式等，另一方面了解景区现存的水利遗产状况，对可展示内容有初步的判断。

（2）资料收集

资料收集是必要环节。由于大多数水利风景区在创建过程中并没有完善的历史资料和完整的工程档案整理，因此收集整理和分析资料，实质上是对该水利工程乃至景区的一次概括梳理过程。通过这些文献资料，筛选与景区有关的水文化信息，提取有价值的水文化资料，按照时间、空间或者不同关联对象整理水文化内容，尤其对于理顺展馆的建设思路具有积极而重大的意义。这些相关资料，可分成以下几类。

①景区基本资料，主要有景区规划或纲要、景区创建资料等。通过这些资料，建设方可以对水利风景区的发展状况有初步的认识。

②年鉴类，主要有地方年鉴、水利年鉴等。通过这些资料，建设方可以对区域的社会经济、文化、生活以及地方水情有基本的了解。

③水利古籍类，主要有地方市县乡镇志、旧志、地情文献、水利志、工程项目报告等，重点收集与河湖相关的水利工程资料，包括水利工程的规模、发挥的功能等方面的资料以及工程图纸等。

④民间笔记类，主要有地方著名的民间人士的相关研究成果，可作为参考内容拓宽挖掘思路。

⑤学术成果类，主要有高校或科研院所做过的相关研究课题及学术成果，有利于挖掘资料的深度。

⑥诗词歌赋类，主要收集与研究的河流湖泊相关的历代名家诗集、歌谣等。

⑦字画艺术类，主要有地方著名艺术家或者历史名人留存的书法或绘画作品等。

（3）内涵挖掘

在全面收集整理资料的基础上，深度挖掘水文化内涵，凝练文化主题，确定水利展示馆的广度与深度。收集的资料未做筛选分析，或解读程度不够，都间接影响展馆建设的质量。在内涵挖掘的过程中，建设方可与国内相关的科研院所合作，组建专家学者团队，对资料进行系统全面的分析，对于解读不一的历史资料需反复考证，结合文史专家的考证结果，判断其出处的准确性，必要时还需进行田野调查，最终以报告形式出版系统的资料（包括文字资料、表格和图纸）汇编，作为水利展示馆展陈文本的编制依据。

2. 展陈文本

展陈文本是水利展示馆布展的灵魂，是形式设计的重要依据。一个优秀的展陈文本，不仅能体现资料挖掘的丰富内涵，反映最新的研究成果，还能为展陈增加文化含量，提供有语境、有观点和有故事的设计索引。

（1）确定框架

文本框架是将汇编的资料按照逻辑、时间、地域等不同关系进行组合分类，基本结构包括递进关系、并列关系、经纬结合。在框架中，通常按一定的顺序先分成几个模块，再在模块下设置单元，单元下还可分成若干组，必要时继续细分至各小组。如南京水利展示馆文本框架围绕“筑土御水、人水相依”的主题，按逻辑关系分为水与南京、南京水利的发展历程、南京水利发展的前景展望三大部分，在“水与南京”章节中以并列关系从水文地理条件、历史、文化、人物、经济发展等不同的角度阐述“水育南京”的深厚渊源，在“文化”单元中按涉水文化细分至湖熟文化、秦淮文化、传说、民俗活动和诗词歌赋。

（2）编写文本

确定好框架后，内容编写实质上是进行扩充、填实，应尽可能地涵盖展馆拟展出的全部展项，包括文字、图片、文物标本及其他辅助展项。目前，部分水利展示馆对于文本编写的工作不重视，仅仅简单罗列文物资料的文本，难以向设计清晰传达展馆主题。在编写过程中注重故事性的画面，以物带史，即通过起因、经过、发展、结果来描述水利遗址。对于专业性较强的水工建筑物，描述过程中要体现其建设时间、建设历程、技术参数、施工技术，更重要的是表达其水利功能在当时经济社会发展过程所发挥的重要作用。

3. 展陈设计

展陈设计是设计人员对展陈内容采取的合理表达方式，一般包括两方面：形式设计与陈列设计。水利展示馆一般为小型的专业展览馆，受场馆面积、展品数量限制，对设计人员提出了更高的要求，设计人员既要对展陈内容有深入的研究，又要非常熟悉展陈设计，以谋求一个更好的方式来突出展陈主题。

（1）形式设计

进行形式设计，首先要完成脚本设计，即设计人员在熟悉文本框架与内容的基础上进行设计语言的转化，提炼设计重点元素，以完成展陈立意及构思。在考虑表现形式时，要与文本内容高度融合，体现出不同的质感。一般常见的处理形式有版式设计、图像处理、展品复刻、艺术品创作、沙盘设计，着重表现不同时期水利与社会、与人之间发生的故事。如句容赤山湖水利展示馆从展陈文本中凝练文化元素——铜钺，抽象化设计成展馆外观，铜钺作为湖熟文化王权的象征，以此强调赤山湖在古代的重要地位；考虑通过“水则碑”的复原，既展现江南最早的水文设施，又以此表现当时围湖造田（圩）对赤山湖湖区面积的影响。

（2）空间布局

①注重展线设计

一般水利展示馆的主题鲜明，与传统学术类博物馆大有不同，其策展逻辑性强，因此展线设计显得尤为重要。空间流线在绝大多数情况下需要规划单一路线。在规划参观路径的时候，在深入分析主题的基础上，将展出内容分布于空间的各个节点，并按照策划的逻辑和空间的逻辑，强化重点内容。

②注重场景设计

场景复原是展陈设计中重要的展项之一，具有科学性与艺术性的特点，不仅能更加直观地呈现故事文本，还有鲜明的环境渲染力。在水利展示馆中，可挑选一组或几组经典的水利施工场景复原，传达一个重要的历史事件、历史过程。宿迁水利展示馆中制作了修筑石工堤的场景，以几组三四米高的人物展示当时打桩、夯实、挑石的施工画面，让观众有身临其境之感。

③注重互动设计

科普教育是水利展示馆的重要功能，在空间布局上应更加注重互动设计，从视觉、触觉、听觉全方位地激发游客的情感，使之能主动思考展馆所传达的信息。互动设计主要包括全息投影、幻影成像、虚拟翻书、互动沙盘、互动桌面、悬浮成像等技术。南京水利展示馆为了向游客生动地讲述秦淮河“六闸联动、分时调水”的水体管理实施方案，将秦淮河流域已建成的天生桥闸、武定门闸、秦淮新河枢纽、莲花闸、南河闸和三汊河河口闸按一定比例做成电控模型，结合音频在模型上演示不同工况下的调控方式。

4. 后期建设管理

（1）采用设计施工采购一体化招标

在招标之前，建设单位应邀请有水利史研究背景的学术团队编制展陈文本，向设计团队清晰传达设计要求，并采用设计施工采购一体化招标。一是增加设计与施工的紧密衔接，避免施工工艺与设计理念的不一致，减少后期变更；二是考虑以往类似工程的业绩，设计方既要有艺术设计的深厚造诣，也要对水利文化有一定的了解，以便能深入理解展陈文本。

（2）建立水利展示馆的相关制度

建立并完善水利展示馆的相关制度，是保证展馆正常运行的重要前提。要组建完整的人员架构，完善引导、解说、维修等职责。以水利风景区管理办公室为依托，一方面选拔优秀职工为兼职引导或者解说员，将展馆维护列入景区日常管理内容之一，另一方面可根据展馆工作需求增加 1 ~ 2 名有水利史与艺术景观等专业背景的综合性人才，增强管理队伍的软实力。还要建立起水利展示馆的运行管理制度，明确展馆开放时间、预约申请流程、参观秩序，以及展品的保护措施、展厅日常维护内容、工作人员的职责等。

（3）加强产品延伸

以进一步加强科普教育功能为目的，在水利展示馆建设的基础上，加强水情教育基地等的申报，一方面可争取相应的配套基金，有助于解决后续发展资金不足的困境，另一方面能拓宽教育与展示的途径。此外，加强水利文化特色产品的研发，如开发水文化书籍、周边产品（钥匙扣、人偶）等，利用新媒体打造与展馆相关的热门话题，提高展馆的对外宣传形象，增强景区的创收性。

四　总结

水利风景区中水利展示馆的建设是一个庞大而复杂的体系，建设方需要从浩瀚的历史文献资料中充分挖掘分析，凝练水文化元素编写成展陈文本，在此基础上以崭新的艺术形态、通俗易懂的设计脚本向公众展示，扎实做好展览陈列、水利科普、科研交流等工作，促进水利遗产保护和水文化成果的共享与服务，为坚定民族文化自信提供重要的支撑。

B.5
文化旅游融合发展理念在水利风景区建设中的运用

曾宜富　程　琳*

摘　要： 文化旅游融合发展理念具有关联的统领性、应用的广泛性、开放的包容性、互促的联动性等特点，是文化和旅游业深度融合发展的重要理论基础，在推进我国文化和旅游业高质量发展中发挥了重要指导作用。文化旅游融合发展理念与我国水利风景区建设要求拥有高度的契合性，对水利风景区建设具有重要借鉴意义。在水利风景区建设中积极运用文化旅游融合发展理念，能使景区更好地实现体制机制创新、水生态产品开发、水文化品牌打造、客源市场拓展、管理水平提升、服务质量提高，为经济社会发展做出更大的贡献。

关键词： 文旅融合　水利风景区　水生态产品　水文化品牌

一　文化旅游融合发展的时代背景和重大意义

文化旅游融合发展理念，是在我国广大人民群众对文化和旅游消费需求大增长，党和政府强力推动文化业大繁荣、旅游业大发展的情形下应运而生

* 曾宜富，中国未来研究会旅游分会会长；程琳，水利部综合事业局副处长。

的，有着鲜明的时代背景，对指导文化业和旅游业深入融合、相互促进、同生共荣、高质量发展发挥了重要作用。

（一）推动文化与旅游融合发展是党中央国务院的重要决策部署

早在2009年，原文化部和原国家旅游局出台的《关于促进文化与旅游结合发展的指导意见》指出：“在新形势下促进文化与旅游深度结合，是文化和旅游部门的共同责任。”“各地要从构建社会主义和谐社会的高度，以树形象、提品质、增效益为目标，采取积极措施加强文化与旅游结合，切实推动社会主义文化大发展大繁荣。”原文化部和原国家旅游局的指导意见正式开启了我国推动文化和旅游融合发展的先河。

中共十八大尤其是十九大以来，党中央国务院对文化和旅游融合发展给予高度重视，将其纳入国家经济和社会发展战略部署。习近平总书记对文化和旅游融合发展作出了一系列重要指示，为新时代文化旅游融合发展工作指明了方向。同时，党中央国务院高屋建瓴地对文化和旅游行政管理体制进行了一体化顶层设计，从上至下快速实施文化和旅游机构体制改革和工作机制创新，使我国文化和旅游业迈入了深度融合发展、共同繁荣兴旺的全新时期。

（二）加快文化与旅游融合发展是满足人民群众美好生活需要的必然之举

当中国特色社会主义进入新的时代，人民日益增长的美好生活需要和不平衡、不充分的发展之间的矛盾已经成为社会的主要矛盾。2019年，我国居民人均GDP已超过1万美元，法定假日和休息日达115天，带薪休假制度也逐步落实，人民群众对文化和旅游的消费需求日益高涨。根据旅游统计数据，2019年，我国国内旅游人数高达60亿人次，年人均出游达4.29次。但是，人民群众不再喜欢那些脱离广众、孤芳自赏式的文化产品，也不满足那些走马观花、浮光掠影式地到此一游，而是比较钟情于文化韵味浓、景观品相高的文化旅游复合产品。在此背景下，加快推进文化旅游融合发展，提升旅游的文化品位，拓宽文化的释放空间，就成为满足人民群众美好生活需要的必然之举。

（三）实施文化与旅游融合发展是二者自身转型升级的迫切要求

文化和旅游的发展历史不断表明，文化与旅游的关系是内核灵魂与重要载体的关系。文化能使旅游的内涵品质得到丰富提升，旅游能使文化的神韵魅力得以彰显传播。文化和旅游相互融合发展，能让文化增强活力、拓展空间，也让旅游提升魅力、拭亮品牌，使二者互促共赢，产生叠加放大效应。若文化不与旅游结合则是“魂不附体”，若旅游不跟文化结合则是“灵魂出窍”。在我国经济社会各项事业和产业你追我赶、竞相跨越的新时代，文化事业和文化产业与旅游事业和旅游产业要实现自身转型升级和提质增效，成为国民经济和社会发展的支柱产业，就必须相互全面深入融合发展。

二　文化旅游融合发展理念的基本内涵和主要特点

文化旅游融合发展理念产生于文化旅游融合发展的实践活动，又用以指导文化旅游融合发展的实践行动。这一理论与实践相统一的理念，具有丰富的内涵和鲜明的特点，在文化和旅游融合发展的进程中，充分显现出它的先进性和引领力。

（一）文旅融合发展理念的基本内涵

文旅融合发展的总体思路是坚持“宜融则融、能融尽融”，推动文化和旅游工作各领域、多方位、全链条深度融合，实现资源共享、优势互补、协同并进，为文化建设和旅游发展提供新引擎新动力，形成发展新优势。思想是行动的先导，理念是思想的基础。文化旅游融合发展理念的要核是相融互促、同步发展；目的是和合共赢、利国惠民。基本内涵概括起来就是以文促旅、以旅彰文、和合共生、一体发展。

1. 以文促旅的理念。文化是旅游深邃的内涵、活显的灵魂、跳动的脉搏、提升的神器。旅游的高度来自文化的深度，通过文化思维的研判透析、文化资源的充分利用、文化创意的巧妙介入、价值观念的潜移默化，以及公共文化机构、对外文化交流平台的借助，我国能够精准旅游发展定位、升华旅游形象品牌、提升旅游产品品位、丰富旅游要素业态、增强旅游核心吸引、改善旅游市场监管、优化旅游服务模式、扩大旅游宣传推广、拓宽旅游客源市场、延伸旅游弹性消费、提高旅游综合效益，促使旅游业实现全方位的转型升级、高质量发展。

2. 以旅彰文的理念。旅游是文化建设的重要动力、传播的重要载体、交流的重要纽带。文化的最大成功莫过于扎根于广大民众生活而普受热捧、久为珍惜，文化的最大不幸当属远离大众群体而孤芳自赏、黯然叹息。而广受人们热宠的旅游，恰恰能给文化施展动能搭设广阔舞台，能给文化释放魅力提供无限空间。充分发挥旅游的产业化、市场化优势，能够创新文化艺术的表现内容、表现形式、表现手段，丰富文化产品的供给方式、供给渠道、供给类型，带动文化产业发展、文化市场繁荣，从而实现良好的社会效益和经济效益。

3. 和合共生的理念。文化与旅游具有千丝万缕的关联度和相衬共为的同一性。文化与旅游融合发展，就是一个以文促旅、以旅彰文、优势互补、互相促进、相得益彰、和合共生的过程。“智将文化巧植旅游，巧凭旅游智弘文化，深度交融铸就精彩，相得益彰共襄繁华”，这便是文化和旅游融合发展所追求的目标。文化和旅游只有深度融合，才能形成新的发展优势，让文化更加焕发活力、魅力和影响力，使旅游产业更具生命力、吸引力和竞争力，令二者都更好成为满足人民群众对美好生活期待的新回报。

4. 一体发展的理念。推动文化产业与旅游产业持久地融合发展，应强化一体化发展理念，将文化内涵贯穿到旅游产业的各要素中，将旅游产业作为挖掘文化、优化文化、丰富文化和保护文化的重要途径，真正实现两个产业在发展理念、基础资源、生产要素、产品供给、产业链条、消费市场等各个环节的有机融合、共享融通，形成一体化的组织结构、管理体制、发展规划和政策措施，使二者在融合发展中相辅相成、不断壮大，最终成为国民经济和社会发展中的一大综合性的、独特的支柱产业。

（二）文旅融合发展理念的实践效应

文化与旅游是与经济社会各相关方面关联度很高的行业，如旅游就牵涉100多个行业，文化涉及的行业则更多。但是，在它们各自关联的诸多行业中，文化和旅游关联最为普遍和紧密，融合最为默契和深入，具有高度的统领性和引导性，两者的关联带动与其他行业的融合。我们正处在一个大融合、强彰显的时代。物为载体，文以化魂，文旅融合，相得益彰，打造出世人向往、天下欣享的佳境妙象，这是当代文化和旅游人的共同追求。

1. 应用的广泛性。文化旅游融合发展的理念对实践的指导是全方位的，不仅在宏观上指引战略方向，而且在微观上指导具体落实，具有实际运用的广泛性，如在体制设计、政策制定、规划编制、设施建设、产品开发、品质提升、品牌打造、客源开拓、市场监管、人才培养、区域合作、对外交流等方面都处处到位、没有或缺。

2. 开放的包容性。文化旅游融合发展的理念是改革创新和深化开放背景下的产物，本身对外具有高度的开放性，对内具有高度的包容性，不设门槛，没有框框，只要有利于文化和旅游相互促进，事业和产业健康发展，宜融则融，能融尽融，不拒绝任何可以融合的项目，不排斥任何能够融合的要素，和合共生，共同发展。

3. 促进的互动性。文化旅游融合发展的理念具有鲜明的互促联动性，将文化和旅游视为既是互促的相依体，又是联动的统一体，既强调文化对旅游品质丰实与提升的积极推动，也要求旅游对文化神魅彰显与传播的主动促进，使二者你推我促，互助互长，相辅相成，共同成就高质量发展的大产业，满足人民群众生活的需求和国家经济社会发展的需要。

三　文化旅游融合发展理念与水利风景区发展思路的契合度

文化和旅游业与水利风景业虽然属于完全不同的行业，但它们的运行逻辑往往是相同的，发展轨迹常常是相似的，理性思维总是相通的，它们有着很强的同一性和很高的契合度。也正因为如此，文化旅游融合发展理念对水利风景区建设发展才具有借鉴价值。

（一）以文促旅与以水文化提升水利风景区理念相通

文化旅游融合发展理念首先强调的是以文促旅，因为文化神魅对旅游品质具有引领提升和丰富充实的独特作用。世上最醇美的景色当首推怡人的风光里流淌着醉人的风情，人间最快乐的事情莫过于挚友相随、与书相伴的旅行。反之，旅游品质的深层缺憾，基本是由于优秀人文缺失；没有文化融入的旅游，绝无品质可言。水利风景区的发展也必须首先有水文化的充分深度嵌入，这样才能确保建设高品质，开发有创意，提升重内涵，推广铸品牌，增强吸引力，才能打造广大人民群众喜闻乐见的水文化生态风景区。

（二）以旅彰文与以水利风景区弘扬水文化道法相同

文化旅游融合发展理念同时强调的是以旅彰文，因为文化升温需要旅游提热，文化传承需要旅游紧密跟进，文化弘扬需要旅游助力拓场，文化创意需要旅游平台载体，文化交流需要旅游牵线搭桥，文化开放需要旅游随行伴航，文化繁荣需要旅游携手联动。水利风景区发展也将弘扬水文化作为基本宗旨和重要任务，因为水利风景区是中华儿女顺应自然、保护水域、利用水体的产物，承载着悠久丰富的中华水文化。充分发挥水利风景区弘扬水文化的功能作用，大力彰显中国优秀水文化的神韵魅力，对拓宽中国特色社会主义文化阵地、广泛传播中华水文化精粹、增强国家文化软实力、提升中华文化影响力不失为一条重要途径。

（三）和合共生与水利风景区协同共进意思相近

文化旅游融合发展理念特别注重的是和合共生，因为文化和旅游融合，二者互为促进、相为支撑，优势互补、协同共进，迸发文化创意创造的活力，展现旅游提质提效的态势，形成新的发展优势和增长点。水利风景区发展讲求的是与水利工程建设、河湖综合治理、乡村振兴工程等相关方面的协同共进、互助共赢，其含义与文化旅游的和合共生高度相近。这也是水利风景区拓宽发展空间、强化基础支撑、增添后劲动力的可靠依托。

（四）一体发展与水利风景区生态共同体意向相仿

文化旅游融合发展理念执着追求的是一体化发展，因为文化产业与旅游产业长期持久地在发展中融合、在融合中发展，必然形成你我与共、密不可分、水乳交融、合为一体的状态。水利风景区发展的最高追求应是建设好水域生态共同体，实现水域相关各方利益主体齐心协力同护共养一片水域，水体相关各类生物种群共享美好生活。这与文化与旅游一体化发展的理念意向高度相仿，近乎一致。

四　运用融合发展理念指导水利风景区建设的建议

理念的意义在于指导实践。研究文化旅游融合发展理念的背景与意义、内涵与特点、与水利风景区发展思路的契合度，其目的就在于借鉴并运用融合发展理念指导水利风景区的建设，使之在发展进程中步子迈得又好又快。为此，针对水利风景区建设发展工作，提出几点对策建议。

（一）积极推进水利风景区管理职能的融合

水利风景区建设管理机构一般为隶属于水利行政管理部门的国家事业单位，与水利行政管理部门的内设相关职能部门在水利风景区建设管理职能上存在一定的交叉；与自然资源、环境保护等相关部门在管理范围上也存在一定的重叠。为使各方在水利风景区的建设发展上能够聚心发力、同步共进，就需要在管理职能上深入融合、协调一致。“十四五”规划即将开始编制，应以此为契机，及早着手谋划，加强顶层设计，深入开展调查研究，积极探寻融合发展新思路，明确发展方向目标，清晰各方管理职能，理顺各方工作职责，尽快制定出能够充分体现融合发展、协同共进的水利风景区发展规划和政策规范，以指导、促进、规范水利风景区的建设工作。

（二）强力推进水利风景区建设与水利发展的融合

水利资源是水利风景区赖以生存的丰厚基础，水利工程是水利风景区建设的良好契机，水利事业是水利风景区得以发展的根本依托。由于中华人民共和国成立70年来水利事业快速发展，今日全国水利风景区蓬勃兴起。可以说水利事业发展是水利风景区发展的基本依靠和不竭源泉。因此，水利风景区建设应紧紧贴近水利事业发展的脉搏，牢牢把握水利工程建设的机遇，珍惜水利资源本底的价值，通过拓宽相互关联的工作渠道，加强内在联系，积极主动地融入水利事业发展的各项相关要素中，紧密联动、携手合力、共同成长，既给自身的发展谋取更大的空间，同时也为水利事业的发展做出应有的贡献。

（三）巧妙推进水利风景区建设与文化创意的融合

文化是景区深邃的内涵、活显的灵魂，文化是景区提升的法宝、赋魅的神器。景区形象的高度来自文化内涵的深度，景区产品的亮点源于文化创意的妙点。因为文化艺术源于生活而高于生活，具有强烈的吸引力、感染力、穿透力、振奋力。文化内涵可以使名山胜川、风物特产更富灵气，更加声名远播。奇峰怪石、胜水名泉、稀珍异宝、盖世风物当然可以赏心悦目，但若加上文化内蕴则有更生动深刻的寄寓，使人获得丰富知识，产生美妙联想，提高观赏层次和感受品位。由于千百年的文化熏陶，中国的佳山丽水格外流光溢彩。所以，在高品级旅游景区中常常是："风情比风景更绚丽，景情比景物更魅力，人文比自然更深刻，灵魂比躯体更高贵。"因此，水利风景区建设应切实加强文化要素的融入，尤其是要在原有文化禀赋的基础上，巧妙地介入文化创意，将精粹的文化艺术自然和谐而不是生硬强迫地植入，使水利风景区树立形象、提升品位、彰显魅力、增添神韵。

（四）深入推进水利风景区建设与旅游发展的融合

旅游是推广景区产品、扩大景区消费、实现景区价值的重要途径。一个景区的优劣，关键在于广大游客的认同程度。旅游行业的主要职责就是根据人们的旅游消费需求，开发旅游产品，招徕组织客源，开展旅游活动。而且旅游行业对外开放较早、市场化程度比较高，体制机制运行灵活高效。随着我国经济社会快速发展，人民群众休闲度假旅游的需求日益旺盛，旅游业蓬勃兴旺、迅猛发展。水利风景区主要功能之一就是满足人民群众对美丽水生态环境和水生态休闲产品的需要，水利风景区与旅游业有着必然的联系。水利风景区可以借助乃至联手旅游行业，开发优质产品，加强宣传推广，拓宽客源市场，实现双赢效益。为使水利风景区更好地提升游憩品位，适应游客需求，融入旅游市场，有效发挥生态休闲旅游功能和作用，水利风景区管理机构应主动与旅游部门衔接，加强工作协调，深入开展合作，积极参与国家A级旅游景区创建，加强运营规范，深化业态相融，促进水利风景区建设与旅游发展相得益彰、同兴共旺。

（五）全力推进水利风景区建设与河湖治理的融合

干净、整洁、优美的河湖生态环境已成为群众更强烈的诉求和更美好的期盼。保护江河湖泊，事关人民群众福祉，事关中华民族长远发展。水利风景区是对水利工程、水域及其岸线的综合利用，应是美丽河湖建设的经典、人与自然和谐共生的示范、人民群众喜爱的旅游目的地，对维护江河湖泊健康、培育美丽生态环境、提供优质生态产品，具有重大而又不可替代的作用。因此，应进一步提升水利风景区的功能定位，将水利风景区建设管理全面融入美丽河湖建设管理范畴，使其为河湖健康美丽持续发展提供有力支撑。在全面实施河长制、湖长制部署中，应将水利风景区建设作为各地实现水域及其岸线的综合利用、维护河湖健康美丽的重要抓手和示范工程，促使各相关方面主动作为、协同共治，切实把群众身边的河湖治理好，让老百姓享受清水绿岸、人水和谐的生活环境。

（六）着力推进水利风景区建设与乡村振兴的融合

我国乡村幅员辽阔，实施乡村振兴工程是中共十九大做出的重大战略部署。全国众多水利风景区与乡村紧密相连，有部分就位于目前还比较贫困落后的乡村。在实施乡村振兴战略工程中，将水利风景区建设与扶贫攻坚和乡村振兴紧密结合，将保护整治乡村河湖水系、改善河湖水生态环境、保护利用水利资源、营造水文化景观与美丽乡村建设联动推进，将水利旅游与乡村旅游、休闲农业、特色小镇融合发展，可以有效地发挥水利风景区在生态和产业功能方面的带动优势，促进乡村调整经济结构，转变发展方式，培育生态产业，开展旅游服务，创造就业机会，优化生活空间，加快经济和社会发展，加速乡村振兴发展的进程，并让乡村广大群众在家门口就能享受到良好的生态环境、公平的公共产品、普惠的民生福祉。

B.6
水利风景区旅游安全管理体系的建设

谢朝武*

摘　要： 加强旅游安全管理体系的建设是水利风景区持续发展的基础。通过问卷调查，本章探究了我国水利风景区旅游安全管理的基本状态与形势。研究发现，我国水利风景区的安全管理虽然引起了景区部门的重视，但在具体的安全管理体系中依然存在诸多问题，如景区安保、医疗人员明显欠缺，安全管理制度落后，安全设施设备的投入不足等。为实现我国水利风景区的安全健康发展，水利风景区应通过完善旅游安全管理体系、管理体制、管理机制、安全预案等“一案三制”建设，夯实景区旅游安全管理体系的基础，同时应从人才、资金、技术、规划等方面推动水利风景区的旅游安全管理工作，实现水利风景区的安全健康发展。

关键词： 水利风景区　旅游安全管理　一案三制

水利风景区是同时承担水利功能和景区游览功能的综合性旅游场所，在我国水利事业发展和旅游事业发展中扮演着重要角色。截至2018年年底，我国国家级水利风景区已经达到878家，省级水利风景区达到2000多家。在旅游发展和建设过程中，水利风景区面向广大游客提供涉水旅游、岸线旅游等丰富的旅游项目，其中包括了探险、登山、极限运动、野外生存、野营

* 谢朝武，华侨大学教授。

等高风险旅游项目。因不可抗的自然环境因素和人为因素的影响，水利风景区的旅游项目面临客观存在的安全风险隐患，因此需要加强风险管控研究，强化风险管理和安全保障，这是水利风景区安全健康发展的重要任务。

一　我国水利风景区旅游安全管理的基本状态

为了解全国水利风景区旅游安全管理的基本状态和形势，本研究通过景区办工作平台向全国的国家级水利风景区发放调查问卷，共回收问卷136份。在回收的问卷中，景区安全管理现况部分完整回答率较高。景区旅游安全评价问卷的有效问卷数为89份，有效问卷率为65.4%。

1. 水利风景区安全管理概况

(1) 景区安全（保安）部门设置情况。通过图1可知，完整回答的133家水利风景区中，绝大部分设置了安全（保安）部门，其中61家景区有独立建制安全部门，占比46%。58家景区将安全（保安）部门整合在其他部门当中，占比44%。近一半的水利风景区在体制机构上对景区安全管理比较重视。

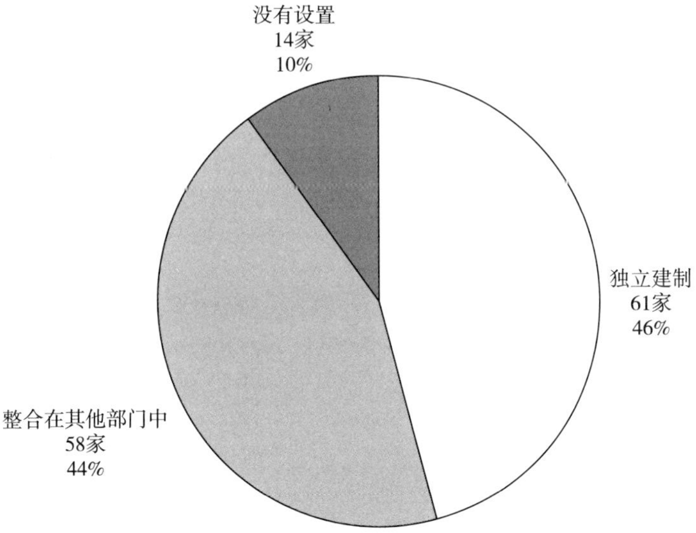

图1　安全（保安）部门设置情况

（2）景区安全（保安）部门人数。从图 2 可以看出，水利风景区在安全（保安）部门人数设置上主要集中于 9 人以下，少数景区安全（保安）部门人数达到 20 人以上，这与景区规模、接待人数等有关。

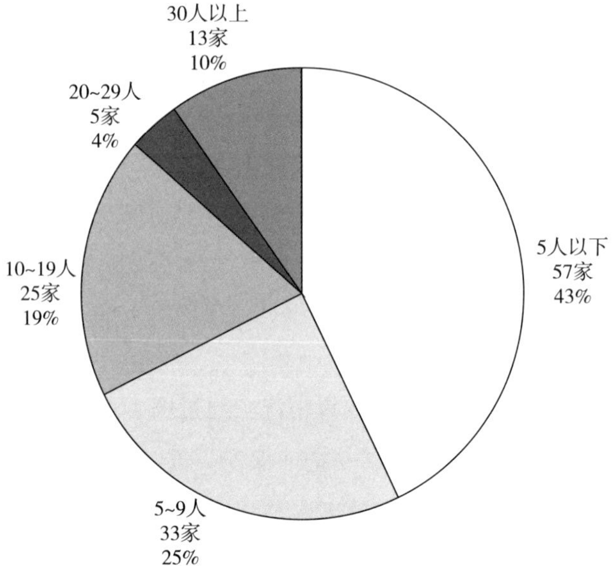

图 2　景区安全（保安）部门人数

（3）景区医疗部门设立情况。从图 3 可以看出，127 家景区中，有 64 家（50%）景区没有设立医疗部门，47 家（37%）景区只设立简易医疗部门，只有 16 家（13%）景区设立具备急救功能的医疗部门，可见水利风景区在医疗部门设置方面还需更加重视。

（4）景区安全（保安）岗位设置情况。通过图 4 可以看出，安保队伍、巡逻员、门卫是景区安全（保安）中的常见岗位；医疗人员、消防员、监控员、保安主管、保安经理（主任）、救援队伍、消防队伍也逐渐得到景区的重视。

（5）景区日常安全任务。通过图 5 可以看出，首先，安全巡逻、安全宣传和编制安全预案是绝大部分景区日常任务的重点。其次，游客救援、突发事件处置、游客呼叫响应、安全预警、风险排查、人员安全培训、编制安全计划对

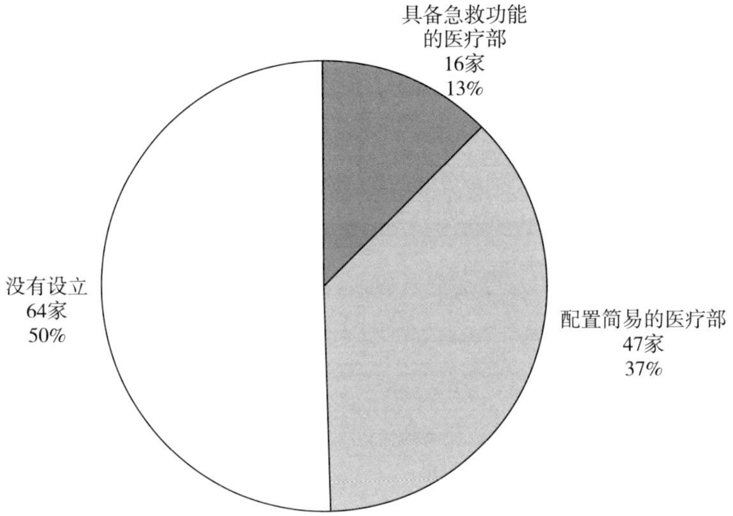

图 3　景区医疗部门设立情况

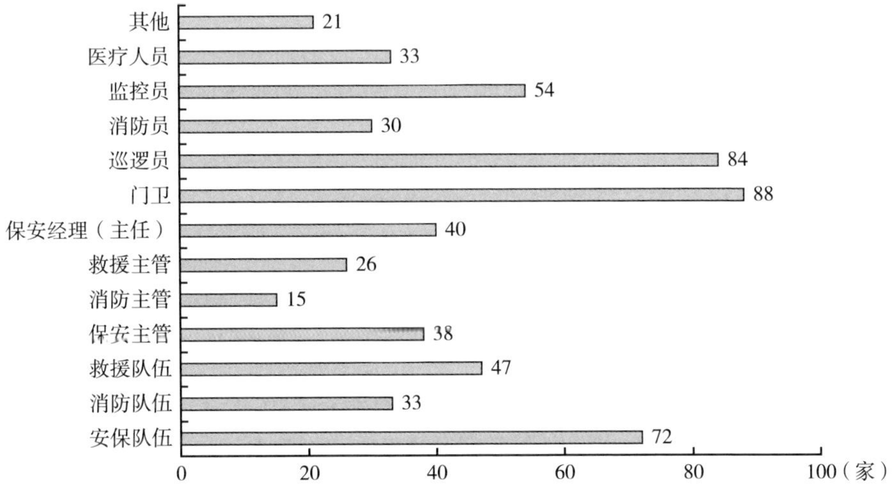

图 4　景区安全（保安）岗位设置情况

于大部分景区而言也是日常安全任务中的重要部分。将安全评估和建立风险数据库纳入景区日常安全任务的景区数量较少，因此安全数据库的建立尤其应该得到更多的重视。

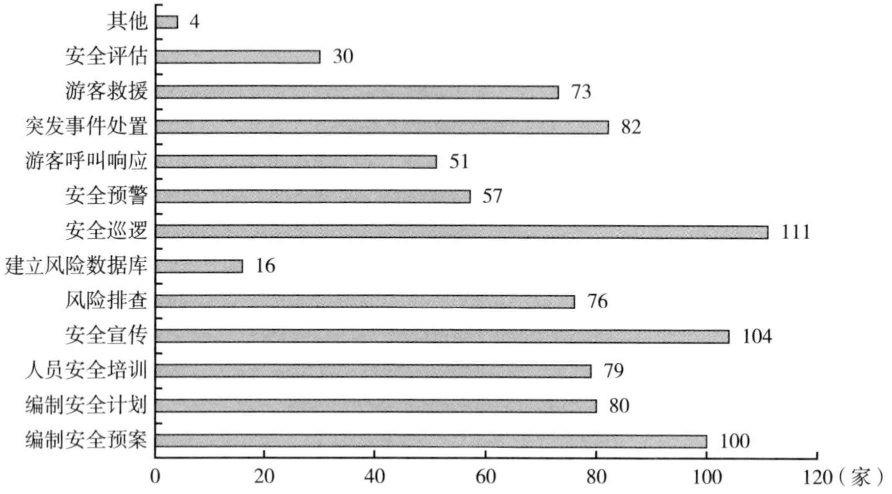

图 5　景区日常安全任务

（6）景区安全管理制度设置。从图 6 可以看出，首先，《各类应急事故处理规范或预案》《员工行为规范》《景区安全管理程序》《景区保卫管理程序》是景区最常见的安全管理制度；其次，过半数景区设有《安全巡查规范》《自然灾害防范规定或预案》；设有《夜间清场检查规范》《重要客人接待警卫规范》的景区较少。

（7）景区员工安全培训情况。如图 7，大部分景区首先重视对一线员工和各级管理人员进行安全培训，其次是安保部员工，而较少景区对后台工作人员进行安全培训。虽然后台工作人员没有直接对客服务，但是后台员工的工作对前台员工的服务起到支撑作用，因此后台员工的安全培训也十分重要，应得到重视。从图 8 的安全培训形式来看，以进行上岗前培训、在岗安全技能培训和经常性安全机会教育的景区居多，进行安全模拟演练的景区也不少，同时景区也会采取一些适用于自身特点的安全培训方式。从图 9 可以看出，以安全常识和消防安全知识为主要培训内容的景区居多，个人安全防护知识、安全操作知识和对客服务安全知识的培训也得到很多景区的重视。可见安全培训越来越受重视，培训的形式和内容也逐渐多样化。

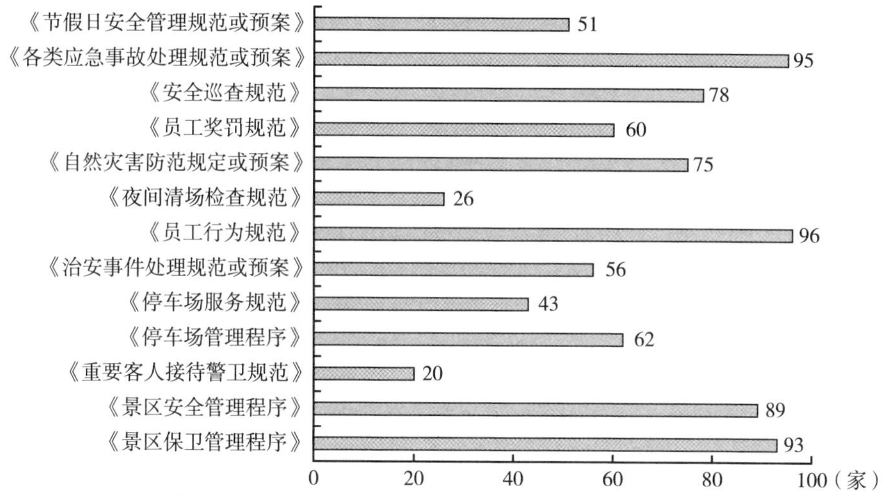

图6　景区安全管理制度

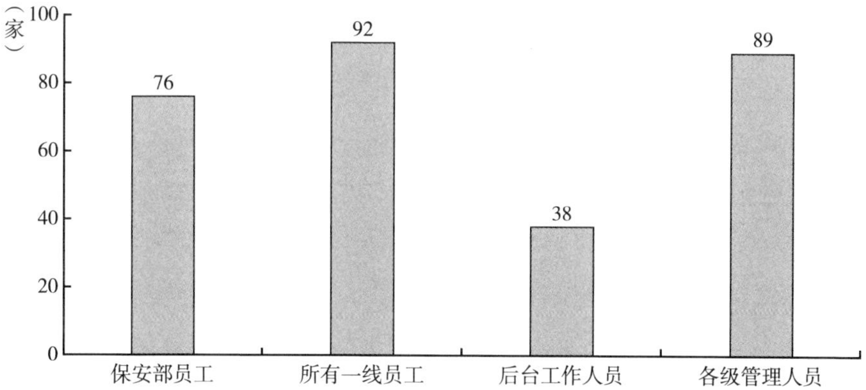

图7　参与安全培训的员工类型

2. 景区安全设施配备情况

（1）重要性认知与投入比。所调查的136家景区中，有131家针对“您认为景区应用安全设施来保障游客安全是否重要”做出回答，其中85%的景区认为景区安全设施对于游客安全非常重要，5%的景区认为安全设施对于保障游客安全比较重要（见图10）。从景区近3年安全设施投入占总投

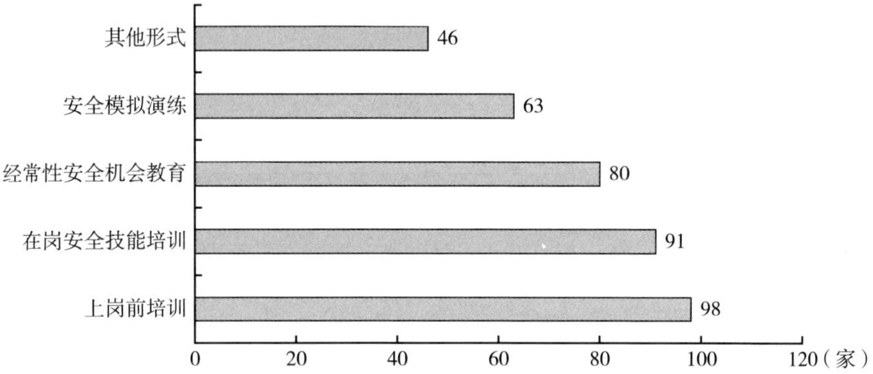

图 8　安全培训的形式

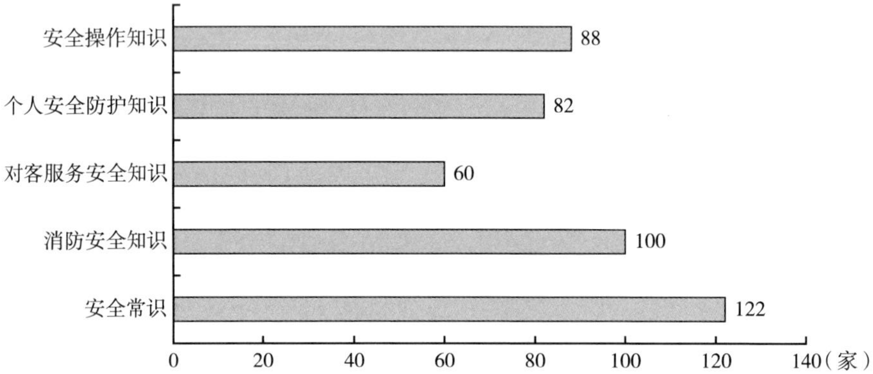

图 9　安全培训的内容

资的比例可以看出，虽然景区认为安全设施对于游客安全保障具有重要意义，但是在实际中并没有相应的投入。从图 11 可以看出，46% 的景区近 3 年安全设施投入所占比例为 5% 以下，23% 的景区近 3 年安全设施投入占投资额的5% ~9%，可见 69% 的景区在安全设施上的投入不到投资额的 10%；仅 7 家（5%）景区的安全设施投入占投资额的 30% 以上。

（2）景区配备的设施设备类型。从景区配备的安全设施设备可以看出，安全警示牌的使用最为广泛，其次电子监控器、景区通信全覆盖也是较多景区配备的设备。此外也有较多景区配备了景区周边物防设施、紧急广播系

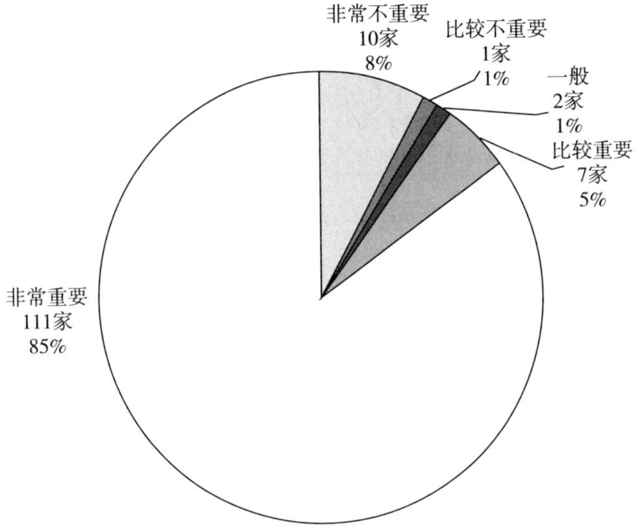

图 10　应用安全设施来保障游客安全重要性认知

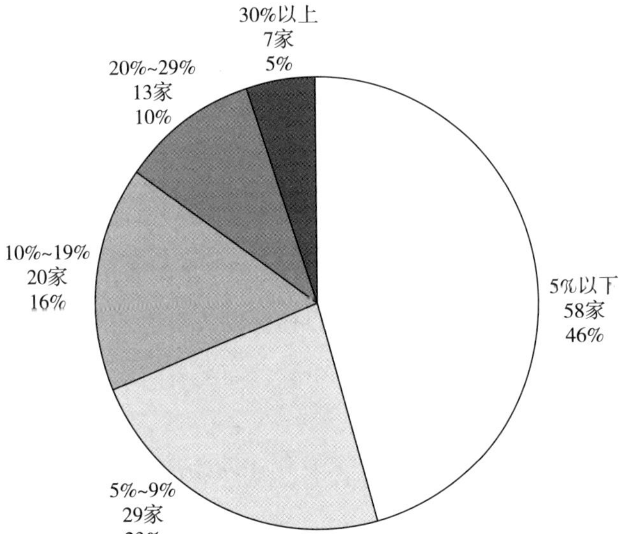

图 11　景区近 3 年安全设施投入占所有投资额的百分比

统、景区灾害监测预警系统、消防灭火和报警系统以及通信紧急系统，以便更好应对突发事件（见图12）。随着智慧景区建设的发展，景区也将智慧手段运用于安全管理中，如景区 Wifi 系统、数字景区监控系统、GPS 等。

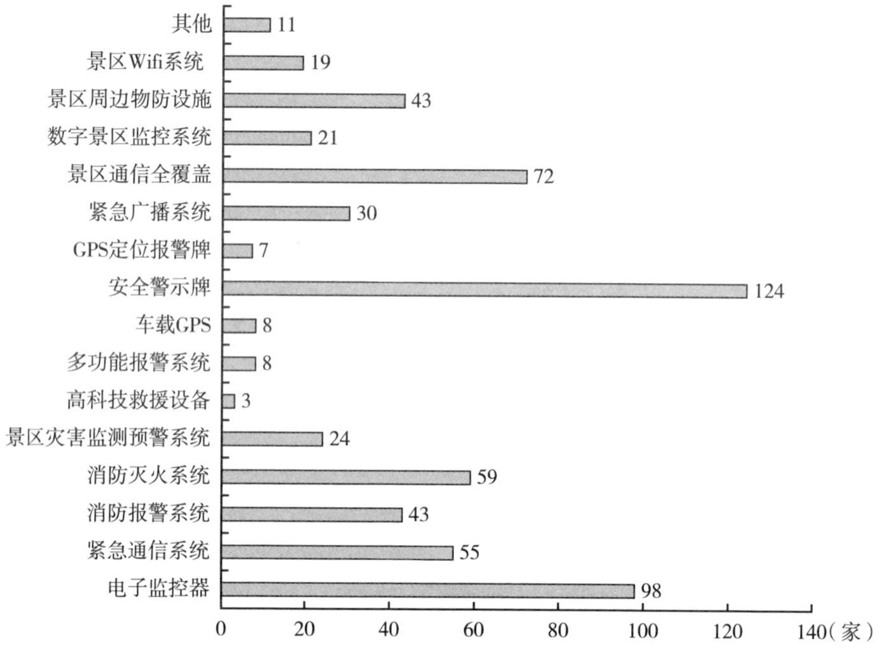

图12　景区配备的设施设备类型

（3）保安人员配备的设备类型。从保安人员配备的设备种类来看，大部分景区的保安人员都配有对讲机，以便保安人员之间沟通，为保安人员配备防爆手电、电棍、探照灯的景区占少数，而配备防暴器、催泪弹、击晕器的景区数量最少（见图13）。

（4）游客中心配备的安全设施设备。从游客中心配备的安全设施来看，绝大多数景区采用传统安全警示措施，通过景区游览安全提示牌、景区游览路线图和景区工作人员提醒游客注意安全，现代化电子信息设备使用得较少，从图14可以看出采用电子解说设备、通信设备、教育视频和动态信息的景区并不多。

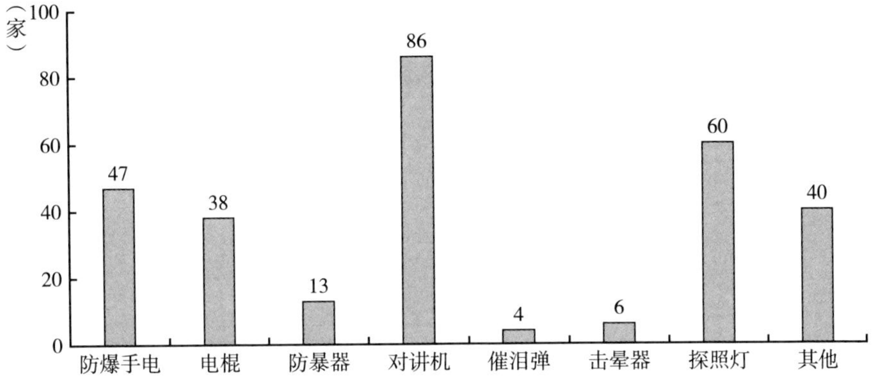

图 13　保安人员配备的设备类型

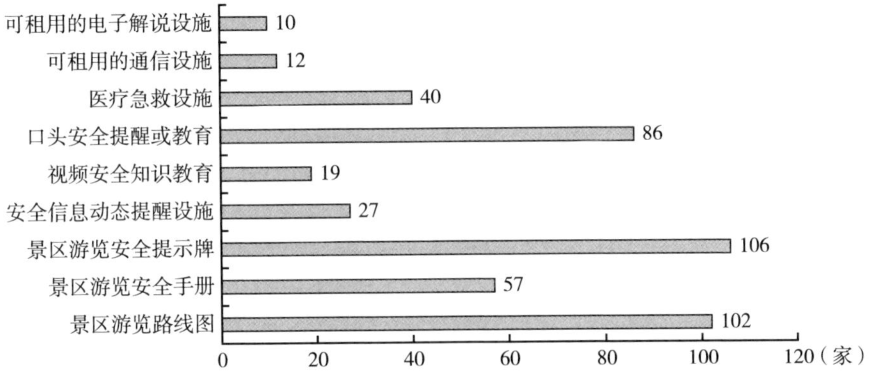

图 14　游客中心配备的安全设施设备

（5）景区道路安全设施配备。从景区内道路安全设施的配备上看，绝大多数景区通过设置提示牌来提醒游客注意道路交通安全，景区内道路实现双车道通行的较少，这与景区占地面积等相关。设有紧急避车道、危险路段安防设施和警示灯的景区不多（见图 15）。

（6）景区游览安全与涉水探险设施设备。从景区景点、游乐观赏项目的安全设施方面看，安全护栏是景区最常使用的设施，其次通过专人对安全秩序进行维护。配有安全设施使用手册、专人指导设施使用、残疾人专用设施和无障碍通道的景区较少（见图 16）。

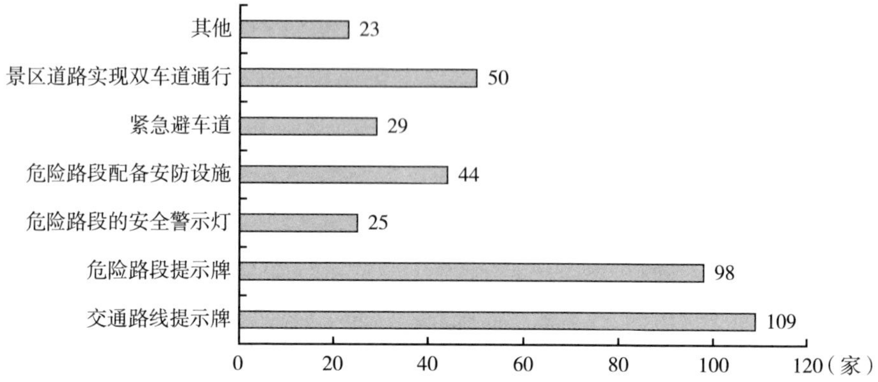

图 15　景区内道路安全设施配备

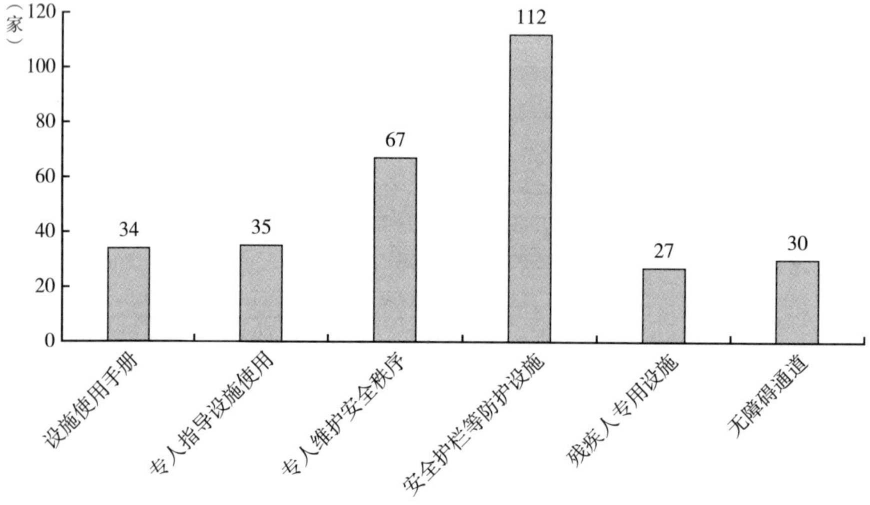

图 16　景区景点、游乐观赏项目配备的安全设施或措施

在涉水安全设施配备方面，景区内救生衣、涉水安全提示、救生艇（筏）的使用广泛，其次是专业救生人员，较少景区会对游客进行涉水安全培训。包含探险类项目的景区中，有安全提示、紧急救援设施和救援队伍的景区居多，其次是紧急通信设施，对游客进行安全培训和使用 GPS 等便捷定位设施的景区较少（见图 17、图 18）。

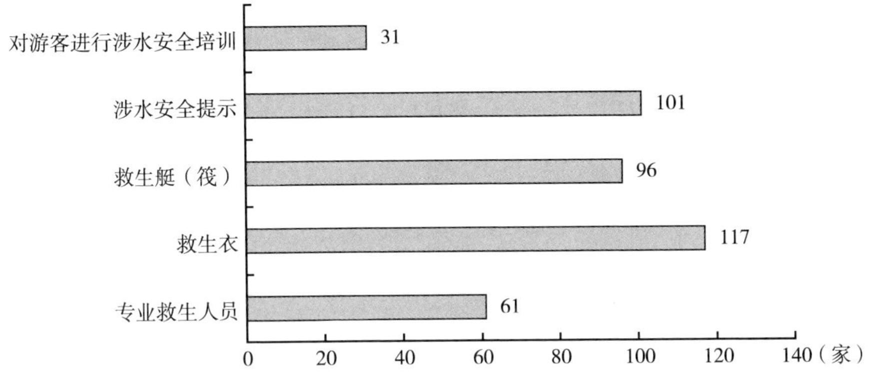

图 17　景区内涉水安全设施配备

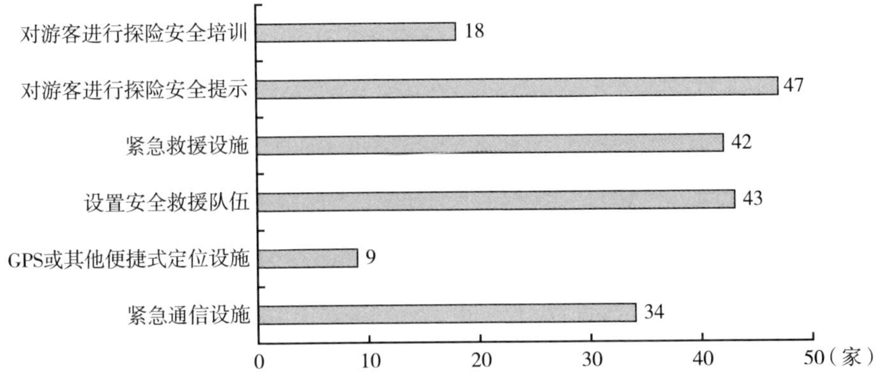

图 18　景区内探险项目安全设施配备

（7）景区安全技术应用环节。针对“您认为安全技术应用在景区安全管理哪个环节最为有效?”问题的回答中，67% 的景区认为安全技术应用于景区安全防范最为有效，风险监测和风险预警的百分比各占 6%，说明大部分景区管理者认为安全防范与预警是安全管理中的重要工作内容。另外安全控制与处理、应急救援也被认为应该应用安全技术，以提高景区应对突发事件的处置能力（见图 19）。

安全技术的应用能够提高景区安全管理的效率，大部分景区认为安全技术的使用应优先考虑景区交通工具、游览设施设备和基础设施建设（如道

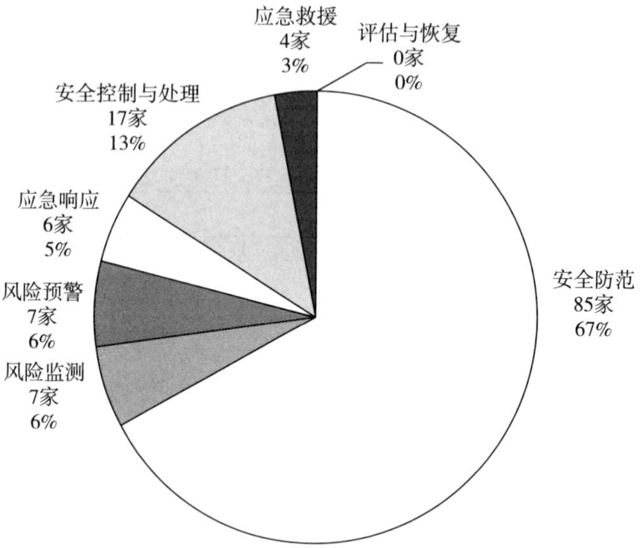

图 19　安全技术应用最有效的环节

路、供水、供电）方面；其次，娱乐设施也被部分景区认为应优先使用安全技术；较少景区认为应将安全技术应用于购物设施、景区住宿和景区饮食方面，这可能是由于部分景区内购物场所和餐饮场所较少（见图 20）。

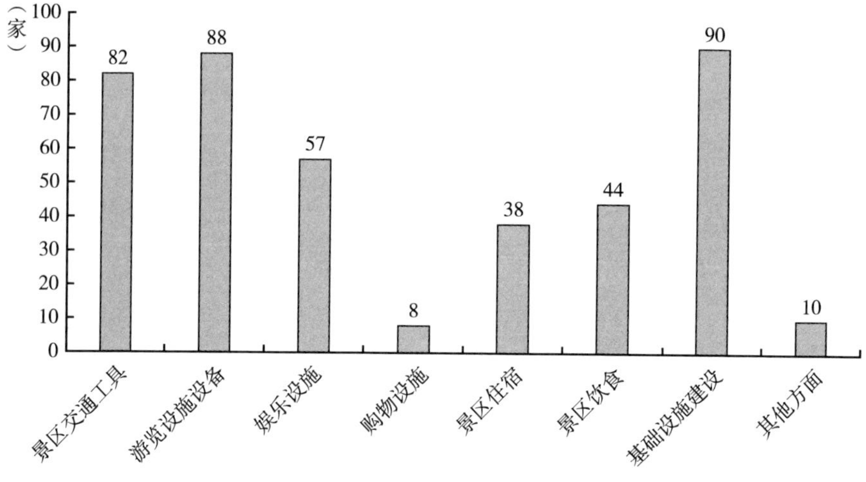

图 20　优先使用安全技术的管理内容

3. 景区安全管理的作用认知

绝大部分景区认为加强安全管理能够提升服务质量和顾客满意度，同时绝大部分景区认为加强安全管理能够有效降低投诉率和安全事故发生率；对于安全管理是否增加景区经营成本这一问题，不同景区持不同的看法，其中36 家景区认为安全管理并不会造成景区经营成本增加，但是56 家景区表示安全管理对于景区的经营是一项比较大的成本支出（见图 21）。

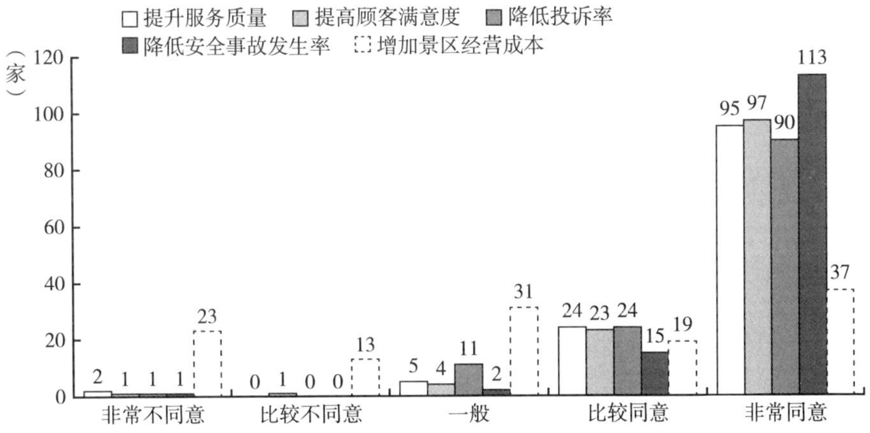

图 21　景区安全管理作用的认知

二　水利风景区旅游安全管理体系的建设

水利风景区旅游安全管理体系涉及水利风景区旅游安全管理体制、机制、制度、预案等旅游安全管理工作的基础要素。其中，旅游安全管理体制是景区安全工作的组织基础，旅游安全管理机制是景区安全工作的运作方式，旅游安全管理制度是景区旅游安全工作的制度根基，旅游安全管理预案则是对管理体制、管理机制以及管理制度的综合运用，是应急情况下的行动指南。通过水利风景区“一案三制”的建设，建立旅游安全管理工作的基本平台，夯实水利风景区旅游安全管理体系基础，有利于实现水利风景区的安全健康发展。

1. 水利风景区旅游安全管理体制的建设

水利风景区旅游安全管理体制建设要明确水利风景区涉及的上级管理部门（属地人民政府、政府相关管理部门）、景区直接管理部门（管委会）、景区经营开发单位、水库周边经营单位和景区游客等五大主体的安全责任，要通过明确安全生产责任归属，建立安全分工明确、安全担责有序、安全治理有效的安全生产体制。为了最大限度地规避安全风险责任，水利风景区可以根据景区发展的实际情况和现实需要选择合适的经营模式，并实现安全风险的转移和化解。通常情况下，水利风景区的上级管理部门（属地人民政府、政府相关管理部门）应在业务管理范围内承担水利风景区宏观层面的安全生产监督管理责任，水利风景区的直接管理部门（管委会）既要承担辖区内的旅游安全生产业务，也要对下属的旅游经营机构承担安全生产监督管理工作；水利风景区经营开发单位和水库周边经营单位应承担所负责辖区或所负责项目的安全生产主体管理责任；水利风景区的游客应承担风险信息告知、遵守安全警示、配合景区安全检查与应急处置、维护景区内设施设备安全等个体责任。同时，水利风景区可以通过租赁经营模式、承包经营模式、股份合作模式、复合经营模式等经营管理方式，合理合法地分散和分担旅游安全责任。

2. 水利风景区旅游安全管理机制的建设

水利风景区安全管理机制是在水利风景区安全管理体制基础上建立起来的，是具有制度化和规范化特征的旅游安全管理运行方法。完善的水利风景区安全管理机制可以有效地规范水利风景区旅游安全日常管理工作中各相关主体之间的工作关系、工作流程以及工作方法。从安全管理的实践来看，水利风景区要构建风险控制机制、安全应急机制、安全协作机制等多位一体、有机统一的安全管理机制，从而保障水利风景区的安全健康发展。

（1）风险控制机制建设

水利风景区的旅游安全风险主要包括环境风险、设施设备风险、人员风险和管理风险等四种结构类型，针对不同的风险结构类型，水利风景区应建设相应的风险管理机制。主要包括以下几种。①环境风险控制机制。水利风景区环境风险主要包括自然环境风险和社会环境风险，其中自然环境风险来源类型多样，风险危害程度较高，影响范围较为广泛。社会环境风险受水利风景区周边社会治安环境因素影响较大。水利风景区应从环境风险排查、识别、控制等环节建立环境风险控制机制，减轻环境风险给水利风景区带来的危害。②人员风险控制机制。水利风景区人员风险主要来自两方面：景区从业人员与旅游者。一方面是部分水利风景区安保人员数量不足或缺乏专业的旅游服务人员，由于水利风景区大多拥有大型水上设施设备，在开展水上娱乐活动时，安保人员数量不足或缺乏专业的旅游服务人员，都容易导致突发性旅游安全事故。另一方面来自游客自身因素，由于水利风景区的水域环境大多较为复杂，许多游客在水利风景区开展水上活动项目时往往不能正确认知潜在的旅游安全风险隐患，缺乏安全风险意识，对自身的健康状况和身体状况不能做正确估计，同时许多游客本身未接受专门的安全技能培训，安全技能缺乏。水利风景区对从业人员应从素质提升、操作安全、制度强化等角度进行机制建设，对游客应从安全宣传、素质提升、风险预报等角度进行机制建设。③设施设备风险控制机制。水利风景区通常经营游船、快艇、皮筏、摩托艇、漂流等具有高风险性质的水上游乐项目，这些项目对设施设备的安全控制程度较高，一旦设施设备外部环境突发不利或者游客自身行为不当、操作者应对不及时等都会导致设施设备事故。水利风景区应从设备采购、运行、日常保养检查等业务环节建立设施设备风险控制机制，预防设施设备带来的安全隐患。④管理风险控制机制。当前部分水利风景区的安全管理体制、管理机制仍不健全，相关的法律法规仍不完善，景区的日常安全管理存在诸多安全隐患，导致旅游安全事故频发。水利风景区应从制度建设、经费安排、人员培训、奖惩管理等方面加强管理风险控制机制。

（2）安全应急机制建设

水利风景区安全应急机制是水利风景区应急管理工作的主要内容，主要包括预防预备机制、监测预警机制、处置救援机制以及恢复重建机制。①预防预备机制。主要是针对水利风景区可能的风险因素进行预防和管理，包括采取人员预防、预算预防和设施设备预防等预防措施。具体来说，要加大景区内安保人员以及专业服务人员的调配，定时开展安全监督检查；增加对景区安全管理的预算，使景区在面临突发性旅游安全事件时，能有充足的资金予以使用，从而有效处理安全事件；注重对设施设备的维护和保养，增加应急设备的数量，从而防止设施设备突发安全故障带来的事故灾难。②监测预警机制。对水利风景区即将发生或者有可能随时发生，并对水利风景区或者旅游者造成危害的突发性旅游安全事件进行实时监测，以及对景区容量等进行风险信息的收集与评估，同时做好及时通报的准备，必要时对相关场所或者旅游者进行警示警告。③处置救援机制。处置救援机制是水利风景区应急管理的核心功能机制，包括在旅游突发事件发生后采取响应措施，进行紧急搜救、医疗救助等事项。④恢复重建机制。主要是指在突发性旅游安全事件后，水利风景区组织相关部门对事发场所进行秩序的恢复，及时修复景区内被破坏的设施设备、旅游产品以及景区形象，同时要对受安全事件影响的旅游者或者从业人员进行善后赔偿及必要的心理干预等活动。

（3）安全协作机制建设

水利风景区安全协作机制贯穿水利风景区旅游安全日常管理工作的全过程，不论是在事前、事中还是事后，突发性旅游安全事件的处理解决都需要众多主体的参与和协作，其中不仅涉及景区内各部门之间的安全协作，也涉及景区各部门内的岗位人员安全协作，特别是重大突发性旅游安全事件更涉及社会中各部门之间的安全协作，因此规范化、制度化的安全协作机制可以使水利风景区旅游突发事件得到及时有效的解决，从而提高水利风景区旅游安全管理的协作效率，保障水利风景区以及旅游者的安全。总体来讲，水利风景区应建立部门协作、人员协作、社会协作等三位一体的安全协作机制。其中，部门协作机制是指建立景区各部门间的安全协作；人员协作机制是指建立水利风景区不同岗位人员之间的安全协作；社会协作机制是指建立与社会中公益性组织如志愿者救援机构之间的业务协作。

3. 水利风景区旅游安全管理制度的建设

旅游安全管理制度是水利风景区安全管理工作的制度保障。虽然目前涉及我国旅游安全管理制度的相关法律文件较多，但从水利风景区旅游安全管理制度的实践来看，水利风景区专项安全管理制度较少，远远落后于产业发展以及景区发展的实际需求，分层级岗位安全制度十分缺乏，各部门职责定位不明，因此需要推动水利风景区安全管理制度的建设，以确保旅游安全管理制度体系在水利风景区安全管理工作中的保障和推动作用。

（1）加强专项安全管理制度建设

专项安全管理制度主要是景区针对某一类具体活动以及旅游项目的安全管理工作所做出的相关制度规定或者推出的法律法规。随着我国旅游业的不断发展，越来越多的旅游者开始追求具有高刺激性的旅游产品或者旅游项目，以此来获得新鲜感和体验感，如以潜水、冲浪、漂流、水上摩托、快艇、游船等为代表的水上高风险旅游项目备受旅游者青睐，但旅游者在参加这类旅游项目时需要付出特殊体力、体能、技能以及心理素质，大多数旅游者对自己身体状况往往缺乏正确认识，加之相关管理部门对高风险旅游产品缺乏有效的监督和完善的安全保障，因此我国各地水利风景区经常出现由高风险旅游产品导致的突发性旅游安全事件。旅游产业的发展大大推动和提高了水利风景区设立高风险项目专项旅游安全管理制度的必要性。但从对水利风景区的实际调研来看，目前大多数水利风景区都存在专项安全管理制度缺乏的状况，专项安全管理制度的建设落后于旅游产业以及水利风景区发展的实际需求。因此水利风景区在未来应加强专项安全管理制度建设，密切注意行业发展动态，及时对景区新兴旅游项目，特别是颇受旅游者欢迎而又对安全需求较高的特殊旅游项目采取重点管理，制定相关专项安全管理制度，完善水利风景区旅游安全管理制度的建设。

（2）加强分层级岗位安全制度建设

分层级岗位安全制度主要是指根据水利风景区不同部门的管理职能，划分不同的管理区域以及相应的主体责任，明确各部门岗位职责，以此保证水利风景区的安全管理工作有序开展。从水利风景区安全管理工作的实践来看，景区的安全管理制度建设过于笼统，缺乏制度分层，没有针对高层管理者、中层管理者和一线服务人员进行明确的安全制度建设，细化到岗位安全操作细则的制度体系尤为缺乏。因此，景区应该以岗位层级为基础，针对日常工作业务进行安全制度建设，明确岗位安全职责、安全业务体系和安全操作细则，规范风景区各层面人员的安全工作，实现景区安全生产的制度化和规范化。

4. 水利风景区旅游安全管理预案体系的建设

大部分水利风景区的总体预案建设较为常见，但是分项预案、岗位安全操作性预案建设不理想，已有预案的设计质量不够，员工对预案的熟悉程度不够，景区缺乏应急演练，实际操作能力欠缺。因此，水利风景区应增强预案的针对性和可操作性，提升景区应急预案的质量水平。

（1）增强旅游安全管理预案的内容针对性

从水利风景区旅游安全管理预案的内容来看，当前部分预案的制定流于形式，在内容上对突发性旅游安全事件针对性不强，具体性不够。因此各水利风景区应针对景区的实际状况对安全预案的内容进行修改和完善，同时要加快推进专项预案的制定工作。如水利风景区应加强对高风险旅游项目的预案建设，同时结合水利风景区的风险特征，针对景区内较经常发生的安全事件制定符合实际的旅游安全预案。如高风险旅游项目安全管理预案、自然灾害应急预案、应急疏散预案等，都是面向专门的突发事件和应急业务的安全预案。

（2）提升旅游安全管理预案的可操作性

从水利风景区旅游安全管理预案的执行效果来看，当前部分预案的可操作性不强，景区管理服务人员对预案内容的熟悉程度不够，加之水利风景区缺乏对景区安全预案的演练活动，导致真正面临突发性旅游安全事件时，景区员工实际操作不熟练，加大了水利风景区的安全隐患。预案是服务于突发事件应急处置的文件，它对相应的应急主体、应急流程、应急手段等做出了具体详细的规定。一般来说，旅游安全预案所规定的应急主体涉及多个部门，从事前的安全检查、事中的应急响应到事后的恢复重建等都需要多部门协调和配合。因此，水利风景区应就旅游安全预案定期开展演练活动，组织各部门联合行动，加强部门间的安全协作能力，提高水利风景区应急处置效率，根据演练反馈的结果及时进行总结，定期完善旅游安全预案文件。

三 水利风景区旅游安全管理的推进策略

水利风景区应该夯实景区旅游安全管理体系的基础要素，同时从安全人才、安全资金、安全技术、安全规划等方面加强安全建设，推动水利风景区安全管理工作的有序开展，实现水利风景区的安全健康发展。

1. 提升水利风景区管理服务人员安全素质，为水利风景区的安全发展提供人才支持

管理服务人员的安全素质是安全管理工作的基础，从水利风景区日常安全管理、突发事件风险预警、应急救援到安全事故的善后恢复建设都需要专业的并且具备较高安全素质的管理服务人员，因此景区要不断提升管理服务人员安全素质，为水利风景区的安全发展提供人才支持。包括以下几点。①提升水利风景区管理服务人员的安全技能与安全意识，组织相关行业专家对管理服务人员进行安全技能培训，提高水利风景区管理服务人员的应急能力。②提高工作人员的安全准入门槛，将安全技能作为工作准入标准之一，同时将安全业务能力纳入景区管理服务人员的工作考核内容。③提升管理服务人员的职业健康水平，提升员工的生理素质和心理素质，为水利风景区的安全发展提供人才支持。

2. 编列水利风景区旅游安全预算，为水利风景区的安全发展提供资金支持

安全预算关系水利风景区安全投入的资金资源体系，是景区安全管理体系的经济保障，景区旅游管理所需要的人力资源、设施设备资源、专业技术资源都需要资金资源予以支持和保障。为有效支撑景区的安全管理工作，景区应该加强日常安全业务的资金预算和应急管理的资金预算。其中，水利风景区安全设施的购置、保养、维护、升级，景区工作人员的安全培训、演练、检查等都需要资金支持。旅游突发事件的应急处置需要的应急物资、设备和人员条件也需要相应的资金支持。

3. 建立水利风景区智慧安全体系，为水利风景区的安全发展提供技术支持

物联网、人工智能等新型技术的发展为水利风景区智慧安全体系建设提

供了可能。智慧安全体系是水利风景区旅游安全管理体系中的重要技术基础，加快智慧安全体系建设可以更好地为景区安全管理工作服务。水利风景区可以从以下几个方面着手建立景区智慧安全体系。①建立和完善旅游突发事故数据库系统，将景区内发生的旅游安全事故进行系统记录和整理，利用信息技术手段分析事故的类型及其引致因素，发现事故形成规律，寻找事故高发区域和高发时段，并对旅游安全事故的高发地和高发时间节点进行实时监控，及时发现问题，排除安全隐患。②建立旅游安全预警系统。通过大数据技术挖掘景区内游客的热门游览路线、活动轨迹，对景区客流量进行实时监测，结合各区域空间因素，对即将有可能发生的旅游安全事件进行预警通告，为水利风景区的安全工作提供技术支持。

4. 编制水利风景区旅游安全规划，为水利风景区的安全发展提供战略支持

编制科学合理的旅游安全规划，有利于水利风景区科学应对和处理突发性旅游安全事件，为水利风景区的安全发展提供战略支持。具体包括以下几点。①确定规划目标。水利风景区应根据各自的经营属性和景区特点确定旅游安全规划编制的目标，明确规划所服务的对象。②安全实况调研。考察景区内的旅游安全风险类型、安全设施设备的分布状况以及可能存在的安全隐患，明确主要风险区、主要风险类型，确定规划重点。③编制安全规划。确定安全规划的整体内容，并组织相关专业人员进行系统编写，做到宏观管理与微观措施相结合。④实施安全规划。将所编制的规划下发至景区各部门，并组织专门的学习，明确不同部门的风险责任，做到权责明晰，管理有序。⑤规划后续优化。组织相关专业人员对所编制的旅游安全规划展开定期与不定期的系统评估，并根据实际状况不断优化规划，为水利风景区的安全发展提供规划技术支撑和战略引导。

省市域和景区发展报告

Development Report of Provincial, Municipal and Scenic Areas

B.7
浙江省水利风景区发展报告

刘林松　吴　强*

摘　要：浙江省是一个流域大省，水资源丰富，百姓临水而居，城市依水而建，文明因水而起。近20年来，浙江省积极推进水利风景区建设工作，取得了人们有目共睹的成绩，有效地满足了人民群众日益增长的美好生活需求。本报告全面分析了浙江省水利风景区发展的现状，总结了取得的主要成效，研判了当前存在的主要问题以及面临的机遇与挑战，展望了水利风景区的发展态势与方向，并提出相应的对策与建议。

关键词：水利风景区　评价标准　浙江省水利风景区名录

* 刘林松，浙江水利水电学院副教授；吴强，邹平市水利局工程师。

一　基础与现状

（一）基础条件

浙江省位于长江三角洲南翼，中国东南沿海，东濒东海，南临福建，西连安徽、江西，北邻上海、江苏。东西与南北的直线距离均为450千米，陆域面积10.55万平方千米。

浙江省是一个流域大省，由北向南分布有苕溪、运河、钱塘江、甬江、椒江、瓯江、飞云江和鳌江。其中钱塘江为第一大河，流域面积为5.5万平方千米。“七山一水两分田”的地形特征使得许多人口和社会经济活动都集中在沿江狭长地带和下游沿海平原地区，百姓临水而居，城市依水而建，文明因水而起。

浙江省动植物资源丰富，为生态系统的良好运转提供了重要条件。全省植物种类超过3000种，林地面积约为6.68万平方千米，其中森林面积约为5.84万平方千米。浙江省野生动物的种类众多，其中兽类动物大约有80种，鸟类大约有350种。125种动物属于国家重点保护的野生动物，国家Ⅰ级保护动物的数量达到了22种，Ⅱ级保护动物的数量达到了103种。

浙江历史悠久，许多古代文明源于浙江。浙江省境内已经被发现的新石器时代的遗址就多达100多处，有距今10000年的上山遗址和距今7000年至8000年的跨湖桥遗址等。不仅如此，浙江还具有丰富多彩的民间文化。舞龙、灯会、舞狮常见于城镇和乡村，渔歌、田歌、民歌的乐器品种众多。剪纸、刺绣、染织、编织和灯彩等手工艺术至今流行。民间器乐、音乐、舞蹈、戏曲、曲艺别具一格，民俗文化在中国的影响深远。

全省有10万立方千米及以上的水库4334座，总库容445.26亿立方千米；有过闸流量1立方千米/秒及以上的水闸12768座；有堤防总长度36524

千米；有农村供水工程21.7万处；有塘坝工程8.8万处，总容积为7.6亿立方千米。这些水利工程的建设形成了大量的水利风景资源，为水利风景区的发展奠定了坚实的基础。

（二）管理情况

全省水利风景区的管理单位有多种：有的直接由水利工程管理单位进行管理，如富阳富春江水利风景区、桐庐县富春江水利风景区由对应的富春江管理处管理；有的由旅游或综合开发单位进行管理，如绍兴环城河水利风景区由绍兴环城河管理有限公司进行管理；还有部分景区由政府部门进行管理。

浙江省自启动水利风景区工作以来，水利厅领导高度重视，成立了水利风景区领导小组，并将办公室设在水库总站，2018年进行机构改革，设立了厅河湖处，明确了水利风景区的行政职能，同时将技术管理放在了省农水与河湖管理中心，水利风景区工作与河湖管理工作同步推进。2019年机构改革，水利风景区技术管理连同河湖管理职能一起划至省钱塘江流域管理中心。中心成立以来，浙江省推进水利风景区建设工作，将水利风景区工作纳入五水共治考核，促进了各地积极开展各级水利风景区创建工作，开展一系列课题研究，积极做好国家水利风景区的初审工作，积极配合水利部开展水利风景区专项检查活动，配合完成了全国水利风景区规划工作，较好完成了上级布置的各项任务。

（三）资源调查

参照《水利风景区评价标准》（SL 300－2013），根据水利风景资源的物理属性、形态特征、存在方式和展现形式的异同，可将水利风景资源分为6个主类、21个亚类和101个基本类型，基本涵盖了可供开发利用的水利风景资源类型。具体分类见表1。

表1　水利风景资源分类

主类	亚类	基本类型
水文景观	河流	运河、暗河、溪涧、两江交汇、入海口
	湖泊	自然湖泊、人工湖、水库湖面、湖泊群落
	湿地、三角洲	自然湿地、人工湿地
	瀑布、跌水	单一瀑布、瀑布群落
	泉水	温泉、冷泉
	其他	冰川、漩涡、深潭、潮涌、泄洪
地文景观	典型地质构造	断层、褶曲、单斜、节理、熔岩、溶岩、钙华、生物化石、象形山石
	地形、地貌	山峰、峰林、平原、高原、盆地、丘陵、沙丘地、峡谷、岸线、滩涂、岛屿、群岛、洞穴、洞穴群落、丹霞、雅丹、喀斯特、喀斯特群落
天象景观	气象景观	云、雨、雾、霜、雪、冰、凇
	光环现象	朝晖、霞光、彩虹、极光、佛光、海市蜃楼
	气候	避暑地、避寒地、负氧离子集中地
生物景观	动物	陆生种群、水生种群、飞禽种群
	植物	独树、树林、花卉地
	自然生态	陆生动物栖息地、水生动物栖息地、飞禽栖息地
工程景观	水利工程	坝体、溢洪闸、电站、水闸、船闸、堤防、泵站、引水工程、灌区工程、水保工程
	其他工程	桥梁、码头
人文景观	历史遗迹、纪念物	历史文物、标志纪念物、人类古迹遗址
	重要历史人物、事件	重要历史(水利)人物活动地、重要历史(水利)事件发生地
	民俗风情	民族特色、地方风俗、节庆活动、地方饮食、服饰特色、特色产品
	建筑风貌	传统建筑、乡土民居、特色街巷
	文化科普	物质(水)文化遗产、非物质(水)文化遗产、(水)科普场馆

省内各地水利风景区发展规划情况如图1所示。由图可知，往年已获批的国家级风景区数量最多的地区为宁波、绍兴、湖州、衢州、丽水，但后期规划景区数量上绍兴、台州与丽水仍保持优势。总体上，浙南山区因地理自然资源优势，政府积极建设旅游经济，后期发展空间较大。而浙北平原地区因自然资源限制、地方管理部门积极性等因素后期发展动力不足。

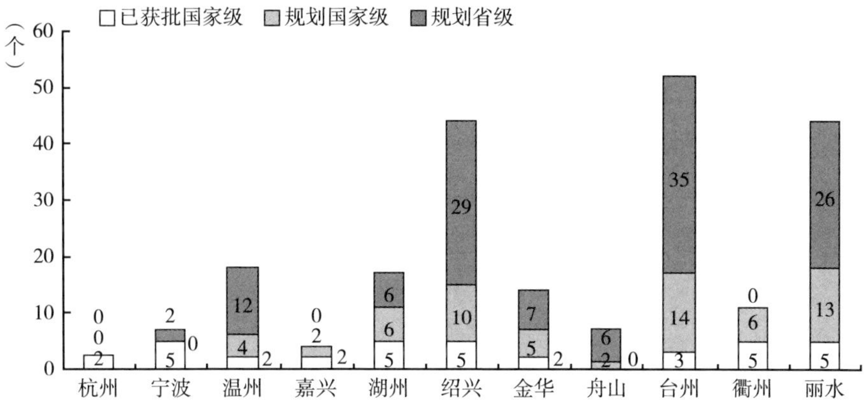

图 1　浙江省各地水利风景区发展情况

（四）发展情况

浙江省水利风景区处于建设发展阶段，已获批的水利风景区主要侧重于水库及河湖开发，主要类型有水库型、城市河湖型、自然河湖型。截至目前，浙江省已获批国家级水利风景区 36 个，占全国景区数量的 4%，景区名称及获批批次具体如表 2 所示。

表 2　已获批国家级水利风景区名录

序号	批次	地级市	水利风景区名称	类型
1	1	嘉兴市	海宁市钱江潮韵度假村水利风景区	自然河湖型
2		宁波市	宁波市宁海县天河生态水利风景区	水库型
3		宁波市	奉化区亭下湖水利风景区	水库型
4	2	湖州市	湖州市太湖水利风景区	自然河湖型
5		湖州市	湖州市安吉县天赋水利风景区	水库型
6		宁波市	慈溪市杭州湾水利风景区	水库型
7	3	衢州市	江山市峡里湖水利风景区	水库型
8		绍兴市	新昌县沃洲湖水利风景区	水库型
9		绍兴市	绍兴市环城河风景区	城市河湖型
10	4	衢州市	江山月亮湖水利风景区	水库型
11	5	宁波市	余姚市姚江水利风景区	城市河湖型
12		台州市	台州市天台山龙穿峡水利风景区	水库型

续表

序号	批次	地级市	水利风景区名称	类型
13	7	绍兴市	浙东古运河绍兴运河园水利风景区	城市河湖型
14		湖州市	安吉县江南天池水利风景区	水库型
15	8	绍兴市	上虞区曹娥江城防水利风景区	城市河湖型
16		台州市	玉环市玉环水利风景区	湿地型
17	9	丽水市	丽水市南明湖及生态河川水利风景区	城市河湖型
18		湖州市	安吉县老石坎水库水利风景区	水库型
19	10	绍兴市	绍兴市曹娥江大闸水利风景区	自然河湖型
20		台州市	天台县琼台仙谷水利风景区	水库型
21		衢州市	衢州市乌溪江水利风景区	水库型
22		杭州市	富阳区富春江水利风景区	自然河湖型
23	11	衢州市	衢州市信安湖水利风景区	城市河湖型
24	12	丽水市	遂昌县十八里翠水利风景区	水库型
25	13	杭州市	桐庐县富春江水利风景区	自然河湖型
26		丽水市	松阳松阴溪水利风景区	自然河湖型
27	15	丽水市	景宁畲族自治县畲乡绿廊水利风景区	自然河湖型
28	16	宁波市	宁波东钱湖水利风景区	城市河湖型
29		温州市	乐清中雁荡山水利风景区	水库型
30		温州市	永嘉黄檀溪水利风景区	自然河湖型
31	17	湖州市	湖州南太湖溇港水利风景区	灌区型
32		金华市	金华浦阳江水利风景区	城市河湖型
33		丽水市	云和梯田水利风景区	水土保持型
34	18	嘉兴市	海盐鱼鳞海塘水利风景区	城市河湖型
35		金华市	浙中大峡谷水利风景区	自然河湖型
36		衢州市	开化马金溪水利风景区	自然河湖型

其中，最多的是水库型 14 个，占比约 38.9%；自然河湖型 10 个，占比约 27.8%；城市河湖型 9 个，占比 25.0%；湿地型、灌区型和水土保持型各 1 个，占比约 2.8%。具体如图 2 所示。

浙江省 11 个地市中，有 10 个地市分布有国家级水利风景区。其中，宁波市、湖州市、绍兴市、衢州市和丽水市最多，各 5 个，约占 13.9%；台州市 3 个，约占 8.3%；杭州市、温州市、嘉兴市和金华市各 2 个，约占 5.6%。具体如图 3 所示。

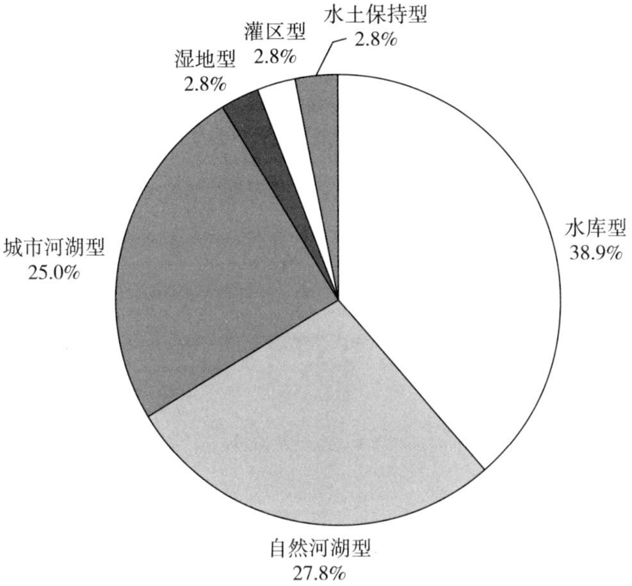

图 2　浙江省已获批水利风景区类型占比情况

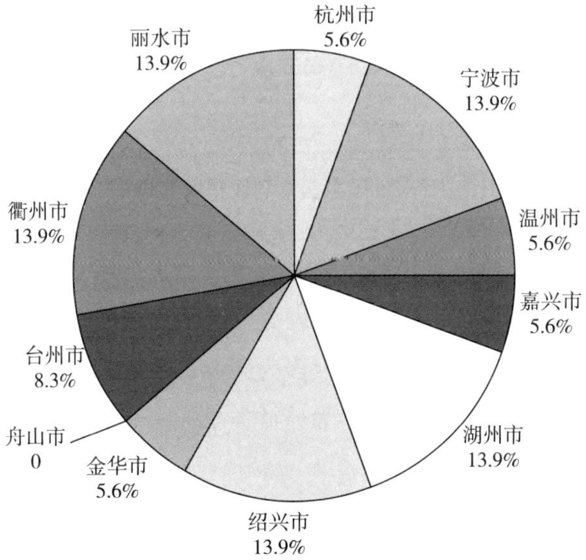

图 3　浙江省各地市已获批水利风景区占比情况

已获批的36个国家水利风景区中，海宁市钱江潮韵度假村等16个景区已建设完成，南明湖及生态河川等15个景区正在继续开发建设中，奉化区亭下湖、江山市峡里湖等4个景区获批后因水源地保护等原因未进行建设，慈溪市杭州湾水利风景区因水源地保护等原因将原有的游乐设施搬迁，目前基本不作为景区管理。具体如图4所示。

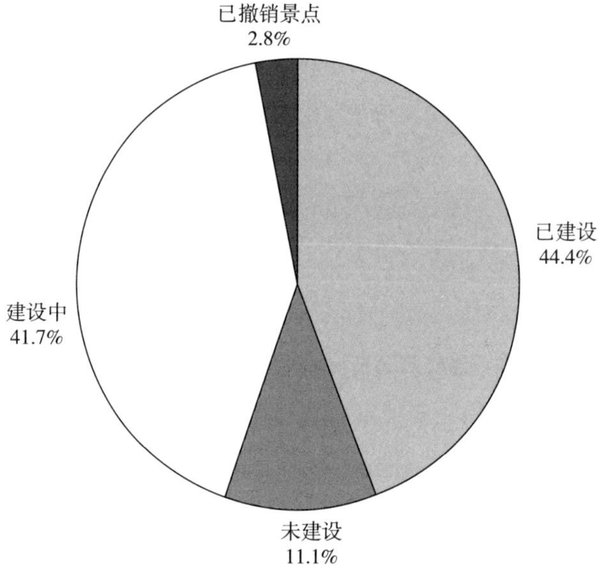

图4　已获批国家级水利风景区建设情况

水利风景区的申报往往结合了原有旅游景点，甚至包括已经建设成熟的A级景区，此类景区主要以混合式管理为主，水利部门主要针对水利设施和水域进行日常管理和维护，旅游景点多为旅游部门管理。水利部门管理的景区主要是河湖两岸观光型景区，多为公益类景区。此外，少数景区专门成立了管委会管理。

浙江省目前没有开展省级水利风景区评审，后续将开展省级水利风景区评审工作。

二　成效与问题

（一）发展成效

1. 景区质量不断提升

水利部于 2001 年启动水利风景区建设与管理工作以来，浙江省便积极跟进，经过多年的发展，水利风景区无论在景区工程自身条件还是在水生态保护、水文化科普展示、旅游发展等方面均显示了较高的水平。多家水利风景区同时成为当地一张独具特色的名片，目前浙江省拥有 36 个国家级水利风景区，分布在全省的 10 个地市，除了水库型、河湖型水利风景区，也有独具特色的云和梯田水利风景区、海盐鱼鳞海塘水利风景区和吴兴太湖溇港水利风景区等。

2. 综合功能不断加强

以金华浦阳江水利风景区、开化马金溪水利风景区等为代表的河湖型水利风景区，是以五水共治、河湖整治成果为基础，建成后不断提升景区品质，将开发与保护并存，充分发挥了水利工程在旅游休闲、乡村振兴等方面的积极作用。同时，将水利工程积极融入绿道，使水利工程发挥传统功能之外的多种功能。

3. 形成特色鲜明的景区

曹娥江大闸水利风景区以水利工程为本体，集中打造文化活动区、绿色公园等，同时将军旅文化园等多种产业积极引入其中，水利工程特色非常鲜明。云和梯田水利风景区积极引入杭州国有企业，通过景区打造，带动周围农村脱贫致富，成为一个国有企业联合水利风景区脱贫攻坚的典型案例。作为海塘型水利风景区的海盐鱼鳞海塘水利风景区，充分挖掘钱塘江畔抗潮历史。吴兴太湖溇港水利风景区作为具有一千多年的溇港文化的代表，是一个比较典型的水文化景区，如今溇港两岸的城镇、村庄都以溇港为主线，正不断发展。

4. 机制体制不断探索创新

浙江省各地在新时代治水思想的指引下，正积极探索创新。丽水市的水利风景区正积极开展市级水利风景区创建工作，将水利风景区积极与生态价值实现机制进行紧密结合，努力实现水利风景区的生态价值。湖州等地水利风景区积极探索将水利风景区与两山理论紧密结合，努力实现两山理论的转换。宁波等地水利风景区以东钱湖水利风景区为代表，正积极提高水利风景区的智慧化水平，打造智慧景区，同时将水利风景区与旅游紧密结合，形成了较为成熟的旅游型水利风景区。

（二）主要问题

1. 宣传推介不充分

以往水利风景区普遍宣传力度不足，主要表现为自我推介意识不强，宣传资金投入不够，缺乏主动出击参与市场竞争的意识和勇于改革创新的胆识，加上水利给大众的印象一直是农业的命脉，只凸显工程的基本功能，从而使水利风景区社会知名度较低，不利于其发展。

2. 部分地市开发积极性有待提高

从对浙江省已获批的 36 个国家级水利风景区的分析来看，地方各市开发动力强弱不一，部分景区考虑水资源安全基本取消了景区旅游功能。浙东沿海平原地区经济发达，对水利风景区的开发积极性不高；浙西南山区旅游产业贡献率大，对水利风景区的开发积极性较高。从性质上看，水利风景区既有水利公益性属性，又有旅游经济性属性，其开发往往涉及多个部门职责，各部门从本部门传统工作特点出发进行考虑，往往会有不同的见解，同时各地经济发展模式不同，旅游经济所扮演的角色不同，也会影响水利风景区的开发。

3. 水元素彰显程度不足

水利风景区最显著的特色就是以水为核心，应该充分挖掘水文化，讲好水故事，同时做好水科普文章，将水的元素融入具体的工程，以各种形式展现出来，给参观者以文化科普的感受。然而目前的水利风景区在水科普方面水元素展现仍不足。

（三）典型景区与案例分析

1. 富阳区富春江水利风景区

富春江国家水利风景区位于钱塘江上游，“两江一湖”（富春江、新安江、千岛湖）风景区规划范围东起东洲岛，西至鹿山中埠大桥，南依江南新城，北靠黄公望森林公园。景区属自然河湖型水利风景区，总面积约125平方千米，其中水域面积约23平方千米。景区规划建设以富春山水为主体，以山、水、沙、田、村、城交融的自然风光为依托，以历史文化为底蕴，打造景观优美、生态优良、环境洁净、设施齐全、服务优质、具有鲜明特色和现代化运动休闲气息的水利旅游胜地。

目前，景区内已建成并开放的有富春山居高尔夫球场、鹳山公园、鹿山东吴文化公园、天钟山风景小区、黄公望森林公园、黄公望风情小镇、舒菇坪森林公园、鹿山文化中心。新沙岛风情小镇（城市“绿心”综合体）正在完善建设中，部分区域已开放使用。东洲运动休闲新城（城市小客厅、大阳台）正在建设中，规划拟开发的北支江滨水风情休闲景观带水利部分建设已完成。

景区由富阳区富春江管理处组织管理，基础建设资金主要由政府投入，无民间资本投入。该景区目前仍为开放式景区，其绩效主要体现在环境效益、社会效益方面，景区提高了当地居民生活环境，也给外地游客提供了优质的旅游服务，景区通过建设和管理提高了景区内的整体环境质量。此外，景区的发展也在一定程度上带动了整个周边区域的经济发展，部分公园如黄公望森林公园建成时间较早，已经有部分门票收入。

2. 安吉县老石坎水库水利风景区

老石坎水库水利风景区位于安吉县西苕溪，距上海218千米、距杭州76千米，依托老石坎水库而建。景区属水库型水利风景区，景区内水面变幻曲折，库湾交错，青山环绕，绿意盎然；山体线条起伏柔和，坡度平缓，与水面形成和谐的地理格局。景区生态环境保持完整，水质常年保持在Ⅱ类标准以上。（见图5）

景区由老石坎水库管理局负责管理，2013年引入民间资本进行开发经营，累计投入3000万元左右，建立了“左王湖休闲度假村”，2016年正式营业，属于开放式经营，不收门票，每年游客10000人左右，年运营收入约200万元，水库管理局取得一定租金收益。

图5　老石坎水库

三　形势与方向

（一）省域宏观形势稳中求进

浙江水利部门认真贯彻国家和省委、省政府一系列治水兴水精神，坚持更高标准、瞄准更高目标，全面推进水利风景区高质量发展。水利规划坚持“创新、协调、绿色、开放、共享”的发展理念，贯彻“节水优先、空间均衡、系统治理、两手发力”的治水方针，突出流域生态系统治理，扎实推进重大工程建设，突出重点领域改革创新，深化水利体制机制改革，突出严格依法治水，切实加强水资源和水利工程管理。有关部门狠抓水利，着重提高防洪排涝能力，全面提升水资源保障水平，着力改善河湖水生态环境，坚定不移推进水利现代化进程，也为水利风景区的发展提供了坚实的保障。

（二）水利行业形势积极向好

《浙江省水利发展“十三五”规划》指出：将深入实施“五水共治”重大战略决策，加快完善水利基础设施网络，不断深化重点领域管理改革，着重提高防洪排涝能力，持续提升水资源保障水平，大力改善河湖水生态环境，坚定不移推进水利现代化进程，为高水平全面建成小康社会，建设物质富裕、精神富有的现代化浙江和美丽浙江，创造美好生活奠定了坚实的水利保障。

（三）相关行业欣欣向荣

2018 年，全省纳入统计范围的旅游景区累计接待游客 14.1 亿人次，比上年增长 16.4%；实现门票收入 144 亿元，比上年增长 6%。其中 A 级景区接待游客 6 亿人次，比上年增长 14.2%；实现门票收入 102.8 亿元，比上年增长 11.7%。水利部门将全省各地水利风景区的自然环境、人文资源以及具有优势的品牌产业进行积极整合，使其成为水利风景区和旅游相结合的基础支撑。

（四）有利因素与机遇

浙江省地理位置优越，区位优势明显，拥有丰富的水资源和水库资源，为水利风景区发展提供了良好的自然条件。全省良好的经济条件也为水利风景区提供了良好的客源市场。

相对于非水利风景区而言，水利风景区具有独特的水利工程景观、舒适的库区小气候以及能开展多种游乐活动的开阔水域，可以让游客获得多种生态旅游体验，感受物种多样性。

另外，随着人们生活水平的提高，生活方式发生了改变，越来越多的人开始倡导健康的生活方式，生态旅游的休闲度假模式越来越受到人们的青睐。水利风景区坐拥秀丽的山水资源、丰富的物种资源，以及特有的水工建筑景观，为亲近自然的生态旅游提供了良好场所。

浙江水利建设积极践行“节水优先、空间均衡、系统治理、两手发力”的新时期治水方针和“山、水、林、田、湖是一个共同生命体”的思想理念，深入推进“五水共治”，以百项千亿防洪排涝工程水利项目为重点，全面提升钱塘江、瓯江、椒江、飞云江、鳌江等五大江河防洪能力和杭嘉湖平原、萧绍平原、宁波平原、台州沿海平原、温州沿海平原等五大平原排涝能力；通过百河综治、五原扩排、六江固堤、八大引调、十库蓄水、十区围垦、千塘加固、双百万节水灌溉等一系列工程建设形成大批良好的水利风景资源。

（五）不利因素与挑战

目前水利风景区的审查、监督机制还不够完善，发展储备不足，发展梯队层级不够；水利风景区缺乏宣传推介，在社会上甚至系统内的影响力不足；水利风景区未能将工作融入社会发展，其综合功能有待进一步发挥。这些都给水利风景区的发展带来了挑战。

（六）发展态势与重要方向

1. 将生态文明建设思想积极融入水利风景区建设

人与自然和谐相处是建设生态文明的核心。近年来，浙江省在积极统筹协调水利工程建设与生态建设、人工景观与自然景观、经济效益与生态效益等方面做了大量工作，把水利工程建成了生态工程、水资源保护工程、环境美化工程，这些都是对水利风景资源进行的保护性的开发，在发挥其涵养水源、保护生态、维护河湖健康方面均发挥了重要作用。实践表明，水利风景区建设与发展是顺应自然、尊重规律、亲近水、涵养水、善待水的重要举措，在生态文明建设中发挥着重要的示范作用，为践行可持续发展治水理念开辟了新的领域。

2. 民生水利日益成为水利风景区发展的重点

水利风景区建设不仅能够保障水利工程的运行安全和防洪、灌溉、供水、发电、水资源调配等功能的充分发挥，也能够维护水生态系统的稳定性和水环境承载能力。对水利风景资源进行科学、合理、有序的开发和保护，充分发挥其优势，能够保障水利工程的运行安全和防洪、灌溉、供水、发电、水资源调配等功能的充分发挥，也能够维护水生态系统的稳定和提升水环境承载能力，为人民群众提供优美的休闲、娱乐、科普、观光场所，实现生态、经济、社会效益的良性互补，让人民群众更好地享受水利发展成果带来的福祉。

3. 水文化将在水利风景区建设中进一步体现

以水域及水利工程为主体的水利风景区，是集中展现和弘扬水文化的最佳场所。水利风景区不仅能够挖掘水文化内涵，开发水文化景观，而且能够成为水利宣传教育示范基地，通过宣传推广水文化价值，让人们在享受优美环境的同时，进一步了解我国悠久的治水历史和水利科学知识，感受当代水利事业的巨大成就和水文化的丰富内涵，从而使人们了解水利、热爱水利、支持水利、宣传水利。

四　对策与建议

（一）发展对策

1. 资源保护优先

“皮之不存，毛将焉附”，水利风景区的开发首先关注的是自然资源的保护。水利风景区开发是一个多目标体系，力求社会、经济、生态的协调发展，这有别于以经济效益为主导的传统旅游开发。要在保护当地自然资源的前提下，既满足旅游者的需要，同时也关注当地群众的利益，促进区域经济社会发展，具体体现在社区人民生活水平的提高、生态旅游者高质量的体验以及自然和文化环境质量的维护。为此，水利风景区在发展中应突出生态保护，正确处理水利风景区资源开发与保护的关系，必须确保水利工程设施的安全运行；同时，要严格保护生态环境和水土资源，保护天然的和已形成的水利风景资源，防止因开发带来的各类破坏和污染。

2. 提升开发动力

水利风景区既有水利公益属性，又有旅游经济属性，其开发往往涉及多个部门职责，各部门往往会有不同的见解，同时各地经济发展模式不同，旅游经济所扮演的角色不同，这些也会影响水利风景区的开发力度。管理部门的开发意志直接决定了水利风景区的建设前景。

开发动力不足是目前水利风景区面临的主要问题。为提升开发动力，水利风景区的管理需要从政策上明确细化有关各方的职能与利益分配、水利风景区水资源安全保障与风险评估办法。只有消除地方管理部门的开发顾虑，提高开发积极性，才能将水利风景区建设事业推向高峰。

3. 引入市场机制

水利风景区建设需要政府与市场协同发力，在水利资源配置领域引入市场机制，加强水利风景区的顶层设计和统筹谋划，通过政策鼓励有条件的景区积极引入社会资本，针对开发潜力较大的水利风景资源，着力开拓水利风景旅游市场，开发水利旅游产品，创建水利旅游品牌。在景区内部分项目建设投资和建设管理领域激发社会活力，在水利公共服务领域扩大公众参与，提升开放型水利发展水平，实现生态、经济和社会效益的统一。

4. 鼓励社会参与

水利风景资源多分布于山地、水库、溪流，交通相对不便，经济相对欠发达，水利风景资源开发如果完全脱离当地社会是很难成功的，应积极地获得当地政府、社区和群众的支持，使当地居民理解、参与旅游的开发并从中受益。协调好上、下游，左、右岸，地方政府和群众的利益，赢得方方面面的理解和支持，谋取水生态环境不断改善、水利风景区的良性循环和经济社会的可持续发展。只有全员参与、全员监督才能使水利风景区生态旅游和资源保护事业健康发展。

（二）主要建议

1. 行业统筹兼顾

水利风景区的规划应统筹兼顾区域内相关行业，综合考虑浙江省经济社会发展规划、水利发展规划以及旅游发展规划。未来浙江旅游更加注重全域旅游、生态旅游、智慧旅游，水利风景资源作为生态资源的重要内容，景区的规划发展应紧密结合各行业的发展方向。

2. 挖掘特色资源

水利风景资源的分布主要取决于该地域的自然基础条件，不同的地貌类型决定了该地区今后水利风景区开发的主要类型，应集中力量研究挖掘本区域特色旅游资源的开发方式、开发特色、效益模式等。资源品质包括景观的珍惜度、文化内涵的深度等。资源品质的挖掘和评价应建立在对资源全面细致的调查挖掘以及科学评价的基础上。资源的评价既要对比某资源单项因子在所有待评价资源中的排位，又要考虑资源特色效应，即特色因子所起到的作用权重。在总体空间布局的框架内，突出重点，有序开发，着重发展资源条件较好、能够代表水利风景特色和优势的景区景点和工程项目。

应针对新时期的特点，在全国水利风景区规划的基础上，结合美丽河湖建设，充分挖掘各类型水利风景资源，按照各种资源禀赋，分级分类，积极开展“十四五”水利风景区编制工作，层层推进。同时应不断发现有特色的水利风景资源。

3. 加强功能融合

水利风景区具有维护水工程、保护水资源、改善水环境、修复水生态、弘扬水文化、发展水经济等多种功能。水利风景区发展应坚持整体规划，多功能融合，用新观念、新思路、新方法去创新机制，以灵活有效的机制和发展模式合理地利用水利风景资源，求得经济效益、社会效益和生态环境效益的有机统一。坚持把社会效益放在首位，积极培育和发展水文化产业，带动当地居民的经济收入，提升广大人民群众的生活质量和幸福指数，最大限度地发挥文化引领水利事业、推进现代水利发展的社会功能。

积极发挥水利风景区综合性社会功能，加强水科普、水文化建设，针对浙江水利风景区实际情况，提炼水科普相关内容，编制浙江水科普建设指南；积极鼓励挖掘当地和水利风景区有关的文化等内容，并将水文化、水科普融入水利工程设计、建设管理、水利工作的各方面，为社会提供科普教育、文化展示内容，切实提高水利的知名度。

4. 开展省级水利风景区评定

开展浙江省国家水利风景区管理办法实施细则编制工作，为水利风景区建设管理提供依据，同时以此为基础推进省级水利风景区评价工作、评价体系的建立，为省级水利风景区发展提供依据；完善省级水利风景区评审流程，按照专家评审、资料审查等流程开展省级水利风景区评审工作。

B.8

辽宁盘锦辽河鼎翔水利风景区发展报告

李琛　邵宁　陈靓*

摘　要：　辽河鼎翔水利风景区是一处现代生态文明与自然美景完美结合的水利风景区。本报告详细介绍了辽河鼎翔水利风景区的概况及发展历程，概括了景区的建设成效，归纳总结了该景区可推广的经验启示。景区自成立以来，以生态文明建设为核心，对于景区资源加强保护、科学修复、适度开发、合理利用，充分体现了人水和谐的现代治水理念。

关键词：　辽河鼎翔水利风景区　生态建设　人水和谐

党的十八大报告把生态文明建设放在更加显著的位置，突出强调了节约资源和保护环境的基本国策。十九大报告指出要加快生态文明体制改革，建设美丽中国，树立和践行绿水青山就是金山银山的理念。水生态文明建设是生态文明建设的重要内容，为认真贯彻落实党的十八大、十九大精神，推进水生态文明建设工作，落实辽宁省委、省政府关于生态省建设的有关要求，盘锦市将水利风景区作为水生态文明建设的重要载体持续推进。

盘锦市辽河鼎翔水利风景区位于盘锦市兴隆台区，景区依托辽河、绕阳河水域及沿河水利工程设施而建，属于自然河湖型水利风景区，构建了以芦

* 李琛，北京联合大学副教授，主要研究方向为旅游地理学；邵宁，北京联合大学应用文理学院人文地理与城乡规划专业学生；陈靓，北京联合大学应用文理学院人文地理与城乡规划专业学生。

苇湿地、森林、河流、滩涂、沟渠、稻田为特色的北国滨海河川自然景观；此外，景区还具有提升水利功能、弘扬水文化、普及水利科技知识三个重要附属功能。游客在游览风景区时，不仅能欣赏到优美的水生态环境，真切体验当代水利事业建设的优秀成果，同时还可以学习相关的治水历史和水利知识，激发起对水利风景区的兴趣，从而爱上水利、关心水利、支持水利，达到弘扬水文化和水利精神的目的。

当下，辽河鼎翔水利风景区作为展示和宣传水利建设成就的重要窗口，与水生态文明城市建设一道，已经成为展示该地形象的一张闪亮名片，是一处自然环境与人文景观完美结合的纯绿色生态旅游系统。

一　景区概况

盘锦市辽河鼎翔水利风景区位于盘锦市西郊兴隆台区新生街道境内，距市中心仅 10 千米，位置优越，交通便利，102 省道、308 省道、210 省道从景区穿过。景区地处辽河、绕阳河、太平河三河交汇处，区内绿树葱茏，秀色依依，水网密布。辽河鼎翔水利风景区地理位置特殊，系辽河入海口，地处冲积三角洲末端滨海沉积平原之上。充沛的辽河水资源养育了广袤的万亩林带；大片的芦苇、沼泽、坑塘、沟渠，形成了世界最大的芦苇荡——盘锦大苇荡。温暖湿润的海洋性气候，特殊的地质构造，广袤的芦苇荡，茂密的树林，河流、岛屿、滩涂、沼泽与水库等多种地貌，加上多年的自然环境保护和生态建设，造就了这里优越而独特的生态环境。

辽河、双台子河和大凌河等河流在入海口冲积出肥沃平坦的辽河三角洲，长期的河水停滞和海水倒灌造就了超大面积的沼泽，因而这里被认为是世界上植被类型保存完好、面积最大的滨海芦苇沼泽湿地。芦苇生长在沼泽湿地里，是近海滩涂、低河漫滩草层植被的优势种群，有较强的耐盐能力。它不仅是造纸的重要原料，也是河口湿地生态系统中有机物质的重要来源，为野生鸟类提供了栖息地和繁殖场所。由于生态效益和造纸应用价值日益提高，芦苇甚至已影响到造纸工业原料的供给。

数十万亩的茫茫芦苇海洋，无边无沿，美不胜收。该地区因处于三河交汇处，淡水与咸水互相混合形成了一个河水入海前的天然蓄水库，陆地大量的有机质和悬浮物沉积于此。水库本身具有很强的泄洪与水净化能力，也能供应营养物质，是繁殖鱼蟹的天然池场，并且为野生动植物的栖息繁殖提供了良好的自然条件。由于长期的保护，芦苇长势良好，变异程度小，同时招引了各类动物种群，包括兽类、鸟类，更多的是螃蟹，有中华绒螯蟹、天津厚蟹等。

本区作为鸸类、雁类、鹭类、鹤类等鸟类的繁殖栖息地以及迁徙路上的补给点，具有极为重要的生态价值。本区每年服务的候鸟多达172种、上千万只，包括了国家一级保护鸟类丹顶鹤、白鹳、白鹤、黑鹳，国家二级保护鸟类白枕鹤、灰鹤、大天鹅、白尾鹞等。此外，该地区不仅是珍禽丹顶鹤的天然繁殖地的最南端，也是黑嘴鸥在全世界的少数几处繁殖地之一。

景区的各类资源，如农业资源、水产资源亦是丰富多样。闻名遐迩的盘锦粳冠牌有机大米、河豚和中华绒螯蟹均产于此。同时这里拥有辽河油田最为密集的采油矿区，游客能有机会充分了解辽河油田发展史。景区核心区主要由苇海蟹滩、鼎翔生态农业观光园（鼎翔鹭鸟园）及太平河风光带等景点构成。游人可以在苇海中尽情畅游，在林间信步，戏漫滩的野生螃蟹，赏园中万鸟翔集，切身体验景区独具特色的自然风光之美。

景区经多年建设，水域形成了集中连片的生态湿地、陆域形成了大面积的植被覆盖。生态环境得到了明显改善，确保了各种水生动植物、陆生生物和鸟类在景区繁衍栖息，实现了景区内水清、草绿、花美的自然生态目标，显著提高了景区的生物多样性。

景区内太平河、辽河、绕阳河三水汇聚，形成连续的水景观廊道，景点之间紧密联系，各具特色，相互依托，构成独特的空间格局。景区依托园区内包罗万象的生态自然资源和深厚独特的历史文化积淀，在广袤开阔的水域上，建成了包含旅游、观光、游憩、休闲、娱乐等多功能的综合性旅游景区。景区内水利风景资源丰富，水文、地文、天文、生物、工程、文化景观独特，既有水利工程风貌，又有别具特色的湿地自然景观，还结合本地人文配套设置了许多具有现实观赏和教育意义的景点；水景、花景、文化与建筑有机交融，多层次、多角度地将风景区展示于游人眼前。各景观相互烘托，和谐优美，自然风光与人文景观和谐统一，营造了赏心悦目的水生态景观和历史人文景观，形成亲水休憩、妙趣横生、具有强烈时代文化气息的旅游精品。

二 发展历程

盘锦市辽河鼎翔水利风景区依托已开发建设的鼎翔生态旅游区，是辽河生态文明示范区的重要组成部分。旅游区由苇海蟹滩、鹭鸟园、太平河风光带三个核心景区和鼎翔旅游农家乐、太平寺、生态农业观光园等组成，是集自然观光、休闲度假、参禅礼佛、住宿餐饮、娱乐为一体的综合性旅游区。各景区在原生态湿地风光主题的统领下，又各具特色，形成了遥相呼应的格局，充分展示了辽河湿地景观多元化的特点。

鼎翔生态旅游区现为国家AAAA级景区、全国农业旅游示范点、全国休闲农业与乡村旅游五星级示范区、全国十佳休闲农庄、全国生态文明教育基地、省级湿地森林公园，并被国际休闲产业协会授予“国际休闲最佳旅游胜地”称号。

鼎翔生态旅游区因其独具一格的湿地自然景观、浓郁厚重的文化气息、人性化且功能完善的服务设施、良好的服务意识及服务水平等众多优势，得到了众多的国内外游客的一致认可。

在旅游的建设与开发中，应优先考虑环境资源对旅游发展的承载能力，避免过度开发而对环境所带来的严重污染和破坏。该生态旅游区在建设与开发中，遵循人与自然生态和谐的理念，按照自然环境的特点，科学选择开发模式，合理选择旅游线路，严格监控旅游负荷。加强了对生态脆弱区、环境敏感区和特殊自然景观与人文景观的保护，特别是加强了对重点湿地的生态保护，强调重视对生态系统的管理服务，防止其功能退化；在脆弱地区划定禁采区、禁垦区及禁游区，以促进生态环境在旅游开发过程中的有效保护。

该区做到了相互促进，协调发展。良好的生态环境为森林旅游业的开发创造了有利条件，提供了环境依托，同时，旅游业的开发，又推动了生态环境建设和保护。该区探索出了一条具有自身特色的可持续发展之路。

加强对自然生态系统、生物多样性、野生动植物的保护。在鸟类繁殖季节，通过门票预售预约，浮动票价，指定线路，控制游客人数，改变游览时间、地点、方式等手段来降低人为活动对动物生存环境的影响。如在鸟乐园修建了50米长的观鸟长廊，游人在观鸟长廊内可以近距离观察廊外森林里野生鸟儿的筑巢、嬉戏、觅食、育雏等场景，捕捉难得一见的鸟类生活片段，获得较好的视觉享受，同时使鸟类得到了较好的保护。在各个景点，通过悬挂宣传标语、设置警示板和利用广播、闭路电视播放专项报道等形式对游客进行生态保护教育，让游客自觉将自身视为公园生态系统的一员，提高主动保护意识。成立野生动物救助站，对伤、病野生动物实施有效救助。截至目前救助了528只鸟类，救助成功率达90%以上。随着野生动物救助工作的不断加强，周边很多捡到伤、病动物的群众自发将其送到救助站救治。目前，动物救助站在盘锦市的知名度越来越高，影响力越来越大，创造了良好的社会效应。每年景区内都置留大片的芦苇不予收割，为野生动物留下栖息地。成立了专职保护队伍，加大了对野生动植物的保护力度，杜绝了捕杀、捕猎野生动物的行为。良好的生态环境，科学有效的保护，吸引了更多的鸟类到此安家落户，这里已经成为候鸟的驿站、留鸟的乐园。加大森林的保护力度，制定和实施了内容详尽、奖惩有力、行之有效的保护措施，杜绝了毁林及森林火灾的发生。为了控制和减少森林病虫害的发生，采用物理和生物方法防治病虫害，既减少了对环境的污染，又避免了对动物的伤害，收到了良好的防治效果。

依托滨海河川湿地与平原森林的特色资源，主要打造了太平河风光带、鹭鸟园、苇海蟹滩三个景点，大力发展生态旅游业。太平河风光带俊秀绮丽、幽谧宽阔、风光无限，拥有沁人心脾且独具一格的景致，漫步其中的游人们能切实感受到移步换景的奇妙体验。有一个面积不足一亩的小岛坐落于林带中心位置，承载着上千余株的高大槐树，单树筑巢量高达近十几个。

景区内经过多年精心打造的鸟乐园占地面积高达2000余亩，大自然中的各类珍奇鸟禽许多会选择在此繁衍栖息。夜鹭、白鹭、牛背鹭等200余种鸟类多栖息于此，其中还包括世界濒危鸟类黑嘴鸥、珍稀鸟种震旦鸦雀等。

一座高达20米、独具当地民族风格的瞻鸟阁矗立于水域之上，可以避免惊扰鸟类，同时也为游客带来了更好的观察野生鸟类的体验。瞻鸟阁上配置电子监控系统和高倍望远镜，楼下有人工喂鸟池以飨野鸟。凭阁倚栏远眺，自在观赏那些日出而作、日落而息的鹭类家族万千成员与其他鸟类凌空奋翅、悬空散合、啁啾欢歌的生动景象，游客顿感兴趣盎然，流连忘返。

荡荡苇海，蓊蓊郁郁。3000余米长的木栈道包围着湿地景观，蜿蜒于苇海之中，游客信步于苇海蟹滩景区，将此地的特有景色尽收眼底。欧式的木屋与实木小桥形成一派错落有致的景象，宛如浑然天成的巨幅图画。清风徐来，水波涟漪，微风拂过的飒飒之声委婉抒情；百鸟云集，嬉戏啁啾。潮起时，海天一色，苇浪起伏似绿色锦缎随风飘曳；潮退后，横行无忌的蟹族兵团犹如神兵天降迅速占领滩涂。

辽河鼎翔水利风景区因其独具一格且难能可贵的北方滨海湿地自然景观、浓厚的文化气息、完善的服务设施以及良好的服务水平，形成了良好口碑，吸引了国家及省、市领导，新闻媒体，专家学者及大量的国内外游客前来考察、采访或观光旅游，至今已累计接待游客300万人次，获得了良好的经济效益和社会效益，同时也受到了相关政府部门、科研单位和高等院校的关注与重视，已有科研单位在此进行科学试验和学术研究，这里已成为沈阳农业大学教学实习基地和辽宁省林业科学院试验基地。

辽河鼎翔水利风景区多年来始终坚持大力植树造林，打造生态环境。针对盘锦地区立地条件差、土壤盐碱重、树木不易成活、树种单一的特点，采取因地制宜、提前整地、抬田筑台、洗盐排碱等行之有效的办法，实施工程造林，极大地提高了造林成活率。经过试验、驯化与筛选，目前的造林树种也由过去的杨、柳树为主发展为以花曲柳、糖槭等为主的几十种乔灌木，丰富了造林树种。在大力植树造林的基础上，实施了退耕造林工程，针对森林公园内太平河风光带、鹭鸟园等主要景点缺少森林厚重的质感，在主要景点周围规划近千亩的良田，实施退耕造林。改变传统的造林模式，仿自然，拟生态，多树种混栽，随机造林，取得了良好的生态效果，动植物种类明显增多，以鹭鸶为主的各种鸟类越来越多地到此安家落户。

三　建设成效

盘锦市辽河鼎翔水利风景区以良好的生态环境为依托，带动了鼎翔集团相关产业的发展。鼎翔集团的有机食品生产得到快速发展，集团生产的“粳冠”牌有机大米蜚声华夏，2004 年被评为辽宁省质量信得过产品，同年 12 月被评为辽宁省著名商标，2005 年被国家质检总局评为产品质量免检产品，2010 年被评为中国名牌农产品。集团的有机水稻基地被生态环境部命名为“国家有机食品生产基地”。有机果菜的生产丰富了生态旅游的内容，游客到生态园内亲手采摘、品尝有机果菜，有了回归自然的感觉，景区收到了良好的经济效益和社会效益。旅游业的发展也促进了商业和餐饮服务业的发展，为大批人员提供了就业岗位，带动了区域经济的发展。

多年来，辽河鼎翔水利风景区始终坚持“人与自然和谐发展”和“可持续发展”的理念，致力于自然环境的保护和生态建设工作，在水利风景区的规划建设中，将一如既往地遵照“严格保护、统一规划、合理开发、永续利用”的原则，继续加强领导，强化管理，全面加快水利风景资源开发和水利旅游发展的步伐，不断提高景区效益，努力发挥水利风景区旅游的带动作用，探索出一条在保护中发展旅游业，在发展中保护环境的可持续发展之路。

辽河鼎翔水利风景区在建设过程中严格按照规划按步实施，水利风景区总体空间布局结构为：“一带、一路、六区”。一带即太平河－辽河－绕阳河水廊景观带；一路即观光路－堤顶路中心景观道路；六区即河流休闲区、湿地游览区、田园采风区、苇海风光区、生态保护区、生态恢复重建区。重点实施“四大工程”。一是资源保护工程。对生态资源严格保护，确保资源的真实性和自然性，为旅游开发提供资源支撑。二是景观工程。美化区域农田、滩地，建设景观绿地、景点设施、景观建筑等，形成优美的旅游景观链系统。三是产品开发工程。开发内容丰富、特色鲜明的旅游产品，增强旅游目的地的吸引力。四是配套设施工程。合理配套餐饮、住宿、交通、购物和娱乐设施。完善服务设施、标识系统及应急、安全保障设施。

辽河鼎翔水利风景区现为国家 AAAA 级景区、全国农业旅游示范点、全国休闲农业与乡村旅游五星级示范区、全国生态文明教育基地、国家湿地公园和省级森林公园。景区独特的湿地自然景观、浓厚的生态文化气息、完善的功能设施、良好的服务意识和服务水平吸引着众多的国内外游客，现已成为盘锦旅游的标志性景区之一。未来应从四个方面进行建设：一是重点加强湿地生态保护，划定禁采区、禁垦区和禁游区，使生态环境在旅游开发过程中得到有效保护；二是加强野生动植物的保护，在鸟类繁殖季节，通过门票预售预约、控制游览时间等方式控制游客量，降低人为活动对动物生存环境的影响；三是大力植树造林，实施退耕造林工程，采取仿自然、拟生态方式，多树种混栽，实现良好的生态目标；四是建设污水处理厂，保护河流水环境，水用于湿地补水，有利于水质净化和水生态修复。

表 1　鼎翔集团近年来取得的成效、荣誉

年份	成效、荣誉
2012	被中国旅游协会休闲农业与乡村旅游分会授予“2012 全国十佳休闲农庄”
2012	被辽宁省文明委、辽宁省旅游局授予“文明服务示范窗口”
2012	被农业部、国家旅游局授予“全国休闲农业与乡村旅游示范点”
2012	被省工商局授予辽宁省“守合同、重信用”企业
2012	被盘锦市大米协会授予“副会长单位”
2012	“粳冠”牌盘锦大米获第十二届中国国际粮油产品及设备技术展览会金奖
2013	被国家林业局、教育部、共青团中央授予“全国生态文明教育基地”
2013	被环境保护部、教育部授予“全国中小学生态环境教育社会实践基地”
2013	被教育部、国家粮食局授予“全国中小学生爱粮节粮教育社会实践基地”
2013	中国绿色食品 2013 青岛博览会上，粳冠牌优质盘锦米荣获畅销产品奖
2014	省工商局授予辽宁省“守合同、重信用”企业
2014	被中国粮食行业协会、中国粮油学会、中国粮食经济学会评为“2013 年度大米加工企业 50 强”

续表

年份	成效、荣誉
2014	被盘锦市粮食行业协会授予"盘锦市粮食流通十强企业"
2014	被盘锦市粮食行业协会授予"盘锦市放心粮油示范企业"
2014	农业产业化国家重点龙头企业
2014	被中国粮食行业协会授予"全国粮食行业节粮减损示范企业"
2015	在2014年12月27日至28日举办的首届中国民间寻食味臻品汇——走进中国优质安全的食味品牌大米（粳米）品鉴活动中，粳冠、津粳乐稻被评为"优佳食味大米"（第一名）
2015	在2014年12月27日至28日举办的首届中国民间寻食味臻品汇——走进中国优质安全的食味品牌大米（粳米）品鉴活动中，玉粳香被评为"优佳食味大米"（第二十名）

四　经验启示

水利风景区建设是一项系统性、长期性工程。我们将继续以人为本，统筹人与自然和谐相处，科学、合理地利用水利风景资源，保护好水生态环境，进一步优化资源配置，完善基础设施，努力把园区建设成为多功能、开放型、综合性生态旅游景区，切实体现科学发展观的内在要求，以建设秀美山川，改善人居环境，促进全面建设小康社会为目标，做出新贡献。

一是加强领导，健全机构。辽河鼎翔水利风景区自建设以来，成立了管理委员会，落实了编制、经费、人员，明确了职能职责。下一步，将进一步健全机构，完善职能，强化领导，确保水利风景区的建设工作健康有序进行。

二是加强保护，科学修复。景区坚持"保护为主，开发为辅"，不断加大投入，增加森林植被覆盖面积，丰富植物体系，用植被涵养水源，改善砂石荒滩地貌，形成了湿地、绿地、林地和谐的完整生态系统。严格按照《辽河鼎翔水利风景区规划》，以水利设施建设为核心，以生态文明建设为载体，加强日常巡护监测，保护清澈的河水和芦苇湿地，营造和维护良好的水禽繁衍栖息环境，全力保护好湿地水资源和湿地生物多样性；以水利重点工程为重点，在发挥水利设施的防洪、灌溉、减灾的综合功能的同时兼顾水利景区的生态、景观和旅游功能。

三是强化宣传，提升认识。高度重视科普宣传教育，对职工进行湿地管理业务培训和湿地科普知识教育，开展好每年的世界水日、中国水周、节水宣传等活动，在社会上广泛开展了形式多样的水利风景区宣传，提升景区科普功能，增加科普宣教的针对性，强化宣传效果，让保护水利水工、建设生态家园成为自觉行动。

四是适度开发，合理利用。在严格遵守总体规划的前提下，遵循保护第一、适度开发、高起点规划、高标准建设的原则，不仅要促进水利功能区生态环境的优化，为广大市民和游人提供生态科普基地，而且还要促进旅游业的发展和社区群众致富，让走进水利、走向大自然、享受绿色低碳生活成为时尚，把“生态价值”转化为“旅游价值”“经济价值”，充分体现“发展为了人民，发展惠及人民，发展成果全民共享”的发展理念。

五是共享绿色福利。原始湿地生态系统，无论在自然资源的观赏性还是在生物资源的稀有性方面，都极具价值，这是辽河鼎翔水利风景区的灵魂。景区的开发和保护充分体现了人水和谐的现代治水理念。

总之，未来我们将根据辽河鼎翔水利风景区的功能定位、景观定位及规划主题、规划理念，发挥景区资源、环境、区位优势，科学推进水利旅游发展，合理配置区域水利风景系统，防止旅游无序开发对生态环境的破坏，使景区在维护水工程、保护水资源、保障水环境、修复水生态、弘扬水文化、发展水经济等方面发挥重要作用；在国家级水利风景区建设的基础上，建设生态家园，建设盘锦市中心的生态“绿心”，维护辽河流域盘锦段的生态环境；同时科学配置旅游设施，促进旅游基础设施和服务设施建设，全面提升旅游接待水平和服务质量，整合鼎翔地区旅游资源，创新性开发生态休闲、乡村度假、科普教育及户外拓展等旅游产品，使之成为盘锦全域旅游的独特卖点，塑造第三产业新的发展模式。

<专家点评>

盘锦位于辽宁省中南部，地处辽河三角洲中心地带，水资源丰富，素有“九河下梢”之称。辽河鼎翔水利风景区地处辽河、绕阳河、太平河三河交汇处，风景优美，生态环境优越。作为水利风景区，不仅发挥着传统的经济和生态效益，还发挥着重要的生态文明传承与教育功能，辽河鼎翔水利风景在管理中贯彻了严格的保护和生态优先的思想，构建了完整的保护机构，给水利风景区发展提供了弥足珍贵的经验与启示。

B.9
丹江口大坝水利风景区发展报告

田玉龙　秦　鹏*

摘　要： 丹江口水利枢纽是治理开发汉江、根治汉江水患的关键性控制工程，是南水北调中线的水源工程。水利部丹江口水利枢纽管理局借助南水北调中线工程通水的契机，以保护水环境、修复水生态、营造水景观、弘扬水文化为内涵开展建设与管理，运营管理日趋规范，把充分发挥工程效益的水利枢纽提升、打造成一个气势壮观、风景优美、独具特色的优质水利生态产品。

关键词： 水利枢纽　水源工程　水利生态产品

一　景区概况

丹江口水利枢纽是新中国成立初期我国自行勘测、设计、施工，具有防洪、发电、灌溉、航运、养殖等综合效益的第一座大型水利枢纽，是被周总理誉为“五利俱全”的水利工程，在新中国水利水电工程建设史上具有重大的历史意义和战略意义。

丹江口大坝国家级水利风景区是依托南水北调中线源头水库和大坝建设的水利风景区，位于汉江和丹江交汇处附近。该水利风景区包括丹江口水利

* 田玉龙，水利部水资源管理中心原副主任，总工程师，教授级高工；秦鹏，汝州市水利局办公室主任。

枢纽工程（大坝及电厂）及其形成的广阔水面、大坝左右岸观景游览区域，是国内少有的具备“城中看坝、坝上观城”条件的位于城区的水利风景区，总面积约16平方千米。

（一）流域基本情况

汉江，又称汉水，为长江最大的支流。汉江干流发源于陕西省秦岭南麓，全长1577千米，流经陕西、湖北两省，在武汉汇入长江，流域面积15.9万平方千米。汉江流域是汉民族形成时期文化最发达的地域。丹江发源于秦岭地区的凤凰山南麓，经商洛市商州区、丹凤县、商南县，于荆紫关附近出陕西境进入河南省淅川县，注入丹江口水库。干流全长390千米，为汉江最长的支流，流域面积17300平方千米，占汉江流域总面积的10%。

丹江口水库大坝坝高176.6米，正常蓄水位170米，具有防洪、供水、发电等综合功能。水库水域跨鄂、豫两省，多年平均入库水量为394.8亿立方米，2013年丹江口大坝加高完工后，丹江口水库水域面积达1050平方千米、正常蓄水位库容达290.5亿立方米，被誉为“亚洲天池”，是国家南水北调中线工程水源地、国家一级水源保护区、中国重要的湿地保护区、国家级生态文明示范区。

（二）地域基本情况

丹江口市为县级市，隶属十堰市，东临襄阳老河口市，西接十堰市，南接房县和神农架林区，北与河南省南阳淅川县相邻，距武汉市480千米。全市总面积3121平方千米，辖20个镇（办、处、区），总人口46.3万人；主要交通有武当山机场、汉十高速、316国道等，汉十高铁和贯通水库两岸的环库公路即将全线开通。丹江口市是武当文化的发源地，以均州吹打乐、吕家河民歌、伍家沟民间故事为代表的民俗遗产资源丰富；是湖北省第二大柑橘产区、水产大市和重要的汽车零部件工业集散地；2017年完成地区生产总值225.14亿元、实现公共财政预算总收入20.89亿元；正着力建设国内一流、国际知名的以水文化为鲜明特色的生态旅游城市。

（三）管理单位情况

汉江集团是以汉江水利水电（集团）有限责任公司（水利部丹江口水利枢纽管理局）为核心企业，由30余家全资、控股、参股企业组成的大型企业集团，隶属于长江水利委员会。汉江集团依托水利枢纽管理，忠实履行水利企业、水管单位的政治责任、经济责任、社会责任，在确保南水北调中线供水和汉江中下游防洪及生态安全的同时，坚持“做大水电、做精工业、做优服务业、做强汉江集团”的发展战略，经营业务涉及供水、发电、铝冶炼及深加工、电化工、房地产开发、物业管理、旅游、工程招标监理及施工等，2018年实现营业收入49.31亿元、利润1.42亿元。

二　发展历程

（一）积极筹措自有资金，景区建设与运营管理齐头并进

丹江口大坝是南水北调中线源头控制性工程，水利风景区隶属于水利部丹江口水利枢纽管理局（汉江集团公司），由汉江集团公司旗下的旅游发展公司（博远置业公司）进行运营管理，投入来源为汉江集团公司和旅游发展公司（博远置业公司）自有资金。旅游发展公司（博远置业公司）按照水利部景区办的工作部署以及水利风景区建设与管理相关规范要求有序开展工作，编制了《丹江口大坝水利风景区、丹江口松涛水利风景区建设发展规划（2016～2025年）》，依照规划进行投资建设，运营管理日趋规范。

（二）实施坝区环境整治，生态修复和景区美化有机统一

丹江口水利枢纽管理局从2014年以来，响应水生态文明建设号召，积极践行绿色发展理念，投资近6000万元对大坝加高施工，工程结束后坝区“荒芜”地块和“杂乱区域”生态得以修复。通过改良土壤，在10平方千米的左右岸坝下区域栽种近2万株樱花、银杏、碧桃等，在修复坝区生态、

改善坝区环境的同时，形成左岸观叶、右岸赏花、坝顶有绿、坝前有景的景观格局。

（三）着力健全配套设施，观光休闲和水情科普相辅相成

管理部门在景区大门新建南水北调中线调水线路造型，左岸银杏谷增建游客服务中心，右岸绿地建设拉膜广场，景区标识标牌按照 AAAAA 级标准进行更新，完成大坝夜间亮化工程。在不断充实坝区观光休闲内容的同时，2018 年完成公益性的工程展览馆二、三楼水利科普展厅的布展，向来馆者进行水情和科普教育。展览馆开展公益性的水文化教育传承，2017 年被命名为教育部首批中小学生研学实践教育基地，每年完成中小学生研学实践 2 万人次。

（四）注重品牌宣传推广，社会服务和经济效益相得益彰

丹江口大坝水利风景区连续两次代表长江水利委员会参加中国水博览会，扩大景区和工程的社会影响力；围绕“源头之旅、畅游山水”品牌，参加区域性的旅游推介会；实施“互联网 +”工程，景区门票、食宿等服务全部上线销售。同时，积极参加水利部景区办组织的培训，开展内部常规性的讲解类、服务类、驾驶类和园艺类职业技能竞赛，打造专业化的运营管理队伍和旅游服务队伍，积累景区运营服务口碑。

三　建设成效

汉江集团管理的丹江口水利枢纽工程是治理汉江、开发汉江的关键性工程，同时也是南水北调中线工程的水源工程，是新中国治水战略的重要节点。初期工程是我国自行设计、自行兴建的特大型水利工程，承载着我国水利工程建设“自力更生、艰苦奋斗”的发展历程。在此基础上建设的水利风景区，把充分发挥工程效益的水利枢纽提升、打造成为一个气势壮观、风景优美的优质水利生态产品。

（一）综合效益得到全面提升

水利风景区借助南水北调中线工程通水的契机和汉江集团打造美丽坝区的春风，以保护水环境、修复水生态、营造水景观、弘扬水文化为内涵开展建设与管理，有效拓展了丹江口水利枢纽工程的综合功能，取得显著的社会、生态和经济效益。

（二）水利工程综合功能进一步发挥

丹江口大坝水利风景区所处的南水北调中线工程自 2014 年 12 月 12 日正式通水，发挥了工程巨大的生态、经济和社会效益，至 2019 年 9 月底累计向北方调水 268 亿立方米。汉江集团着力汉江水电梯级开发，已建成投运王甫洲水电站、潘口水电站、小漩水电站等，总装机容量 183.9 万千瓦；在建和待建的有孤山水电站、新集水电站等。

（三）水利教育功能充分发挥

丹江口大坝水利风景区接待人数从 2015 年的 8 万人次递增到 2018 年的 12 万人次，在旅游收入同步提高的同时，展览馆开展中小学生研学活动 4 万余人次，扩大了南水北调工程的社会影响力，有效发挥了工程的水情教育功能。

四　基本经验

（一）坚持先进理念，推进景区建设良性发展

要做好水利风景区工作，就是要坚持践行绿水青山就是金山银山的理念，坚持生态优先、绿色发展，量水而行、因地制宜，共同抓好大保护，协同推进大治理，同时对优秀地域文化和水文化做好发掘、保护、传承和运用。

一是持续加大建设和管理投入，提升景区服务社会的能力和水平。借力汉江集团做好做优服务产业和打造美丽坝区的发展战略，坚持规划先行，以水文化为引领，对原有规划进行整合、完善，解决景区运营中存在的交通瓶颈和亲水性少、体验性弱的问题。持之以恒加强景区从业人员教育培训，打造专业化人才队伍，形成标准化服务体系，为游客提供规范的接待服务。

二是积极开发“红色旅游”和“研学旅游”，拓展丹江口工程水利文化传承功能。丹江口大坝从新中国成立不久的困难时期开始建设，一直到南水北调中线工程通水，是中国从弱到强的见证。积极开发、挖掘其中的红色基因，申报红色旅游基地，同时充分发挥展览馆作为“全国中小学生研学实践基地”的作用，扩大景区影响力和爱国主义教育影响力。

三是持续打造“源头之旅”品牌，扩大丹江口工程社会影响力。丹江口大坝水利风景区作为“中国水都”——丹江口市的形象名片，将持续借力武当山景区，与武当山旅游企业加强对接，对100千米为半径的“三阳”地区和以400千米为半径的武汉、西安、郑州等地区有针对性地开展旅游营销；加强与南水北调沿线1400千米受水城市的联系对接，打造饮水思源游线，主动融入当地政府全域旅游战略，反哺当地经济社会发展。

（二）对标幸福河湖建设，有针对性地补足短板

2018年，根据《水利部办公厅关于开展水利风景区专项检查工作的通知》（办综合函〔2018〕792号），景区进行了全面自查，提出了问题清单及整改方案，细化措施、责任到人。对大坝景区部分没有限速装置的观光车进行了更换，增添了公共服务设施，及时完成整改。

相信丹江口水利风景区将在建设美丽中国的号召下，坚持绿色发展、强化规划引领、加强景区建设、提升运行管理，打造集红色旅游、水利科普、生态体验、休闲健身为一体的“源头之旅”品牌，在建设生态环境效益显著、水利科普特色鲜明的精品水利风景区道路上更进一步。

<专家点评>

把丹江口水利枢纽这一南水北调源头的世纪水利工程打造成独具特色的国家水利风景区，堪称神来之笔。其特点有三。一是水文化底蕴深厚。丹江口水利枢纽是我国水利建设发展历程中的最具代表性的工程，水利风景区在建设中注重挖掘丰富的水利建设历史和文化，并与举世瞩目的南水北调水源保护相结合，形成自己的内涵和灵魂。二是坚持先进理念。丹江口大坝水利风景区在建设过程中，坚持生态文明理念，实施坝区环境整治、生态修复和景区美化有机统一，使景区建设不断健康发展。三是成效逐渐显现。景区在建设和运行中，积极开发“红色旅游”和“研学旅游”，持续打造南水北调“源头之旅”品牌，有效拓展了丹江口水利枢纽工程的综合功能，取得了显著的社会、生态和经济效益。

B.10
福建莆田木兰陂水利风景区发展报告

刘 洋　赵西君　邓宝祥*

摘　要： 福建省莆田市城厢区的木兰陂始建于北宋治平元年（1064年），作为我国现存最完整的古代灌溉工程之一，木兰陂被誉为福建的“都江堰”。木兰陂历史悠久，积淀深厚，历经后世修整，至今仍发挥着引水、蓄水、灌溉、防洪、挡潮、水运等综合功能。木兰陂先后被列为全国重点文物保护单位、首批世界灌溉工程遗产名录。木兰陂于2013年被水利部批准为第十三批国家水利风景区，属于灌区型水利风景区。通过水利风景区的建设，景区历史文化遗产得到良好保护，水利文明得到良好传承。景区在建设中突出木兰陂特色内涵，深入研究整理莆田历史文化资源，加强水利遗产保护与修缮，逐步打造了一批美誉度高、影响力大的水文化历史品牌。

关键词： 木兰陂　千年古堰　世界灌溉工程遗产名录

一　景区概况

福建省莆田市木兰陂水利工程位于闽中莆田城厢区西南部，地理位置优

* 刘洋，温州大学教授；赵西君，中国科学院中国现代化研究中心副研究员；邓宝祥，中国未来研究会旅游分会理事，高级实验师。

越，水陆交通便利，物产丰富，是莆田市经济文化发达地区。木兰陂风景区涵盖荔城区、城厢区、涵江区的12个乡镇、133个行政村。

木兰溪全长105千米，平均坡降为0.45‰，多年平均径流量为9.85亿立方米。其中木兰陂至三江口段为25.8千米的感潮段。木兰溪流域面积1732平方千米，其中仙游境内为上、中游，流域面积1017平方千米，地貌类型以低山为主，次为中山、丘陵和河谷；城厢、荔城、涵江为下游，地貌类型以平原为主，周围分布丘陵、台地。

木兰陂始建于北宋治平元年（1064年），作为我国现存最完整的古代灌溉工程之一，木兰陂被誉为福建的“都江堰”。木兰陂历史悠久，积淀深厚，历经后世修整，至今仍发挥着引水、蓄水、灌溉、防洪、挡潮、水运等综合功能。1988年1月，木兰陂被国务院列为全国重点文物保护单位；2009年3月，时任宁德市委书记的习近平同志曾亲临景区劳动，指导当地水利建设；2013年10月，木兰陂被评为国家水利风景区；2014年9月，木兰陂被列入首批世界灌溉工程遗产名录。

景区属亚热带海洋性气候，受海洋气团的影响，年平均降雨量900~1800毫米，其中沿海1000~1100毫米，木兰溪下游平原1300~1400毫米。降雨时段分布不均，4~9月的雨量约占全年雨量的80%，主要有梅雨和台风雨两种类型。梅雨从4月下旬至6月下旬；台风雨多在7~9月，时间短，雨量集中，强度大。台风登陆时沿海风力可达10~11级，最大达12级以上。灌区气候温和，平均气温19.9℃，极端最高气温37.9℃，极端最低气温0.7℃。

木兰溪流域内主要水文站为濑溪水文站，集雨面积1070平方千米。

二　发展历程

木兰溪水利工程建设历史悠久，为国内现存最完整的古代大型水利工程之一，历经900多年洪水的严重考验，至今保存完好，实属不易。中华人民共和国成立初期，莆田人民开始进行空前规模的水利建设，并建成一座总库容为2.8亿立方米的大型蓄水工程——东圳水库。目前，木兰溪流域已建成的蓄水工程总库容达4.8亿立方米。现有水利工程可以保灌3.4万公顷耕地，平原地区基本实现自流灌溉。

莆田市委、市政府于2009年开始决定对木兰陂及周边环境按照水利风景区的标准进行保护性建设。木兰陂风景区一期工程于2010年9月开工，总投资约2000万元，2011年6月建成。木兰陂景区工程是木兰溪下游二期霞林段防洪工程的配套项目。在尊重历史、保护文物、纪念先贤、改善木兰溪下游两岸水生态环境的前提下，先后对木兰陂文物整体进行加固保护建设，对木兰陂纪念馆、钱四娘庙、冯智日纪念堂外移重建，并对周边环境进行生态景观建设。

风景区总面积6.63万平方米，其中南岸占地3.63万平方米，北岸占地3万平方米。南岸包括木兰陂纪念馆、钱四娘庙及其连接碑廊等；北岸包括风景区门楼、冯智日纪念堂等。主要建设内容有：木兰陂万金桥桥面石更换，增设栏杆及踏跺归整；南北坡程表面泥沙、杂草清理及坡程面石复原等；木兰陂纪念馆采用传统工艺由原址南移45米，整体抬升2.5米后依实物为样重建；冯智日纪念堂采用传统工艺由原址后移14米、东移20米、整体抬升约3米后依实物为样重建；钱四娘庙采用传统工艺由原址南向平移20米、抬升2.5米后依实物为样重建；配套景区景观建设等。

木兰陂水利风景区规划的湿地和展示区将根据不同洪水位分类建设：5年一遇及以下洪水位，为河滩湿地，依原有地形地貌种植丰富多样的乡土水生和湿生植物，保护原有湿地形态，让原有植物种类得以繁衍；20年一遇及以下洪水，依原有地形，设置园路、休闲广场，结合雕塑小品，植栽以耐水、耐淹的乡土植物，展示古代水利的历史风貌；根据每个纪念馆不同表现形式，突出不同历史时期的基本特征，以各纪念馆作为主要景观，结合防洪堤建设，弘扬水文化，形成了水利、文物、生态、防洪的公园特征，理清文化脉络，延续历史传承，为经济社会可持续发展及生态防洪谱写动人的篇章。

三　建设成效

（一）水生态环境建设成效显著

木兰陂枢纽工程由拦河坝、冲沙闸、进水闸和导流堤构成。拦河坝全长219.13米，全部采用大块体花岗岩条石砌筑，属于砌石堰闸型拦河坝。进水闸分南北两座，南闸双孔引流，北闸单孔引流，可灌溉农田13.7万亩。渠系工程包括南洋沟渠和北洋沟渠，南北洋沟渠水工建筑物有排涝闸、通海涵洞、控制闸、进水涵洞等。木兰陂建成以后，护佑着100多万人口、33%的莆田耕地，总灌溉面积达16.3万亩。木兰陂是具有代表性的拒咸蓄淡灌溉工程，也是我国现存最完整的古代灌溉工程之一。

木兰陂主体工程规模大，功能强大，其建筑科学价值至今仍然值得我们珍视和借鉴。木兰陂拥有坡首枢纽工程、渠系工程和堤防工程三部分。该项工程建筑艺术效果明显，观赏性、借鉴性强，可与四川都江堰媲美。

木兰溪是风景区重要的水文景观，木兰溪河面宽广，水面平缓，水质清澈。具有较高观赏价值，令人赏心悦目。木兰陂滚水坝上有径可通南北岸。春日木兰溪水初涨，坡上溪面宽广，水平如镜，两岸山野花树倒映，趣意盎然。涨溢的春水越坝而下，形成瀑布，雪飘雷鸣，又是一番景象。“木兰春涨”自古就被列为“莆田二十四景”之一。木兰陂以东、木兰溪北岸有一处天然温泉出水口，水量大，长年不断，是目前莆田市民的天然温泉浴场。木兰溪水质清澈，能见度好。风景区污水达标后进入市政污水排放体系。

木兰陂以西的双虹吸管是东圳水库的主渠道。双虹吸管为钢筋混凝土结构，双管并列，水管内径2.4米，横跨木兰溪，全长356.3米，架设在22个跨溪排架上。该项工程是莆田现代水利工程。长356米的双虹吸管形如双龙，翔舞于溪流之上，使木兰胜景更加壮观。

为实现科学管理，景区十分重视建立和健全规章制度，先后制定了《莆田市木兰陂风景区管理制度》、《消防安全管理制度》、《定期维修安全管理制度》和《安全值班制度》等各项制度，使景区管理工作纳入科学化、规范化和制度化轨道。

风景区以现有的用地资源条件，综合考虑区块地貌状态，采取以木兰陂重要保护区为核心、以木兰陂水利工程为文化纵轴、以木兰溪为生态横轴，五区联动手法，形成“一核、两轴、四区”的总体空间格局。为了保护好、管理好、建设好景区，在规划建设管理上，当地水利部门认真执行《木兰陂水利风景区总体规划纲要》，严格按照资源条件和自然规律，因地制宜，综合整治，效果明显。

（二）社会效益明显

木兰陂灌溉工程对莆田南北洋平原社会经济文化发展具有里程碑意义，有力地推动了区域经济发展，增加了就业机会，扩展了市场规模，对促进社会发展和经济繁荣起着不可替代的作用。木兰陂主体工程保存较好。木兰陂历经三次才建成。经过悠长历史的洗磨，第一次和第二次建坡失败后的坡体早已荡然无存。木兰陂工程由坡首工程、渠系工程、堤防工程三部分构成，历经多次维修，至今仍保存完好并发挥水利作用。

当地水利部门以风景区现有资源为基础，以市场为导向，寻求旅游市场需求与供给之间的最佳结合；保护木兰陂水利工程的完整性和正常运转及木兰溪水资源生态环境，科学、合理地设置游览线路；按照高起点、高标准规划原则，把风景区纳入全省旅游产业发展大局中统筹考虑，对风景区旅游进行前瞻性规划，将其定位为全省重点水利旅游项目；坚持突出特色，打造文化品牌的原则。风景区以厚重的木兰陂文化为内涵，并将其体现在建筑物的建筑风貌及风格上。

木兰溪作为莆田地区的母亲河，现在提供的不仅是水利功能的服务，还有休闲娱乐等更高层次的服务以满足人们日益增长的物质文化需求。木兰陂公园及连接公园滨溪绿道的修建，不仅为城市增加了一道亮丽的风景线，还拓展了城市绿化和休闲空间，为人们提供更多的休闲场所，提高了城市生活品质。

景区地理位置优越，风景区紧邻市中心，外围交通便利。目前可以依托三条铁路、三条高速公路、三处空港和一个海港。铁路有福厦铁路、向莆铁路、宁漳高速铁路。三条高速公路即莆永高速、沈海高速、湄渝高速。风景区距福州长乐、泉州晋江、厦门高崎三个机场在2小时交通圈内。风景区外部交通依靠G324福厦公路、荔园路、城港大道；莆永高速公路由西向南穿过景区，在风景区外围有莆田西高速出入口。区域经济发展潜力大，当地社会支持力度强，风景区东邻市级现代综合服务中心，北依城厢区文献路传统商业中心，区域经济发展潜力巨大。

（三）悠久的水文化得到良好传承

木兰陂工程与水文化的有机融合，首先得益于木兰陂本身就是一个有故事、有内涵、有灵魂的水利工程。庞大的工程、艰辛的修建过程、悠久的历史、卓越的成效、英雄水利人和水利精神、相关诗文等，集各种成就于一身的木兰陂本身就处在浓厚的水文化氛围中，在现代社会中熠熠生辉。

北宋熙宁八年（公元1075年），侯官（今闽侯）义士李宏应诏携7万缗到莆田修坡。在精通水利的福州鼓山高僧冯智日的帮助下，选择在木兰山下建坡，此地“溪面宏阔，水势迂缓”，木兰陂于北宋元丰六年（公元1083年）建成。

如今，在木兰陂南岸已建成占地6.63万平方米的木兰陂生态公园，设有木兰陂纪念馆、钱四娘庙和冯智日纪念堂等。木兰陂纪念馆内，供奉着钱四娘、李宏、林从世、冯智日4位建坡先贤圣像。在香山宫古殿外，杜楦树郁郁葱葱，被当地村民称为“圣树”，树下陈列着24位治水功臣的雕像。香山宫古殿旁，一座高大的新殿主体已经修建完工，目前正在进行配套设施的完善。

新建的钱妃圣殿里，供奉一尊由整块汉白玉雕成的3.13米高的钱四娘圣像，还有林从世、李宏、冯智日等6位治水英雄的雕像。如今，这里已是周边村民休闲娱乐的好去处，也吸引着各方信众前来参观纪念。钱妃信仰习俗至今跨越900多年，习俗活动以农历正月元宵巡游及三月十二钱四娘诞辰最为隆重。每年国庆节前后，这里都会举行“钱妃文化节”等祭典活动。据统计，目前，已有奉祀钱四娘宫庙400多座，信众遍布木兰溪两岸。郭沫若也曾在此流连忘返，“清清溪水木兰陂，千载流传颂美诗。公而忘私谁创始，至今人道是钱妃”。这是郭沫若 1962 年秋游览木兰陂后写下的 6 首诗歌之一《咏木兰陂》。2014 年 9 月 16 日，在韩国光州举行的第 22 届国际灌溉排水大会暨国际灌溉排水委员会（ICID）第 65 届国际执行理事会上，木兰陂水利灌溉工程被列入首批世界灌溉工程遗产名录，成为福建省唯一世界灌溉工程遗产。

四　经验启示

（一）发展经验

严格规范管理，保护历史遗迹，保护水资源生态环境。当地政府重视工程保护工作，景区功能至今仍然发挥作用。

一是以保护木兰陂水利工程的完整性和正常运转及木兰溪水资源生态环境为前提，科学、合理地设置游览线路；二是以风景区现有资源为基础，以市场为导向，寻求旅游市场需求与供给之间的最佳结合点；三是按照高起点、高标准规划原则，把风景区纳入全省旅游产业发展大局统筹考虑，对风景区旅游进行前瞻性的规划，将其定位于省重点水利旅游项目；四是坚持突出特色、打造文化品牌的原则。风景区以厚重的木兰陂文化为内涵，建筑物在建筑风貌及风格方面均充分体现了文化意蕴。

（二）主要启示

木兰陂是全国现存最完整的古代水利工程之一，是全国重点文物保护单位。为了改变生产条件，莆田人民迫切需要治理木兰溪，化水害为水利。木兰陂建设过程中，主要有以下几点启示。

1. 积极开展保护性建设。2010 年 9 月，对木兰陂及周边环境按水利风景区的标准进行保护性建设，2011 年 6 月基本完成。主要建设内容为：一是坡体加固；二是防洪堤加高后移；三是木兰陂纪念馆等附属建筑物抬升后移；四是增建木兰陂左右岸管理房；五是木兰陂周边景观绿化。

2. 积极申报世界灌溉工程遗产。2014 年 5 月初，自收到国家灌排委关于组织申报世界灌溉工程遗产的通知起，管理处就组织开展申报工作。2014 年 8 月 23 日，木兰陂申报世界灌溉工程遗产评估会在莆田市水利局召开。国家灌溉排水委员会在现场考察后，一致认为木兰陂符合申报条件并同意向国际灌溉排水委员会推荐。同年 9 月 16 日，木兰陂顺利通过国际灌溉排水委员会（ICID）专家组评审，列入首批世界灌溉工程遗产名录。这标志着木兰陂正式走出国门、成为世界性的遗产，这是莆田水利史上一大盛事，对于莆田市打造宜居港城城市名片、建设水生态文明城市，发挥着越来越重要的作用。

3. 加强相关文献资料的查找和整理。木兰陂相关文献资料很多，但都零散分布，而且最早的古籍资料很多已成孤本。通过寻找古籍资料，聘请专业人员进行解读，将零散的木兰陂材料进行系统整理出版，让人们更方便地查阅。

4. 定期举办民俗活动。与木兰陂相关的部分民俗一直保留至今，农历三月十二日是修建木兰陂最早的发起人钱四娘的生辰，每年的这个时候，木兰陂公园里的钱四娘庙就热闹非凡，当地老百姓进香祈祷风调雨顺，还有传统莆仙戏在演出祈福。同时，作为爱国主义教育基地，木兰陂每年端午节还有赛龙舟活动，以及接待学生春游、志愿者环保行动、水文化宣传等活动。

5. 加强除险加固及配套景观工程建设。2014 年 8 月，木兰陂除险加固及配套景观工程启动。工程总投资约 1.5 亿元，景观工程建设总面积约 25 万平方米，建设内容包括木兰陂除险加固，左、右岸堤防河道滩地改造，木兰陂纪念馆、碑廊改造，木兰陂公园南北广场改造，南北渠进水闸外观改造，南渠周边生态治理，等等。

<专家点评>

木兰陂水利风景区依托木兰陂水利枢纽工程和木兰溪而建，2013 年被水利部批准为国家水利风景区，2014 年被列入首批世界灌溉工程遗产名录，是社会关注度较高的景区。我们对该景区给出如下评价和发展建议。

一是各部门齐抓共管，增强景区水利遗产保护和综合利用结合度。世界遗产是不可再生的，对木兰陂水利工程，我们应当进行的是保护性利用和开发，要把保护与可持续利用结合起来。对于珍贵的水利遗产，我们常常面临保护和开发的矛盾。我们首先要树立的就是保护意识。当然，保护世界遗产并不意味着排斥对其进行合理开发利用，但一切开发、利用和管理工作，首先必须把遗产的保护和保存放在第一位，都应以遗产的保护和保存为前提，都要以有利于遗产的保护和保存为根本。通过对木兰陂风景区分类评价，我们认为风景区旅游资源类型丰富、资源吸引力强，景区各项生态保护措施到位。莆田市政府高度重视，莆田人民大力支持本项目，但有待进一步加大资金投入。同时，目前景区资源综合利用还有一定的拓展空间，综合利用率还不够高，还需要强化综合政策引导。木兰陂是我国现存比较完整的古代大型水利工程之一，受益面广，影响力大。对木兰陂水利工程进行有效管理和养护极为重要。

二是进一步完善水利工程和旅游安全保障措施。首先以水利工程本体安全为主，游客的安全也要有保障。对游客可能损坏且造成影响的设施要进行封闭或隔离，要严禁在堤坝上骑摩托车。适时监控，确保工程运行安全。以游客安全为主，对游乐设施实行“设施安全许可证”挂牌服务制，设施使用方法、注意事项告知制，游乐期间监护制，并严格执行设施安全使用检查维护保养细则，确保游客旅游安全。积极参与意外事故保险，创造全方位安全旅游环境。以治安组为主，负责维护景区正常秩序，处理治安事件。同时做好火险巡察及处理预案。木兰陂是我国现存比较完整的古代大型水利工程之一，受益面广，影响力大，对木兰陂水利工程进行有效管理和养护极为重要。

三是水文化和治水精神的弘扬。一个水利工程，跨越了千年，它本身自然就成了文物，成为那个时代生产、生活的最生动、最真实记忆。木兰陂以自己独特的方式，记录了千百年来南北洋的开发史，展示了莆田近千年来的足迹与辉煌。木兰陂承载的不但是历史，更是一代代莆田人的记忆和文化，因此我们更需要深入抓好木兰陂灌溉工程的历史文化传承和创新发展。应进一步扩大木兰陂的世界影响力，挖掘木兰陂水文化内涵，传承和弘扬莆田儿女开拓创新、不屈不挠的治水精神。

四是慎重考虑木兰溪下游的堤坝兴建项目。对于计划在景区木兰溪下游兴建的堤坝项目，建议予以慎重考虑，现存的堤坝是在吸取前两次失败的教训之后第三次选址才建成，这说明木兰陂水利风景区在古代兴建时经过充分论证。如果在下游建成新的大坝，虽然增加了灌溉面积，但对河道两岸必将造成新的影响，也将改变生态环境。能否淹没古堤、对古堤产生哪些损害还不得而知，需要进一步论证。水利工程是百年大计、千年大计，一定要经得起历史的检验。建议当地政府一定要聘请专家充分论证，真正做出科学合理的决策。

B.11
广东乐从水利风景区发展报告

李 鹏 兰红梅*

摘 要： 乐从水利风景区是广东沿海发达地区结合岭南水乡自然特色、文化底蕴打造的城市河湖型水利风景区，也是协调生态经济社会可持续发展的典型代表。城因水而生，水因城而活；城在景中兴，景在城中美。水利风景区与地方社会经济发展形成了良好互动，水利风景区既是当地社会经济高度发展的产物，又在很大程度上促进了当地产业升级和社会经济良性发展。水利风景区建设主动融入地方生态文明建设，通过景观打造、水系连通、水质改善实现城市环境改善、人居环境提升。

关键词： 乐从水利风景区 城市河湖 岭南水乡

一 景区概况

乐从镇位于珠江三角洲中部，距广州市30千米，与佛山市区一河之隔，自古为三省通衢之地。全镇面积78平方千米，下辖25个村居，常住人口超36万，户籍人口12.9万，港澳以及海外侨胞30多万人，是广东著名侨乡。

* 李鹏，云南大学工商管理与旅游管理学院副教授；兰红梅，云南大学工商管理与旅游管理学院硕士研究生。

乐从区位优势明显，交通便利，经济发达，拥有举世闻名的“家具、钢材和塑料”三大专业市场，荣膺“中国家具商贸之都”“中国塑料商贸之都”“中国钢铁专业市场示范区”“中国专业市场示范镇”“国家卫生镇”等多个国家级荣誉。近年来，以新商贸为核心，乐从引入新型智能制造和医药产业，建立了“大家居＋大健康”两翼齐飞的产业体系，努力实现宜居、宜游、宜业、宜商，连续多年入选全国百强镇。

乐从地处北回归线以南，属亚热带海洋性季风气候，光照充足，雨量充沛，常年温暖湿润。年均气温 22.6℃，年均降雨量 1697.7 毫米，年均相对湿度 77%。境内河流纵横，水网交织，东平水道和顺德水道夹镇而流。共有河流 50 多条，河流总长 200 多千米。主要水道有东平水道、顺德水道、英雄河、沙良河、细海河、迳口河、平步河、美观河、九沙涌等，连接河道的小涌与连接小涌的池塘星罗棋布。

2017 年，乐从被确定为全国第二批特色小镇，力打水利牌，打造水利小镇，发挥“水润城镇、水美生活”的重要功能和作用，围绕“开放引领、创新驱动”战略，以国际化视野谋划城市未来，创造更可持续的发展、更美丽的小镇、更幸福的生活，谋求新时代将乐从发展成为精彩多元、开放包容的“智创新高地·国际小都市”。

乐从国家水利风景区位于乐从镇中心区域，总面积 41.32 平方千米，其中水域面积 4.51 平方千米，属城市河湖型水利风景区，也是具有多功能的水利旅游综合体和全域性的城市综合体。风景区由东平水道、英雄河、沙良河、细海河、迳口河等河涌为依托形成的岭南水乡为核心主体，以水域风光、城市景观、田园风情、历史文化为主要景观，涵盖东平水道滨河公园、罗浮宫国际家居博览中心、湿地公园、城市公园、文化公园等风景资源。

乐从国家水利风景区以“一带三轴”建设规划组成，其中佛山新城滨河景观带（又名佛山新城滨河生态廊道）位于佛山市顺德区北部，东西总长约 6 千米，南北平均宽度约 135 米，总占地面积约 80 万平方米，是沿着东平河东西走向的带状滨水公园。

二 主要特色

（一）彰显自然生态特色

一是坚持湿地生态环境恢复理念。在充分保护东平河原有生态环境系统的基础上，把将湿地生态修复纳入公园风景区建设，通过恢复沿河缓冲带，修复浅滩、河漫滩、内河滩，打造景观水池等多样的生态水体形态，建成了佛山市最大的城市滨河湿地公园，该公园已成为广大市民体验“绿、秀、闲、趣、野”水文化特色的重要场所。

二是运用生态地形营造技术。景区采用复式堤岸起伏的堆土曲面增加可绿化面积，并在东平河滩涂地营造了十多个大小不一的安全生态岛，岛留有裸露泥涂和摆设朽木，种植芦苇、再力花、美人蕉、鸢尾、白鹭草、梭鱼草等水生植物，为鸟类提供可以构筑巢穴的舒适环境，吸引鸟类在水利风景区“安居乐业”。

三是植物配置坚持“适地适树”原则。注重乔、灌、花、草的有机搭配；常绿植物与开花及彩叶植物结合；陆生到湿生植物多样性组合；构建植物立体生态群落；保护利用原生态植物。在佛山市范围内淡水区域率先成功引种了桐花树、无瓣海桑等红树林物种。在重要节点上试种中国红、南国早樱等名优樱花品种，并推广种植水翁、落羽杉、水蒲桃等招鸟树种，增加种植白兰、九里香、美人蕉、桂花等蜜源植物以及美人蕉、鸢尾、再力花等净水植物。营造以“佛山绿、醉岭南”为主题的“绿城飞花”花田花海景观，在沿东平河岸线构建起了多层次、多树种、多色彩、多群落的绿色生态长廊廊道，为鱼类、鸟类和两栖类动物提供了充足的花果叶种子及昆虫等食物种类和多样的栖息空间。

四是设施建设方面强调环保材料的应用。在绿道建设中，如绿道铺地采用渗水性较好的透水混凝土，既减少了地面径流和雨水流失，又可为园林植物提供良好的生态条件；湿地风景区道路顺应滩涂地形环境，修建防腐木栈道及汀步组成的慢行道系统布局，整个园区配备休憩、望江平台，最大限度保持人与鸟类栖息地的距离，又减少了游人对鸟类正常生活的干扰和影响，达到“天人合一”境界。

（二）突出岭南文化特色

风景区建设注重传承岭南文化，特别是把富有特色的岭南水文化元素融入公园风景区，打造地方滨水文化品牌。

突出祠堂特色。“顺德祠堂，南海庙”。水利风景区内有100多个祠堂，其中省级文物保护单位——乐从陈氏大宗祠是顺德祠堂的杰出代表。陈氏大宗祠气势恢宏，始建于清朝光绪年间，建筑面积4000多平方米，占地面积9600多平方米，规模之大在广东乃至全国都罕有，其建筑雕塑还大胆吸收西方文化元素，在中国古祠堂中绝无仅有，因此该祠堂被列入全国优秀文物保护利用工程。

展示非遗传承。为了展示极具地方特色的国家非物质文化遗产——木版年画，景区建了“木版画廊”。另外还有展示佛山人文历史的“剪纸画廊”，展示粤剧文化的“南国红豆”国际龙舟赛最佳观赛点的“龙堤”也是景区的著名景点。景区还融入彰显佛山本土文化特色的雕塑及小品（如梦佛山、李小龙、舞狮、镬耳屋、一叶禅、水袖等），既增强了风景区的文化内涵，又强化了广大市民文化上的亲近感、自豪感和认同感。

发展龙舟文化。乐从龙舟历史可追溯到明朝万历年间。每个村都组建了村级龙舟队伍，建成了村级龙舟基地，每年举办多项龙舟比赛，龙舟活动深入民心，发挥了传承和发展水文化的功能。乐从龙舟队成立八年来，在国内外夺冠330多次。2018年，乐从龙舟队代表中国男子龙舟队参加亚洲运动会，创造了历史最好成绩，实现了金牌零的突破，被誉为“小国家队”。

建设水文景观。把岭南水乡文化元素注入水利风景区的建设特别是滨河景观带的建设当中，营造了可以活跃空间、体现岭南水文化主题的龙舟广场、水景、喷泉、小品、铺装等景观元素，展示岭南水乡文化。

（三）强调亲水惠民特色

在风景区建设阶段就注重收集民意，完善建设方案。建设阶段，通过坚持每周 3 次访客问卷调查以及通过网络等方式收集、了解市民对水利风景区已建成节点存在问题的看法，并征求改进建议。以民意来倒推政府决策，进一步科学安排新节点的景观设计、施工方案，最大限度地满足广大市民的真实休闲游憩需求。风景区新增了音乐喷泉、塑山瀑布、儿童乐园、五人足球场、模型赛车场和篮球场等功能区域和设施，丰富了滨河景观带的惠民休憩功能。

特色景观带风景区建设和设施配备注重交通的通达性、活动的参与性与互动性。整个风景区有绿道贯穿，同时配套各种运动场所，较好地拓展了居民城市游憩活动空间。一是设置了多样化的亲水景观设施（如滨水散步道、卵石滩、亲水码头、音乐喷泉、瀑布等），将市民充分吸引到水边，让他们重拾水岸记忆。二是打造人性滨水活动场地，如占地约 4 万平方米的露天游泳场充分整合了东平河的自然风光与风景区绿道的功能配套，实现了人与自然和谐共处；7500 平方米的人造沙滩为市民提供了一处享受“阳光”与“沙滩”的休闲场所。三是整个风景区融合了的绿道工程，该绿道已经成为佛山市九大社区示范绿道之一，为广大市民提供了绿色环保的骑行游憩场所。

打造新型城市水乡文化景观。形式多样的亲水设施，如修建露天沙滩泳场、塑山瀑布、山林小涧、望江平台、音乐喷泉、雨水花园、人工湿地、卵石滩等；叠山理水，营造出“水在城中，城在绿中，人绿相随”的新型城市水乡文化景观；对河水、堤岸、内陆景观三大专项进行统筹，有效实现了风景区防洪功能和公园绿地、河流等景观的有机结合，形成“河流水体——滨水公园——城市绿地”的有机统一；打造集湿地体验、运动健身、休闲观光、郊野活动、观鸟科普等多项功能于一体的湿地文化园。

三　建设成效

（一）生态成效明显

水利风景区在水土保持、净化水质、制氧固碳、净化空气等方面发挥着重要的生态功能，初步形成了“河清岸绿、鱼翔浅底”“水草丰美、白鹭成群”“天人合一、万物和谐”的生态廊道，产生了较好的生态效益，提供了良好的城市生态产品。在东平河滨水区域营造乔灌丛沼泽和湿生灌草沼泽，改善了东平河水生态系统。同时，生态完好的水利风景区也为鸟类提供了更广阔的栖息繁衍地。

据统计，栖息在水利风景区的鸟类共计 10 目 23 科 60 种，占全国鸟类总种数的 3.50%，占广东省鸟类总种数的 9.41%。水利风景区现已成为爱鸟、观鸟及摄影人士的“打卡”聚集点。

（二）社会成效显著

水利风景区建设是佛山市围绕“集约、智能、绿色、低碳”的新型城镇化发展内涵，建设“产业之城、智慧之城、宜居宜业之城、绿色生态之城”的重要工程。

水利风景区建设诠释了城市滨河生态修复和水乡文化建设的新内涵，开创了城市绿色发展和水生态保护的新篇章，极大地改善了人居环境，提升了乐从乃至佛山的城市整体形象。同时，水利风景区紧紧围绕体育休闲、游憩服务、亲水体验做文章，仅露天泳场办卡市民已超 40 万人，累计接待泳客近 200 万人次；佛山亚洲龙舟锦标赛、全国村居龙舟公开赛等高规格龙舟赛事在滨河景观带龙堤举行。整条景观带年游园人数达 500 万人次，整个罗浮宫景区接待人数达 200 万人次。

特别是滨河景观带，先后获得“2015 年广东省宜居环境范例奖”“佛山市生态科普示范基地”“佛山市十大最美公园”“佛山市生态科普示范基地”

等荣誉。2019 年，风景区滨河景观带作为佛山东平水道段的核心组成部分入选粤港澳大湾区都市型碧道试点。滨河景观带不仅成为美化城市环境的生态工程、提升市民生活质量的民生工程，更成为佛山城市新的运动休闲游憩魅力点和佛山生态文明建设的亮丽名片。

（三）经济成效突出

水利风景区已成为佛山市新的服务业平台和经济增长带。佛山地处珠江三角洲经济发达地区，环境改善带来了经济的转型和发展。水利风景区已经为三龙湾高端科技和商贸业的发展注入了新的生机和活力，成为三龙湾顺德园城市建设的新地标、招商引资的新亮点，为经济发展打造了新的平台。2012 年，中欧中心在滨河景观带南侧风景区拔地而起。目前，中欧中心已成功引入 100 多家企业进驻，涵盖了智能制造、生物医药、研发设计、智能科技及环保服务等领域。杭州指南车机器人科技有限公司佛山分公司考察了好几个地方之后，最终决定落户在中欧中心。公司管理层考虑到佛山新城紧邻水利风景区，且定位比较符合公司产业的发展方向，而且风景区的周边有公园滨水空间和绿道可以满足员工休憩需求。

罗浮宫国际家具博览中心景区汇聚了 2000 多家国内一线家居品牌及上百个欧洲顶级进口家居品牌，是中国家居流通领域的龙头企业和翘楚品牌。博览中心连续多年获得“亚洲品牌 500 强”“全国售后服务十佳单位”“广东省百强服务企业”等多项殊荣。风景区每年迎接的宾客来自 105 个国家和地区，超过两百万人次前来参观采购，声名远播海内外。每年络绎不绝的国内外旅客消费、购物，对乐从镇经济增长具有举足轻重的作用。

2018 年，乐从镇实现地区生产总值 212.08 亿元，同比增长 6.57%；实现税收 40.14 亿元，同比增长 19.1%。未来，乐从将进一步聚焦高端制造业、文旅文创、生物医药、现代金融等战略性新兴产业和龙头项目，重点招引成长型企业，推动产业集聚、企业集群发展。

四 经验启示

（一）与城市建设充分结合

规划引导。滨河景观带为“佛山市城市升级三年行动计划”的重点项目之一。在详细分析新城自然环境、绿化规划以及东平水系生态的基础上，以《广东省生态景观林带建设规划（2011~2020）》《珠江三角洲绿道网总体规划纲要》《佛山市城市升级三年行动计划工作方案》《佛山市海绵城市规划导则（试行）》等规划和规范为依据，以“水-绿-香”为理念，以“升档次、加功能、增色彩、添文化”为手段，以“生态环境优美、水文化主题鲜明、岭南特色突出”为主题，以为广大市民提供“高效率、慢生活”的体验区为目标，充分利用“沿江河景观”和“水乡风貌”条件，做到高起点规划，实现水利建设、生态保护、运动健身、休闲游憩、旅游观光、科普教育等多种功能的融合。

因水制宜。考虑到滨河景观带原是一片河滩，为了充分保护东平河原有河滩的生态环境，设计方案因地制宜，通过恢复河岸缓冲带，修复沿河浅滩，打造河漫滩、内河滩、景观水池等多样的生态水体形态。

分段建设。风景区滨河景观带建设是佛山市委、市政府的重要战略决策，既是一项重要的注重环境的生态工程，也是一项惠及民生的幸福工程。属地政府及新城管委会高度重视，对设计、施工、验收等关键环节严格把关，并高效组织项目管理。在风景区建设过程中，通过滨水将“红线”范围内的绿道、露天泳场、迎水面景观、湿地公园等多项生态绿化工程项目有机结合，并进行统筹整合、分段施工，做到了既符合省市的总体要求，又贴合新城建设的实际情况，充分保证了生态修复与绿化工程的有序衔接和滨水景观的整体协调，有效解决了用地难、资金缺和时间紧三大建设难题，全力确保了工程按时按质按量完成。

（二）建立良好的运营机制

顺德区人民政府成立顺德乐从水利风景区管理委员会，由区领导担任组长。管委会负责水利风景区的申报、创建工作，贯彻执行上级有关水利风景区建设与管理的政策、法规、制度和技术标准，研究制定水利风景区资源的开发利用与保护规划并经批准后实施，协调落实促进水利风景区建设与管理的重大问题。管委会下设办公室，设立在乐从镇人民政府，负责乐从水利风景区建设和管理的具体事务和日常工作，由镇主要领导担任办公室主任。

风景区建设和管理资金从市、区、镇各项财政资金中列支，其中水利风景区中的新城滨河景观带由顺德区财政投入日常管理经费，经费直拨至顺德区国资办，由国资办下属的佛山市新城开发建设有限公司的全资子公司佛山市新城园林绿化工程有限公司和佛山市新城物业发展有限公司实施。其中绿化公司负责绿化养护及环境卫生保洁工作，物业公司负责园区设施维护、秩序维护及露天泳场管理工作。这种直接委托的垂直管理和严格的监督检查验收有力保证了经费的使用到位和高标准管理等目标的实现。

（三）注重水生态环境保护

风景区秉承尊重自然、顺应自然、保护自然的生态文明理念，走出了一条以“生态优先、绿色发展”为导向的高质量发展的新路子。

一是保护河流自然地貌特征。滨河景观带依托堤围内滩涂用地建设，保留了东平河道原有的自然形态，减小了工程建设对河流生态环境的影响。对临水的原生水生植物也在一定程度上予以保留，并在此基础上进一步丰富乡土物种。

二是设立河流与城市之间缓冲区。滨河景观带是建设在东平河流与城市之间的缓冲区，可阻止各类开发活动对河流的破坏。其中，滨水段以水生植物为主，防止滞水断面增加；堤围段则种植乔灌木固土强基，美化环境。

三是以固土保水为目的建造生态护岸。滨河景观带在建设过程中完全采用结构性柔性护岸（如石笼、抛石、台阶、河湾性护岸等），既保证了河岸与水流之间的水分物质交换和能量调节循环，也保证了护岸的抗冲刷能力。通过使用天然材料，在水体和土壤之间形成可渗透的界面，也能够保证地下水与河流水体之间的充分交换，从而达到滞洪补枯、增强水体自净能力的目的，对河流生态廊道的生物和非生物要素系统起到了重要的保护作用。

四是注入了“海绵城市”的设计理念。通过“生态草沟、下凹绿地、透水铺装、雨水花园”等低影响技术措施滞纳雨水，解决传统模式导致的水资源流失、内涝频繁等问题，控制城市开发建设对水生态环境的影响。

五是与河长制相结合。镇政府网站公示了乐从镇主干河涌、村级河涌及主要河道的镇级河长及村级河长名单，在每条河道都树立了河长牌，每年投入一定的资金对河涌进行整治提升，持续改善水生态环境。组织成立了乐从镇河长志愿服务队，引导社会力量参与构建河长志愿服务体系，记录身边的河涌变化，及时向河长反映河湖问题。

（四）突出水文化打造

一是建设人水和谐文化。充分利用水乡条件，对河流、堤岸、陆地景观三大建设专项进行统筹，有效保证了防洪和公园风景区滨水景观的有机结合，形成“河流水体 - 滨水堤岸公园 - 城市绿地”的有机统一，打造集湿地体验、运动健身、休闲观光、郊野活动、观鸟科普等多项功能于一体的风景区。

特别是风景区的滨河景观带在规划、设计、建设和管理中始终贯穿“以人为本，人水和谐”的水文化理念。风景区一方面为广大市民提供了一处观光、休闲、娱乐、健身、科普、游憩的理想场所；另一方面还丰富了市民水资源节约、水利工程建设、水文化传播等方面的认知，也促进了公众在节水、爱水、护水等方面的价值认同，促进了“人水和谐”理念在公众中生根发芽。

二是提供亲水体验。基于水利工程原理，设计独具佛山地域特色的亲水、休闲、娱乐、健身设施，让老、中、青、少都能在亲水玩乐中体验活态水文化。同时，利用东平河的天然河道，对河堤进行微地形调整，建成具有防洪、龙舟观赛、休闲亲水功能的滨水堤岸，打造龙舟的文化圣地。

三是开展水利科普。利用风景区内的水利闸站，增设水利科普教育园，科普水利工程的运行，宣传节水、爱水、护水知识，增强民众的防汛防台风意识，普及水生态环境保护知识，提高人民群众对水利知识的了解。让社会公众更好地了解水文化，理解水文化。

（五）注重水科技应用

滨河景观带着力完善管理的长效机制，全面推行“低碳化、精准化、长效化”管理手段，有效巩固建设成果，确保公园风景区管理有水平、上档次。滨河景观带的绿化管养工作先后荣获 2015～2016 年度和 2017～2018 年度“广东省绿化养护优良样板工程金奖”等荣誉。

执行高标准公园管理规范。执行广东省城市绿地养护质量的一级标准。同时，制定“年”度的工作方案，按“月”编制月度管理任务与指引，然后以“周”为单位安排工作计划，再以“日”为单位进行落实，较好地保证了各项具体工作严格执行到位。

重视管理人才队伍建设。一是建立了针对风景区管理人员与一线作业工人的人事管理制度，确保员工以饱满的工作热情做好各项工作。二是配备了园林绿化（含规划设计、工程施工、园林养护）、物业管理等方面的专业技术人员，全方位指导、监督、跟踪风景区建设和维护管理工作，并通过工程技术人员例会及滨河联席会议进行集体决策，实现风景区规划设计、施工、维护管理的一体化。三是持续提升风景区管理人才队伍综合素质。通过定期组织技能交流和培训学习活动，稳步提升员工，特别是管理人员的业务能力和文明服务水平。

持续进行风景区管理技术创新。一是滨河景观带的绿化废弃物通过资源化利用技术制作生物有机肥反哺绿地，为植物生长提供丰富的营养，从而为鸟类提供高质量的叶花果等食物；同时避免绿化废弃物采用填埋等传统处理方法所产生的土地占用问题以及大量施用化学肥料污染环境等问题，实现整条廊道生态环境的良性循环。二是采用以鸟治虫、以虫治虫、以微生物治病虫、以太阳能诱虫灯治虫、以色板治虫等对鸟类和水环境安全的环保措施控制有害生物，实现万物和谐共存的良好局面。三是基于湿地保育、雨水收集与利用、水净化、生物多样性构建等多项技术打造水资源和水生态保护与利用技术体系，为滨河景观带水资源管理工作提供强力技术支撑。

乐从水利风景区是广东沿海发达地区结合岭南水乡自然特色、文化底蕴打造的城市河湖型水利风景区，也是协调生态经济社会可持续发展的典型代表。城因水而生，水因城而活；城在景中兴，景在城中美。水利风景区与地方社会经济发展形成了良好互动，水利风景区既是当地社会经济高度发展的产物，又在很大程度上促进了当地产业升级和社会经济良性发展。水利风景区建设主动融入地方生态文明建设，通过景观打造、水系连通、水质改善，实现城市环境改善、人居环境提升。

<专家点评>

乐从水利风景区是广东沿海发达地区结合岭南水乡自然特色、文化底蕴打造的城市河湖型水利风景区，该景区是协调生态经济社会可持续发展的典型代表。城因水而生，水因城而活；城在景中兴，景在城中美。水利风景区与地方社会经济发展形成了良好互动，水利风景区既是当地社会经济高度发展的产物，又在很大程度上促进了当地产业升级和社会经济良性发展。水利风景区建设主动融入地方生态文明建设，通过景观打造、水系连通、水质改善城市环境、提升人居环境品质。

B.12 内蒙古乌兰浩特洮儿河水利风景区发展报告

温乐平　许忠敬*

摘　要： 洮儿河水利风景区位于内蒙古自治区兴安盟乌兰浩特市，具有优越的区位条件和独具特色的资源本底条件，属于灌区型水利风景区，规划总面积228平方千米，其中水域面积60平方千米。水利风景区建设始终以生态文明为理念，以民生水利、公益水利、文化水利为指引，以服务地方经济发展为重心，打造成为一个集亲水休闲、养生康体、生态度假、科普教育、文化娱乐于一体的新时代文旅融合、全开放式、全民共享的国家水利风景区。几十年来，洮儿河水利风景区建设管理积累了许多丰富的经验：一是政府主导，健全管理体制；二是依托河长，保护水生态环境；三是加大投入，完善公共服务设施；四是公益为主，传承民族历史文化；五是宣传推介，提高景区知名度。

关键词： 洮儿河水利风景区　灌区型　生态效益

一　景区概况

洮儿河水利风景区位于内蒙古自治区兴安盟乌兰浩特市，2018 年被水

* 温乐平，南昌工程学院水文化研究中心教授；许忠敬，乌兰浩特市水利局局长。

利部批准为国家水利风景区。其依托察尔森灌区、四座引水枢纽以及洮儿河两岸治理工程景观带而建，属于灌区型水利风景区。风景区规划面积228平方千米，其中水域面积60平方千米。

（一）区位条件

洮儿河水利风景区位于兴安盟乌兰浩特市东部，地处洮儿河两岸，距察尔森水库水利风景区约7千米，距科右前旗15千米、扎赉特旗90千米、吉林省白城市40千米。乌兰浩特机场、火车站、汽车站都位于洮儿河景区附近，景区内有白—阿铁路、302国道、乌—白高速、省际通道、乌—扎高速，民航可直通北京、呼和浩特、沈阳、天津、鄂尔多斯、上海等地，景区内外交通四通八达，地空联动的立体交通网络比较发达。

乌兰浩特，蒙古语意为红色的城市，位于内蒙古自治区东北部，处于大兴安岭南麓、科尔沁草原与松辽平原接合处，地理位置特殊，历来是蒙东交通和战略要地，现为中共兴安盟委、行署所在地，是全盟政治、经济、文化和交通中心。

乌兰浩特市是个美丽的草原城市，她北依秀美的罕山，南望一马平川的松嫩平原，这座城市背山面水向阳，正所谓“前有兆，后有靠”，以罕山为靠，以归洮两河为兆，当年蒙古王爷选定的风水宝地确实占尽了风水。有人说，归洮两河好像两条舞动的巨龙，而罕山恰似龙头前的一颗明珠，形成“二龙戏珠”。乌兰浩特市历史悠久，旅游资源丰富，文化底蕴深厚，民族风情浓郁。景区附近还有成吉思汗庙、“五一”会址、乌兰夫办公旧址、民族解放纪念馆、葛根庙等历史文化和民族宗教遗址。

（二）资源特色

1. 水文景观特色鲜明

景区以洮儿河为主体，属嫩江水系黑龙江流域，景区内泉、溪、河、塘遍布，渠系纵横，水域面积100余平方千米；水景奇幻，令人心潮起伏；盛夏，在阳光的普照下，绿油油的稻田如油画般美丽；金秋十月，万亩稻浪飘香，如诗如画，令人心旷神怡。景区水清、渠畅、景美、水到景成，集现代水利工程、生态农业、特色产业、文化休闲、湿地公园等于一体。

2. 地文景观丰富多彩

景区呈现典型的浅山丘陵地貌特征，两岸丘陵此起彼伏、连绵不绝，林木葱翠、风光秀美，林草覆盖率达95%以上。景区内有敖包山、洮儿河湿地、草甸、沙滩、绿洲、小溪及河心岛，可立山地而望云、可放马于草甸，又可闲聊于溪旁。

3. 天象景观资源独特

景区位于丘陵山区向松嫩平原的过渡地带，属于大陆性半干旱季风气候，冬寒、夏热、秋凉、春燥，光照充足，无霜期短，四季分明。常年平均气温5.0℃，年均降水量442.6毫米，年均日照2875.8小时，无霜期139天。景区四季分明，一年四季进入景区都能欣赏到不同的景色，春看山花，夏避酷暑，秋观红叶，冬赏瑞雪，适游期较长。

4. 人文景观丰富多彩

景区不仅景色秀丽，气候怡人，而且有着底蕴深厚的文化遗址和美妙动人的传说，具有独特的人文景观。有现存辽金时期公主陵古城遗址、东北地区最大喇嘛庙——葛根庙及成吉思汗庙等历史遗迹，乌兰夫办公旧址与“五一”会址是自治区级重点文物保护单位和爱国主义教育基地。景区内有蒙、汉、朝鲜、回及满族村屯，是典型的多民族居住区；景区内既有汉族传统特色民宅，又有蒙古族“蒙古包式”、朝鲜族“青瓦台式”建筑，民俗风情独特；景区内的农家乐、民宿、门楼等建筑物都突出了原生态的房屋建筑特点，建筑风格别具一格，与地理气候环境相适应，与周围环境和谐，展现了各民族生活习惯和民俗风情。景区内朝鲜族、蒙古族民族风情的特色十分鲜明。古城村、三合村及国光村展现了朝鲜族民俗风情。朝鲜族是个能歌善舞的民族，每逢节假日和传统老年节，朝鲜族群众载歌载舞，欢腾雀跃。游客在观览朝鲜族民俗风情的同时，还可以品尝朝鲜族打糕、米肠、辣白菜、狗肉汤、石锅酱汤、石锅拌饭、冷面、烤肉等民族特色美食。在具有蒙古民族风情的村庄，游客既可以欣赏别具特色的草原风光，又可以观看那达慕盛会，欣赏传统的摔跤、赛马、射箭、套马、舞蹈等民族体育表演活动，还可以拜访蒙古族牧民，品尝民族茶点、烤全羊、手把羊肉、全羊宴、各种炒菜等。这一切是游客了解乌兰浩特市民族风情和经济文化的重要窗口。

二 发展历程

洮儿河水利风景区建设始于洮儿河乌市段4座引水枢纽工程，1989年，义勒力特引水枢纽、乌兰哈达枢纽、斯力很枢纽、国－哈枢纽4座引水工程建设被列入国家第一期农业综合开发项目，灌区控制灌溉面积30万亩，其中水田种植面积10万亩。工程竣工之后，1991年，时任内蒙古自治区人民政府主席布赫赞美乌兰浩特市灌区为“塞北江南、草原水乡”。

1999年有关部门开始实施国家大型灌区续建配套节水改造工程，先后对这4座引水灌区进行灌区骨干工程衬砌，大大地提高了节水灌溉效益，增加了灌溉农田面积。

从2009年至2013年，乌兰浩特市被列入国家首批小型农田水利重点县，开始实施末级渠系节水改造及农业水价综合改革试点项目，景区灌区工程被列入节水改造项目。

自2013年以来，乌兰浩特市委、市政府站在新时代生态文明建设的高度，谋划全市水利风景区创建工作，立足于“整合小景点、打造大景区”的发展思路，将洮儿河乌市段的自然河道、四个引水枢纽、重点灌区、民俗村、洮儿河生态休闲公园等重要景观资源整合起来，统筹规划，高标准设计和建设。内蒙古自治区发改委、水利厅分别于2013年7月18日、2013年12月23日、2015年6月23日分三批对洮儿河治理工程项目初步设计进行了批复，工程总投资2.64亿元，其中中央投资1.5833亿元，地方配套1.0553亿元。

2014年10月，乌兰浩特市被确定为国家农业水价综合改革示范项目试点单位，共完成哈达那拉灌域、乌兰哈达灌域及义勒力特灌域节水改造面积10.57万亩，总投资8182万元。

2016年，乌兰浩特市委、市政府按照全面贯彻落实习近平总书记关于

“绿水青山就是金山银山”绿色发展理念，以“河长制”为抓手，将水环境、水生态、水资源的保护提升到了新的高度。为进一步科学保护和合理开发洮儿河水利风景资源，乌兰浩特市委、市政府多次召开会议研究制定方案，确定将洮儿河乌兰浩特市区段及周边灌区全部划进水利风景区规划范围，确定了以洮儿河为轴心、水利枢纽为节点、多种类特色板块相交融的空间布局；在不影响水利工程实用功能的基础上，先后完成了对洮儿河防洪工程、灌区渠系骨干工程及部分末级渠系改造工程的景观化建设；结合本地水文化先后建设了具有现实观赏和教育意义的圣旨金牌广场、哈达桥、三合民俗博物馆等景点，最终形成集水工程、水生态、水环境、水文化、水科普于一体的亲水休闲综合体，人们既可观赏水利工程风貌，又可以欣赏别具特色的自然景观和地域民族风情。同年 12 月，乌兰浩特市水务局成功创建了察尔林灌区省级水利风景区，并且得到内蒙古自治区水利厅专家评委的一致好评。

2017 年，为了推进乌兰浩特市水利风景区建设与管理工作，乌兰浩特市委、市政府特批成立了“乌兰浩特市水利风景区管理局”，为乌兰浩特市水务局所属的副科级事业单位，经费实行全额财政拨款。考虑到洮儿河水利风景区范围较大，涉及的乡镇、村比较多，牵涉政府多个部门的管辖职能，乌兰浩特市政府专门成立了由市长任组长，由水利、旅游、林业、国土、城建、环保等部门相关负责人为成员的“洮儿河水利风景区建设与管理领导小组”，坚持政府主导，高端发力，加大政府投入力度，整合多部门项目，确保了洮儿河水利风景区建设的顺利推进。

2018 年，为创建洮儿河国家水利风景区，市政府加强对景区水利工程的维护和对水利基础设施的维修、保养，强化景区水生态环境保护，加速各主要景区的道路、水、电、通信等基础设施的建设，强化、细化、优化景区景观建设，让游客“有景可看，有水可亲，有食可品，有情可舒，有意再来”；改造景区范围内及景区周边村落，提升景区整体旅游形象和档次；加大开发旅游产品力度，形成配套旅游产品体系。同年 11 月，洮儿河水利风景区被水利部批准为“国家水利风景区”。

乌兰浩特市委、市政府高度重视洮儿河水利风景区建设与管理工作，本着“开发与保护并重”的原则，继续加强景区基础设施和服务设施的建设和维护，加大景区水环境和生态环境保护力度，加强景区景观设计和亮化工程建设；使自然风光与人文景观和谐统一，努力营造赏心悦目的水生态景观和历史人文景观，将景区建设成为一个集亲水休闲、养生康体、生态度假、科普教育、文化娱乐于一体的新时代文旅融合的综合性生态水利风景区。

三　建设成效

（一）生态效益突出

景区建设始终以生态理念为指导，把生态效益置于首位。早在20世纪五六十年代，乌兰浩特市在修建引水枢纽工程时就注重生态环境保护。整个灌区建设义勒力特引水枢纽、乌兰哈达枢纽、斯力很枢纽、国－哈枢纽4座跨河引水枢纽工程，灌区灌溉面积60万亩，其中水田面积15万亩，整个灌区被誉为“塞北江南、草原水乡”。此后，接连不断投入大量的资金和人力进行灌区引水工程维护、渠道扩建、节水改造等，修复灌区水生态，改善灌区水环境，保障农业生产。

为综合整治洮儿河水环境，改善水质，提升防洪能力，2013～2015年洮儿河治理工程建设总投资2.6386亿元，其中中央投资1.5833亿元，地方配套1.0553亿元；新建堤防27.32千米，加高培厚堤防23.22千米，河道疏浚7.503千米，护岸工程30处、长31.95千米，土方填筑92.7万立方米，河道清淤土方144.77万立方米，铅丝石笼护坡护岸25.96万立方米。

经过系统的水环境整治，洮儿河水域水质、水环境得到明显改善，不再是污染严重的河流。经检测，水质呈微碱性。整体上水质良好，透明无味，无污染，达到国家Ⅲ类标准。

洮儿河水利风景区使自然生态系统保持完整，提高了植被林草覆盖率（高达95%）；景区内有绿草、芦苇、黄花蒿、兴安落叶松、樟子松、五角枫、云杉、垂柳、红柳树等，还有苔藓植物、蕨类植物、被子植物等；有鲫鱼、鲤鱼、草鱼、鲢鱼、鳙鱼、泥鳅、罗非鱼等淡水鱼类；还有大量的陆生动物，如大鸨、金雕、苍鹭、雉鸡、沙半鸡、绿头鸭、白尾鹞、红隼、银鸥、野兔、狍子等，其中大鸨、金雕、狍子等为国家级保护物种。景区有水稻田15万余亩，湿地面积广阔，自然风景秀丽，空气清新，成为野生动物繁衍生息的乐园，是城市居民休闲养生、科普教育、亲近自然、回归自然、返璞归真、休闲度假的理想家园。

（二）经济效益明显

景区建设始终以服务地方经济发展为重心。察尔森灌区的义勒力特枢纽、乌兰哈达枢纽、斯力很枢纽、国－哈枢纽4座跨河引水枢纽建成之后，灌溉耕地面积多达60万亩，其中水田15万亩，高标准水稻田7万亩。义勒力特灌区于1989年被列为国家农业综合开发区，经过第一、二、三期开发项目建设之后，完成水利工程总投资707.9万元，灌区农业总产值达到1236.2万元，比开发前增加了674.7万元。灌区粮食总产量达到645万公斤，比一期开发后增产123万公斤，农民人均收入达到1368元，比一期开发后增加688元。斯力很灌区经过国家第一、二、三期开发项目建设后，项目区灌溉水田面积3.06万亩；粮食由开发前平均亩产148公斤，增加到开发后的平均亩产448公斤；农民人均纯收入从开发前的862元增加到1238元。哈达那拉灌区于1988年以前仅有一条9千米干渠，灌区水稻田有效灌溉面积1050亩。经过9年3期农业综合开发，灌溉条件有所改善，灌溉面积逐年增大，到1997年，灌区有效灌溉水田稻田面积达到3.73万亩。

1999年开始实施国家大型灌区续建配套节水改造工程，进行灌区骨干工程衬砌。2009~2013年，乌兰浩特市被列入国家首批小型农田水利重点县，开始实施末级渠系节水改造及农业水价综合改革试点项目，共完成哈达那拉灌域、乌兰哈达灌域及义勒力特灌域节水改造面积10.57万亩，总投资8182万元，受益农户5398户、20768人。

2000年以后，在市委、市政府的正确领导下，灌区转变发展理念，充分利用独特的自然资源和人文资源发展乡村旅游产业，提升经济附加值，创造更多的就业岗位，增加农民的经济收入。在灌区居住着汉族、蒙古族、满族、朝鲜族等12个民族，各种文化相互交融。在各级党委和政府的协同努力下，景区现在已经建设成敖包山、花乡小镇、三合朝鲜族民俗村等旅游景点，基础设施和配套服务设施比较齐全；有生态农庄、农家客栈、水上游船、游泳池、垂钓池、歌舞厅、台球馆、健身房、跑马场等休闲娱乐场所；各景区安排有丰富多彩的休闲娱乐、健身康体活动，组织不同形式的滑水、飞艇和游船等水上活动。每年三合村的朝鲜族美食节、朝鲜族老年节、稻田捕鱼节等活动，吸引了大量的省内外游客慕名参加。2018年洮儿河水利风景区游客总量多达几十万人次，日接待量为数千人次，直接创造旅游经济收入上千万元。

（三）社会效益良好

景区建设始终以民生水利、公益水利、文化水利为指引，旨在打造全开放式、全民共享的生态水利风景区，践行服务民生、服务社会的重要发展理念。

乌兰哈达镇三合村始建于1931年，是朝鲜族聚居的村落，这里乡风醇厚、生活富裕，人均收入在3万元以上。近年来，三合村以朝鲜族种植文化、民俗文化、风土人情、特色餐饮、娱乐住宿为旅游吸引点，建设了水稻种植观光木制栈道、三合村朝鲜族民俗馆，举办了稻田捕鱼节、农民丰收节等旅游活动，让游客体验当地民俗文化。如今，三合村已经获得“中国少数民族特色村寨”“全区民族团结进步创建活动示范村”等美誉，让许多寻找乡间野趣的游客流连忘返。

义勒力特镇经历了从游牧小镇到水稻大镇，从解决温饱到迈入小康的发展过程，种植景观水稻让义勒力特镇从穷山村变成了远近闻名的特色花乡小镇，成为洮儿河灌区的一颗明珠。义勒力特嘎查充分利用流经其中的八公河资源，突出了水、花和蒙古族文化几个要素，发展生态种植、生态养殖，开办农家餐馆、农家客栈、民宿等，完善配套服务设施，现已成为市民和外地游客旅游休闲的好去处。

乌兰浩特市委、市政府为了景区农民脱贫致富，鼓励农民创业、开设生态农庄、农家客栈等，同时每年还对开办生态农庄、农家客栈的农户给予一定数量的资金奖励和政策扶持。自洮儿河水利风景区开发建设以来，当地生态农庄、农家客栈的数量成倍增长，旅游产业及服务产业发展迅猛，不断壮大，带动了大量的当地农民创业与就业，解决了当地农民的就业压力，提高了当地农民的经济收入，稳定了当地社会秩序，创造了良好的社会效益。

四　经验启示

（一）政府主导，健全管理体制

作为兴安盟的中心城市，乌兰浩特市紧紧抓住国家“一带一路”、中蒙俄经济走廊、振兴东北老工业基地、西部大开发、支持革命老区和民族地区加快发展等政策机遇，以强化兴安盟中心城市地位为根本，以打造“山水园林、文化旅游、宜居宜业”的新兴县域经济体为目标，坚定不移地走科学发展、富民强市之路。

乌兰浩特市委、市政府紧紧围绕建设山水园林城市的目标，先后投资1.3亿元，对洮儿河城区段进行河道整治，全面融合文化旅游的理念，规划设计了湿地保护、青少年活动、生态度假、休闲娱乐和野外体验等功能分区，将其打造成为集休闲、健身、游憩、湿地科普教育为一体的滨河公园，力争把乌兰浩特市建设成蓝天碧水、柳绿成荫、空气清新、三季有花、四季常青、风光优美的生态宜居城市，构成一个兼具生态效益和社会效益的绿色长廊。

由于洮儿河水利风景区范围较大，涉及的乡镇、村比较多，牵涉政府多个部门的管辖职能，因此，乌兰浩特市政府专门成立了由市长任组长，国土、财政、水利、旅游、农业、林业、城建、环保等部门相关人员为成员的“洮儿河水利风景区建设与管理领导小组”，坚持政府主导，以确保洮儿河水利风景区建设的顺利推进。乌兰浩特市颁布了《水利风景区管理办法》，制定了风景区各项管理制度，如安全管理制度、景区应急预案、景区安全值班制度、安全检查制度、巡逻检查制度、基础设施安全检查制度、卫生管理制度、消防安全管理制度等，切实保障景区正常、安全运行。

为加强对景区环境的保护和管理，市政府专门出台了《乌兰浩特市察尔森灌区水利风景区环境保护管理办法》，组建了景区执法大队，做到有法必依，执法必严，违法必究。为加强景区规划、建设与管理，市政府专门成立了乌兰浩特市水利风景区管理局，① 为市水务局所属的副科级事业单位，所需成员编制向上级申请核定，经费实行全额财政拨款。这两项举措在国内都属于首创，值得在全国推广。在市政府的领导下，景区组织机构得以完善，各项规章制度得以健全，确保了工程和设备的安全运行，促使水利风景区基础设施和服务设施进一步完善。

乌兰浩特市水利风景区管理局主动转变建管理念，积极探索公益型水利风景区的管理模式。由于洮儿河景区属于全开放式景区，景区不收门票，缺少维护经费，因此管理局积极创建志愿者服务队伍，全面提高旅游服务水平和改善环境卫生条件。仅 2019 年初至 11 月，就组织志愿者活动 28 次，参与活动志愿者 4000 多人次，捡拾、清理河道垃圾。通过开展服务讲座、业务知识讲座、专业技能培训等提升志愿服务人员的综合素质，使接待服务人员都能为游客提供人性化、规范化、标准化的服务。在市政府组织的大型国

① 2017 年，乌兰浩特市水务局向市委、市政府提出关于乌兰浩特市成立水利风景区管理局的请示报告，经研究决定，市委、市政府同意成立“乌兰浩特市水利风景区管理局”，为乌兰浩特市水务局所属的副科级事业单位，所需成员编制向上级申请核定，经费实行全额财政拨款；主要职能是执行国家、自治区、兴安盟、乌兰浩特市有关水利风景区的法律、法规和规章制度；编制和实施乌兰浩特市水利风景区建设发展规划；负责乌兰浩特市水利风景区生态环境的保护、利用与管理，对破坏风景区资源和生态环境的行为依法进行处理；审查乌兰浩特市水利风景区内建设项目或活动，对风景区内项目建设施工现场进行监管和检查；负责乌兰浩特市水利风景旅游资源的调查、监测、开发利用、对外宣传和综合管理，监管景区有关国有资产，建设、维护和管理有关基础设施和公共设施；协调管理水利风景区的旅游秩序，协调配合有关职能部门抓好景区旅游经营单位和安全生产工作，指导旅游服务的单位和个人搞好规范经营，提升服务质量和服务水平；协调处理水利风景区与有关单位、乡镇及居民的关系。

际半程马拉松邀请赛、内蒙古东部地区环万亩稻田自行车邀请赛、万人万步走等活动中，志愿者服务队伍以良好的接待能力、高标准的服务质量得到了全国各地参赛人员和游客的一致好评。

（二）河长统筹，保护水生态环境

按照习近平总书记提出“绿水青山就是金山银山”的总体目标和要求，深入贯彻“十九大”会议精神，全面落实推进“河长制”，落实绿色发展理念，推进生态文明建设。“河长制”工作的主要任务为六大方面。一是加强水资源保护。全面落实最严格的水资源管理制度，严守水资源开发利用控制、用水效率控制、水功能区限制纳污三条红线，强化地方各级政府责任，严格考核评估和监督。二是加强河湖水域岸线管理保护。加强水域岸线等水生态空间的管控，依法划定河库管理范围；强化岸线保护和节约集约利用；严禁侵占河道、围垦湖泊。三是加强水污染防治。统筹水上、岸上污染治理，完善监管机制和考核体系；排查入河湖污染源，优化入河排污口布局，实施入河库排污口整治。四是加强水环境治理。强化水环境质量目标管理，保障饮用水水源安全；加强河库水环境综合整治，加大黑臭水体治理力度，实现河库环境整洁优美、水清岸绿，推进美丽乡村建设。五是加强水生态修复。推进河库生态修复与保护，禁止侵占自然河库、湿地等水源涵养空间；强化山、水、林、田、湖、草系统治理，积极推进建立生态保护补偿机制，建设生态清洁型小流域，维护河库生态环境。六是加强执法监管。建立健全法规制度，加大河库管理保护监管力度，建立健全部门联合执法机制，完善行政执法与刑事司法衔接机制；建立河库日常监管巡查制度，实行河库动态监管。

新组建的乌兰浩特市水利风景管理局主要负责景区的规划、建设、管理等日常工作，协调城建、河道、水政监察、河长制管理中心及各乡镇等多个部门，定期对各类水利设施、河库岸线及水面进行清洁和养护，及时对景区景点设施进行检查维修，开展对旅游设施、河岸及水面的清洁工作。为了进一步保护水环境和改善水生态，水利风景区管理局重点依托河长制、河长办，完善与各单位之间的沟通协调机制，充分发挥各个部门的管理优势，共同抓好景区内的水资源和水生态保护，杜绝景区内的资源浪费和水生态环境破坏。

为保护景区水环境，管理局协同河长办、环保、农业、乡镇等多个部门采取多项措施治理水生态环境。从源头上加强水系连通，整个景区以洮儿河为主轴线，各个灌域分别从洮儿河上游、中游引水，在下游又全部汇入洮儿河，水系贯通程度较高。从污染源头上加强防污、控污、排污和治污，严禁污水流入景区；景区内建有污水处理厂，大部分生活污水能够及时处理；部分景点建设防渗厕所、化粪池等，安排专人定点清掏、集中处理，务必达到污水零排放；同时，实施全时段禁渔措施，促进景区内生态良性循环。乌兰浩特市成为内蒙古自治区第一个全时段禁鱼的城市，有效保障了洮儿河的水质和生态环境的可持续发展。

经过多方协同努力，洮儿河水利风景区水环境明显改善，水量更充沛，水质更清澈，经检测后达到Ⅲ类水质标准。由于水生态环境的改善，水生动植物种类越来越多，常见的水生动物有河虾、蛤蜊、田螺、鲫鱼、草鱼、鲢鱼、鲤鱼等，常见的水生植物有芦苇、荷花、睡莲、水葫芦、浮萍等，这些植物兼具净水功能与观赏价值。

（三）加大投入，完善公共服务设施

乌兰浩特市委、市政府一直高度重视洮儿河水利风景区的公共服务设施建设。洮儿河生态休闲公园位于乌兰浩特市城区，由北向南穿市区而过，南北总长8千米，平均宽940米，规划总面积755公顷，工程总投资8.6亿元。水域面积由原来的50.7公顷扩大至目前的147.5公顷，在21处建设游船码头和亲水平台，满足群众乘船游玩和亲近水体的需求。在服务设施方面，不断完善洮儿河公园游园路、慢跑道、移动生态公厕、停车场、儿童游乐场等设施，并积极拉动一大批相关产业发展，鼓励贫困户在景区内开展各类经营服务活动，助推脱贫攻坚工作。在绿化方面，通过适地适树，栽植了河套柳、五角枫、银中杨等50个品种、182万株树木，313万株地被植物，达到了绿荫浓郁的绿化景观效果。

为发展乡村民俗旅游，持续加大民俗乡村的基础设施和服务设施建设。乌兰浩特市先后实施乡村道路硬化、路灯安装、铺装地面、设置垃圾箱等措施，现已硬化乡村道路300余千米，建设运动骑行彩道50千米，安装路灯1200盏，地面铺装10余万平方米，设置垃圾箱2000余个。

目前，乌兰浩特洮儿河水利风景区的“吃、住、行、游、购、娱”六大要素配置基本完成。2019年，乌兰浩特市政府每年都列支专项财政资金100万元，专门用于乌兰浩特洮儿河水利风景区公共服务基础设施的完善和提升，同时市政府对开办农家客栈的农户给予资金的奖励和政策的扶持。

（四）公益为主，传承民族历史文化

为了展现民生水利、文化水利的社会价值，乌兰浩特市政府将洮儿河水利风景区定位为公益型风景区，将其建设成全开放式、文旅融合的生态风景区，全方位多渠道地传承民族历史文化，让市民和外来游客切实感受到乌兰浩特市的开放、包容、博爱。

洮儿河景区历史文化资源十分丰富，既有古代辽金时期公主陵古城遗址、清代的喇嘛庙——葛根庙、近代的成吉思汗庙等历史遗迹，还有乌兰夫办公旧址、“五一”会址和内蒙古民族解放纪念馆等爱国主义教育基地。乌兰夫办公旧址、“五一”会址是内蒙古自治区级重点文物保护单位，而内蒙古民族解放纪念馆是新中国成立后少数民族地区兴建的第一座反映民族区域自治的纪念性展馆，也是内蒙古第一座民族解放纪念馆。该馆围绕内蒙古民族解放和区域自治历程，通过图片、文物、场景造型以及声、光、电等艺术和技术表现手段，全面展示“没有中国共产党的领导就没有内蒙古的民族解放，没有内蒙古的民族解放就没有内蒙古区域自治的60年”的爱国主义主题。

洮儿河风景区民族民俗文化丰富多彩，景区民族以蒙古族为主，还有汉族、朝鲜族、回族、满族等民族，是一个典型的多民族风景区。为了弘扬蒙古族传统文化和庆祝丰收，每年七八月牲畜肥壮的季节景区定期举行“那达慕”大会，大会组织传统的赛马、摔跤、射箭、棋艺竞赛，还组织美轮

美奂的歌舞表演节目。游客不但可以观看“那达慕”盛会的各种体育活动和歌舞表演，还可以拜访蒙古族牧民，畅叙民族情谊，品尝饶有风味的民族茶点、烤全羊、手把羊肉、全羊宴、各种炒菜等美味佳肴。为了弘扬朝鲜族民俗文化，景区建设有三合村朝鲜族民俗馆，传承朝鲜族民俗文化，特别是朝鲜族敬老爱老的民俗文化。景区每逢朝鲜族节假日和传统老年节会在古城村、三合村及国光村举办隆重的朝鲜族民俗节庆活动，朝鲜族民众身着盛装，敲锣打鼓，载歌载舞，喜气洋洋。游客在观赏和了解朝鲜族民俗活动的同时，亲身感受到朝鲜族敬老爱老的优良传统，还可以品尝朝鲜族的打糕、米肠、辣白菜、桔梗、石锅酱汤、石锅拌饭、冷面、烤肉等民族特色美食。

为了进一步传承民族历史文化，乌兰浩特市政府还把民族文化融入景观设计和景区建设，最典型的是雄跨洮儿河生态休闲公园东西两岸的哈达桥，它犹如一条蓝色的哈达飘浮在河上。哈达桥全长908米，桥身线条流畅、回旋曲折，点缀了公园的水景，增加了景观的意境，具有非常高的审美价值；桥上铭牌刻制的哈达知识还具有很高的科普价值。哈达桥不仅是联系两岸各个景点的交通纽带，也是洮儿河生态休闲公园的标志性景观工程。另一处典型文化景观是矗立在洮儿河边的“圣旨金牌”雕塑，此块金牌是世界上出土的唯一元代巴思巴文圣旨金牌。这块圣旨金牌的现世，弥补了元初历史文物罕少的缺憾，为人们研究蒙元历史和蒙古民族历史文化提供了重要资料。

（五）宣传推介，提高景区知名度

洮儿河水利风景区依据乌兰浩特市优越的地理位置，通过葛根庙庙会、那达慕、稻田捕鱼节、桑格花摄影节等活动全面推介景区的绿色生态、红色文化、蒙元文化等特色文化资源；通过举办或参加各类旅游招商会议，发布旅游招商信息；参加各类旅游信息发布会、旅游产品促销会等，提高水利风景区的社会认知度。

洮儿河水利风景区遵循“主流媒体宣传经常化”的原则，围绕打造“水韵红城”旅游品牌，多渠道、多层面、多轮次地强化旅游宣传促销工作，抢占宣传高地。景区积极与新闻媒体沟通，通过电视、报刊、网络等多种形式宣传展示水利风景区风采，并且借助那达慕、杏花节、格桑花摄影节、敖包祭祀、三合村的（美食节、朝鲜族老年节、稻田捕鱼节）三节合一等活动，以及万亩稻田、民俗村、洮儿河生态休闲公园等景点，宣传打造大景区、大旅游，进一步推介景区品牌文化，从而提高洮儿河水利风景区的品牌知名度，扩大水利风景区的社会影响。

<专家点评>

洮儿河水利风景区资源特色鲜明，景观类型丰富，灌溉功能强大，综合效益明显，被称为“塞北江南、草原水乡”。该景区 1999 年开始实施国家大型灌区续建配套节水改造工程，先后对四座引水灌区进行灌区骨干工程衬砌，大大地提高了节水灌溉效益，增加了灌溉农田面积。2009 年，乌兰浩特市开始实施末级渠系节水改造及农业水价综合改革试点项目，景区灌区工程被列入节水改造项目。2013 年，乌兰浩特市委、市政府站在新时代生态文明建设的高度，将洮儿河乌市段的自然河道、四个引水枢纽、重点灌区、民俗村、洮儿河生态休闲公园等重要景观资源整合起来，统筹规划，高标准设计和建设。2017 年，设立“乌兰浩特市水利风景区管理局”。2018 年获得国家水利风景区称号。这一系列连续性做法，为灌区型水利风景区发展提供了可资借鉴的路径和经验。

B.13
河南济源沁龙峡水利风景区发展报告

司保江　张运峰　刘中芳　徐　慧*

摘　要： 济源沁龙峡水利风景区位于河南省济源市克井镇，依托沁河河口村水库工程而建，属于水库型水利风景区。河口村水库在建设过程中，坚持“发扬愚公精神，打造精品工程”的建管理念，按照“科学谋划，持续发展”的建设原则，制定了“建设与管理结合、永久与临时结合、工程与文化结合、工程与景观结合、功能与信息化结合”的五结合原则，依托沁河峡谷内丰富的风景资源和沿河怀川文化，科学规划、有序开发、合理利用、有效保护水利风景资源，同步实施工程建设与景区建设，充分发挥生态系统的自我更新和修复能力，积极营造出山清水秀景美、人水和谐的良好生态环境，切实实现人与自然和谐发展。

关键词： 水利风景区　济源沁龙峡　河口村水库

一　景区概况

河南济源沁龙峡水利风景区位于济源市克井镇河口村黄河一级支流沁河干流上。景区依托沁河河口村水库工程而建，由坝前湖面峡谷、坝顶文化长

---

* 司保江，华北水利水电大学大数据与智能服务研究中心副主任；张运峰，河南省水利厅景区办科长；刘中芳，河南省水利厅景区办工程师；徐慧，华北水利水电大学研究生。

廊、坝后文化广场与滨河公园组成，属于峡谷水库型水利风景区。景区总面积6.3平方千米，其中水域面积5.9平方千米，水面长18.5千米。总体布局为“一带三区”的结构。一带即沁河峡谷风景带，三区即峡谷风光区、湖面游览区和文化展示区。

河口村水库为大（Ⅱ）型水利枢纽工程，总库容3.17亿立方米，总投资27.75亿元人民币，工程于2011年4月开工，2017年10月顺利通过竣工验收。水库大坝工程位于沁河干流最后峡谷段，距离出山口五龙口约9千米，控制流域面积达9223平方千米，占沁河总流域面积的68.2%，占黄河三（门峡）花（园口）间流域面积的22.2%。主要功能任务为防洪，结合灌溉、供水、发电等，在黄河下游防洪工程体系中占据重要位置。

坝顶设置了我国历代水利名人浮雕像，雕像栩栩如生地讲述了我国治水历史的动人传说。在观景平台上布置有大禹、愚公、鲁班等历史名人的雕塑小品，彰显着优秀传统精神文化的传承。沁河魂主题巨型雕塑犹如昂首长啸的巨龙雄姿英发，巍然屹立，雕塑基座下镌刻着《河口村水库赋》，引人入胜。展览馆内，时光流转，再现了工程建设者半个多世纪的艰苦历程。沁河魂主题雕塑和水库展览馆遥相辉映，形成连绵不断的文化长廊，记载着河口村水库建设者秉持愚公移山之志、传承大禹治水之风，锲而不舍、移山筑坝的动人故事。

景区紧密结合当地自然环境及人文积淀，坝下滨河公园划分为生态、科教、精神三大主题，并由一条游园轴线贯穿其中，节水园、科技园、党建活动园三园鼎立，各有千秋，遥相呼应。

景区拥有源远流长的厚重历史文化、瑰丽多彩的特色民俗文化、厚重壮观的独有红色文化、丰富多彩的传统宗教文化以及河口村水库繁荣缤纷的现代水利文化，这些文化共同构成了独特的沁龙峡水利风景区文化。

这里人文历史文化资源丰富。景区附近有五龙口古代水利设施、全国重点文物保护单位一处，沁河古栈道、盘古寺、引沁渠工程和沁园遗址等省级重点文物保护单位四处。沁龙峡水利风景区下游八千米处是五龙引水的地方，始建于秦朝，古称枋口，与都江堰齐名；“沁口秋风”是济源九景之一，引文人墨客群贤毕至；“孔山刀剑立，沁水龙蛇走”是白居易的千古绝唱。五龙引水灌渠至今仍发挥着巨大的经济效益和社会效益。沁河古栈道又名魏晋古栈道，位于景区内左岸沁河峡谷，是三国归晋前后上党至洛阳间兵马粮草和商贾往来的交通要道，目前遗存有壁孔、司马懿石像、司马懿钓鱼台、司马懿藏兵洞和石门铭。景区西侧两千米处是建于北魏的盘谷寺，比少林寺建寺早16年，古称“十方大盘谷寺”，是掌管豫、晋、皖三省四府30余座寺院的佛教首寺，“盘古晴烟”，古朴清幽，因“唐宋八大家”之首韩愈《送李愿归盘谷序》成名，以乾隆帝钦定“名山胜迹”而鼎盛。景区右岸的引沁济蟒渠，又名愚公渠，工程于1965年开工，经10年奋斗，终建成可与林州红旗渠媲美的“人工天河”。河水哗哗，滋润着覃怀大地。燕川渡地处风景区内新修的金滩大桥下，自古以来就是盘谷寺至五龙口的必经之路，历代文人墨客探幽访古、流连忘返，写下许多脍炙人口的著名诗篇。景区下游两千米处为化城寺，系唐咸通四年相国裴休奉敕所建，明嘉靖年间毁于沁河洪水，现存有唐代创建的延庆化城寺龙头古牌碑、宋代重修碑和部分经幢等文物。景区上游紧邻山西山里泉景区，古称拴驴泉，有老子倒骑毛驴拔剑成泉的故事，有姜子牙生前唯一封官的传说，现存拜官亭、姜子牙庙和姜子牙直钩钓鱼台等，此处奇幽秀险，妙然天成。历史名人武将张宗藩，清朝光绪年间人，生于水库淹没区河东村堂门，经层层考试中举武魁，直至升任镇守故宫后大门总监。他武艺高强，清正廉明，办事公道，被光绪皇帝御赐为九州“巡抚”。历史名人文人孟诜，唐朝著名学者、医学家、饮食家，青年拜师孙思邈，帮其编纂《千金药方》，壮年主持孙思邈葬礼，随后隐居于景区内沁河峡谷的司马懿藏兵洞，编纂了《补养方》，其学生张鼎根据《补养方》著《食疗本草》一书，该书是世界上现存最早的食疗专著，集古代食疗之大成，与现代营养学相一致，为我国和世界医学的发展做出了巨大的贡献。孟诜被誉为世界食疗学的鼻祖，目前司马懿藏兵洞内遗存有孟仙庙一座。

二　发展历程

（一）景区建设背景

2014年，济源市全域旅游概念萌生。2015年，济源市出台《关于促进“全域旅游”发展的意见》，全域旅游工作全面铺开。

济源是个处处有风景、时时见风景的大景区，在这个大景区中，“全域”理念融入旅游业的发展，逐步形成了以旅游景区为核心，以旅游城市为游客集散地的产业体系。大交通奠定了大旅游的发展格局，公路通到哪里，风景就要延伸到哪里。景区距济源市19千米，有济（济源）阳（阳城）公路直接连至景区；左岸下游207国道和二广高速距景区约9千米；坝址南约2千米为焦枝铁路，对外交通条件十分便利。

济源有着得天独厚的旅游资源、潜力巨大，具有发展全域旅游的良好条件，近年来济源市主动融入丝绸之路旅游，是首批“国家全域旅游示范区”。沁龙峡水利风景区就位于济源市旅游规划“一核两带”中的山路风景带上，高峡平湖，风光旖旎。

（二）水库建设历程

河口村水库是全国172项节水供水重大水利工程中首个通过竣工验收的工程。

1959年，水利部黄河水利委员会勘测规划设计研究院（2003年9月由事业单位改制为黄河勘测规划设计有限公司，以下简称黄委会设计院）着手对河口村水库进行了现场勘探。1968年9月，河南省发布《沁河下游规划报告》，提出河口村水库建设任务。1973年5月，水利部黄河水利委员会组织山西、河南共同参加并提出了《沁河干流工程选点报告》，对河口村水库工程建设规划进行了初步研究。1980年5月，黄委会设计院牵头，河南黄河河务局和新乡地区水利局配合，共同编制了《沁河河口村水库初步设计报告》，并以此为蓝本开展地勘试验，补充相关数据资料。1985 年 4 月，按照国家计委有关文件精神，黄委会设计院梳理总结以往工作成果，编制了《沁河河口村水库工程可行性研究报告》。2011 年 3 月 2 日，工程可行性研究报告获国家发改委批复实施。

2011 年 4 月 30 日，河口村水库主体工程开工建设，10 月 19 日实现截流，2013 年 12 月导流洞封堵，2014 年 9 月下闸蓄水，到 2015 年年底基本完成主体工程，2016 年 10 月全部工程建设任务完成，2017 年 10 月 19 日，顺利通过河南省水利厅主持的竣工验收。

河口村水库的建成大大提高了沁河下游河道防洪标准，由过去的不足 25 年一遇提高到 100 年一遇，为南水北调中线穿沁工程提供了百年一遇的防洪安全保障。供水方面，每年可提供城镇生活及工业用水 1.28 亿立方米。

水利风景区建设理念始终贯穿在河口村水库建设过程中。施工中，水库周边出现多处裸露边坡，严重影响库区生态环境和边坡稳定，使用传统生态恢复技术也无法达到预想效果。为了解决这一难题，建设者开动脑筋，采用高次团粒喷播新技术，将植物绿化与工程措施相结合，在泄洪洞出口等多处进行水土保持及生态绿化恢复，实现了乔木与灌木的和谐搭配，实现了绿色库区的建设目标。工程汇聚了新时代水利文化与水利精神，荣获国内众多奖项，打破国内多项纪录，成为水利“科技工程”的典范。

在景区所在的苍莽大山深处，种类繁多的野生动植物茁壮生长。太行猕猴是国家二类珍稀保护动物，其族群庞大。建设者非常人性化地在峡谷中修建了两座大跨度的吊索桥，一次可荷载 150 只猴子安全过往，为猕猴生活提供便利，是贴心的猕猴“探亲桥”，也成为当地一景。

在水科普、水文化教育方面，在景区入口设置河口村水库水利工程展览馆与节水园。以现代水利建筑为主，体现现代、简约、科学严谨的特征。展览馆分为关心、共享、保护、希望四个展区，分别从知识、宣传、措施、行动四个层面，系统阐释人与水和谐发展的关系。展览馆内利用沙盘模型、照片、展览墙等设置，把河口村水库的开发、发展等全面展示给游客，让游客在游览中多视觉、多感官、多层次地深入体验、全面了解和欣赏水利工程。

在景区基础设施建设方面，服务中心和服务区为游客提供信息咨询、游程安排、讲解导游、教育科普等服务。服务中心主要保证旅游区的全面后勤供应和接待，服务辐射整个景区；服务区主要针对在景区住宿游客的游览活动，服务半径一般在本区块内；服务点灵活设置，为游客提供方便。

（三）景区建设与管理机构

2007 年 12 月，河南省人民政府成立了“河口村水库工程建设领导小组”；2008 年 8 月，河南省水利厅成立了河南省河口村水库工程建设管理局，全面负责河口村水库的建设管理工作。

为科学合理利用沁龙峡水利风景区资源，保护景区水系生态，全面发挥水利风景区的功能和作用，河口村水库工程建设管理局专门成立了“沁龙峡水利风景区管理领导小组”，注册了河口水利生态开发有限公司，具体负责投资建设及旅游资产管理，明确了管理职责，制定了质量、营销、导游、卫生、环保、统计等规章制度，各项管理制度在管理工作中得到了切实的贯彻执行。目前，管理机构健全，管理制度完备，职责分工明确，风景区内安全标示健全，各项方案措施已制定落实。

三　建设成效

（一）充分发挥水利基本功能

河口村水库功能以防洪、供水为主，兼顾灌溉、发电、改善河道基流等。主要作用：一是完善黄河下游防汛防洪工程体系，与已建成的小浪底、三门峡、陆浑、故县水库五库联合调度，对提高黄河下游的防洪安全起到重要作用；二是将沁河下游防洪标准由不足 25 年一遇提高到百年一遇，可将沁河武陟站百年一遇洪水洪峰流量由 7110 立方米每秒削减到 4000 立方米每秒，也保证了南水北调中线工程百年一遇的防洪安全；三是满足豫北地区能源基地和经济社会可持续发展的迫切需要，每年可提供工业及城市生活用水约1.28亿立方米，以及提高广利灌区灌溉保证率；四是改善沁河下游河道基流，保证五龙口断面5立方米每秒生态流量；五是每年可为电网提供约3435万度的清洁能源。

截至2019年7月底，水库自蓄水以来，最高蓄水位262.52米，泄洪17次，约5亿立方米，向华能沁北电厂供水1亿多立方米，经济效益约8000万元；发电10000多千瓦时，经济效益约350万元；改善沁河下游生态环境，保证了每秒5立方米生态基流；对沁河下游实现多年平均防洪效益约13821万元，已发挥较好的防洪、供水、生态、发电等社会和经济效益。

（二）切实做好水资源环境生态保护

在水资源水环境保护方面，综合运用工程、经济、管理政策和措施，加强水资源开发利用，保护基础设施，不断提高水资源利用效率和效益，改善沁河水源水质，从而保障河口村水库水资源。建设节水型社会，切实提高水资源利用率。加强水污染监控与防治。切实搞好水资源开发利用和保护工程建设。加强水土流失治理，大力发展水源涵养林。

（三）努力提升水利工程形象

工程建设以来，河南省河口村水库管理局先后获得“省级文明单位”“全国水利系统文明单位”“全国水利系统先进单位”“全国水利系统安全监督先进集体”“全国水利文明建设工地”“全省重点项目建设先进单位”“河南省创先争优先进基层党组织”“河南省五一劳动奖状”“河南省工人先锋号”等荣誉称号30余项。

四　经验启示

（一）经验启示

第一，沁龙峡水利风景区在建设过程中直接将水利风景区基础建设纳入水利工程建设，景区建设与工程建设同步规划、同步设计、同步施工，实现工程功能与景区功能同步。

第二，沁龙峡水利风景区通过工程建设与管理、生态与景观、自然与人文的有机结合，实现水库工程与周边环境的自然和谐共处、工程建设与文化传承的科学融合，生动体现了水利风景区与生态文明建设的和谐统一。

（二）前景展望

沁龙峡水利风景区将全面贯彻创新、协调、绿色、开放、共享的发展理念，整合青山、绿水、大坝、名胜、湖泊等旅游资源，巩固提升水利风景区生态优势，“维护水工程、保护水资源、改善水环境、修复水生态、弘扬水文化、发展水经济”，打造以水利人拼搏精神为内涵，以水生态文明为引领，以休闲体验文化为特色，依托水利旅游资源，文化胜景与生态文明相结合，形成布局合理、管理科学的水利风景区，把沁龙峡水利风景区建成在国内外享有一定知名度的休闲体验类旅游地。2018～2020 年为重点调整与建设发展阶段，主要是加强景区基础设施建设；2021～2025 年为产业融合与完善提升阶段，景区建设基本完成，景区接待设施投入使用并产生明显经济效益；2026～2030 年为稳定发展与全面繁荣阶段，目标是创建国内知名旅游目的地。

<专家点评>

沁龙峡水利风景区依托沁河河口村水库而建，属于水库型水利风景区。河口村水库是全国节水供水重大水利工程，是沁河干流大（Ⅱ）型水利枢纽工程。其功能以防洪、供水为主，兼顾灌溉、发电、改善河道基流等。沁龙峡水利工程直接将水利风景区基础建设纳入水利工程建设，景区建设与工程建设同步规划、同步设计、同步施工，实现工程功能与景区功能同步。沁龙峡水利风景区通过工程建设与管理、生态与景观、自然与人文的有机结合，实现水库工程与周边环境的自然和谐共处、工程建设与文化传承的科学融合，生动体现了水利风景区与生态文明建设的和谐统一。

B.14
河南郑州龙湖水利风景区发展报告

司保江　柴　慧　王晓沛　周　俊　张运峰*

摘　要：　郑州龙湖水利风景区依托郑东新区生态水系工程建设，属于城市河湖型水利风景区。景区严格执行《郑州市龙湖水域保护管理办法》，在用好黄河水与高质量发展之间找到巧妙的平衡，修复水域生态环境，使五个湖区各具特色、河湖水系连通，打造城水交融的现代国际都市生态环境，构建体现中原地域自然及人文特色的景观格局；同时推动水利风景区与城市公共服务一体化，实现城市河湖“主客共享”，打造“宜居、宜业、宜游、宜创”的休闲乐土和幸福家园，建设具有康居、休闲、观光、娱乐、购物等功能的综合性水利风景区，使风景区成为流域生态保护和高质量发展的典范。

关键词：　龙湖水利风景区　生态保护　城市河湖型

一　景区概况

河南郑州龙湖水利风景区地处国家中心城市郑州市主城区东部，依托郑

---

* 司保江，华北水利水电大学大数据与智能服务研究中心副主任；柴慧，郑东新区水务局高级工程师；王晓沛，郑东新区水务局局长；周俊，河南省龙湖文化旅游开发有限公司副总经理；张运峰，河南省水利厅景区办科长。

东新区生态水系工程、龙湖引黄灌溉调蓄工程而建，属于城市河湖型水利风景区。景区控制范围226平方千米，规划面积65.56平方千米，其中水域面积17.92平方千米。2017年12月获批河南省水利风景区，2018年12月被水利部批准为国家水利风景区。

郑东新区被誉为水域靓城、生态城区，以水为纽带，通过建设人工湖、运河等河湖水系和绿化网络，达到自然与城市共生的目的。

景区总体布局为“五湖为心，十带润城，五区四廊，蓝绿交融”的结构。五湖即龙湖、如意湖、龙子湖、象湖、莲湖，五区即龙湖景区、如意湖景区、龙子湖景区、象湖景区和莲湖景区，十带即如意河景观带、昆丽河景观带、西运河－金水河景观带、东运河景观带、东风渠景观带、熊耳河景观带、七里河景观带、潮河景观带、魏河景观带、贾鲁河景观带。

景区所依托的郑东新区历史悠久，文化资源丰富，文物古迹、历史名人和知名水系较多。人文资源主要是大河村遗址、列子文化，历史遗迹、墓葬众多，文物价值高，事件影响大。文物古迹中有2处国家文物保护单位（祭伯城遗址、大河村遗址）、4处市级文物保护单位（东周古城、列子祠、小营点军台、王庄遗址），纳入第三次全国文物普查名录的不可移动文物19处，包括古遗址、古墓葬、古建筑及近现代类型的重要史迹和建筑。中原民俗风情较鲜明，河南艺术中心、郑州国际会展中心、千玺广场等建筑风貌特色鲜明。水文化遗产有圃田泽水文化、贾鲁治水文化，并建有相应的科学文化教育场馆。水文化遗产和生态水系的文化品位高、科学价值高。历史名人有祭仲、祭公谋父、祭伯、列子、贾鲁、子产等。有贾鲁治水、子产廉政、列子著书等历史事件。知名河流、湖泊有大运河古汴河、贾鲁河、熊儿河、金水河、东风渠及圃田泽等。

龙湖水利风景区突出特点是依托生态水系工程，完美展现郑州国际化都市风貌。水的灵动、建筑的精美，宜人的人居休闲环境，多样化、多功能的城市活动场所，写意的城市休闲空间，配以深厚的文化内涵，使景区与郑州这座产业城市有机融合，谱写了一部中原城市发展的壮丽诗篇。景区年平均接待游客千万人次，目前主要客流群体比例为：郑州市城市居民以及周边区县居民家庭约占景区总接待人数的55%；国内外商务游客约占景区总接待人数的33%；学生群体约占景区总接待人数的12%。

二　发展历程

（一）建设背景

生态水系是郑东新区规划建设的点睛之笔，通过高起点规划、高品位设计、高标准建设，实现人水合一、城水一体。郑州龙湖水利风景区在郑州这座干旱缺水城市里，先后建成以龙湖为中心的“五湖十河五渠”水网，建设河流总长度117千米，河湖蓄水量8000万立方米，形成一个完整的城市生态水系，一年四季，碧波荡漾。

为转变单一传统水利工程建设观念，推进郑东新区生态水系文明建设，实现水资源的可持续利用，带着黄河流域生态保护和高质量发展的探索与使命，郑东新区管委会在“生态城市”“共生城市”“新陈代谢城市”规划下，把建设龙湖水利风景区作为营造新的水利经济增长点的最大优势、最好载体。

通过建设龙湖水利风景区，一是让社会各界更好地关注水资源节约和水生态环境保护，创造都市居民的幸福家园；二是以景区发展带动城市环境改善，打造国内外客商创业乐土，提高城市投资的经济价值；三是发展水利旅游，在城市公共环境、公共设施、公共产品、公共服务中融入水利旅游元素，提升郑州城市旅游新形象，助推郑州国家中心城市建设。

（二）景区建设与管理

郑东新区在规划阶段充分考虑了郑州作为北方城市缺水的特点，布置大量水利工程建设，充分利用河道、湖泊、湿地等工程实现水资源调蓄、循环和互补，开展集调蓄水量、农田灌溉、景观塑造、气候调节等多功能于一身的水域建设，彰显郑东新区生态、绿水、宜居的魅力。郑东新区生态水系建设工程可分为水源工程、输水工程、龙湖工程、运河工程、龙子湖工程等5个部分。

在水系工程建设方面，相继高标准建成了龙湖、如意湖、龙子湖等景观湖、景观运河，以及一大批闸坝、泵站等水利设施，对辖区内的贾鲁河、魏河、金水河、东风渠、熊耳河、七里河、潮河等河道进行综合治理，形成了较为完善的灌排体系，在防洪除涝，引水补源，城市生态供水，改善生态环境等方面发挥着显著作用。

在水生态建设方面，景区采用生态环保的生物处理技术对河湖进行水质净化，补充水系生态用水，水质达到国家地表水Ⅲ类标准。在湖底铺设膨润土防渗毯，防渗毯中间压缩的天然矿物质火山灰，遇水膨胀，防水系数更大。防渗毯上铺设30厘米厚土，土上铺鹅卵石，满足浮水植物的生长需要。土中含有的微生物还能清洁水体，避免了铺设防渗膜而破坏生态体系的问题。

在水法规建设方面，由郑州市人民政府审议通过了《郑州市龙湖水域保护管理办法》，于2015年7月1日起实行，从而加强了龙湖水域保护管理，促进了水资源合理利用，充分发挥了龙湖水域综合生态功能，使得水域不文明、不安全行为得到遏制。

（三）建设与管理机构

郑东新区管委会设立了河南省龙湖文化旅游开发有限公司，采取政府和资产公司合作的委托管理模式，以公司为依托成立郑东新区龙湖水利风景区管理办公室，积极探索水利风景区行政管理体制改革。下设规划建设部、计划财务部、园林绿化部、景区管理部、综合办公室、人力资源部等管理部门和职能机构，加强对郑东新区龙湖水利风景区的建设、管理和保护。各部门均明确了管理职责，分工明确、相互协作，实行目标管理制，结合水利风景区的特点和实际，制定了规划、绿化、环保、卫生、质量、营销、导游、救护、统计等规章制度。

三　建设成效

景区积极推动水利风景区与城市公共服务一体化建设，实现城市河湖

“主客共享”，打造“宜居、宜业、宜游、宜创”的休闲乐土和幸福家园，建设具有康居、休闲、观光、娱乐、购物等功能的综合性水利风景区，成为黄河流域生态保护和高质量发展的典范。

（一）水利工程设施不断完善

景区建设着重打造“安全、生态、景观、文化、智慧、幸福”水利工程，在保证水利工程设施安全的前提下开发水利风景资源，充分考虑水利工程设施建设风格的观赏性，做到绿化、美化和亮化，使其与周围自然景观协调，为水利风景区的建设创造有利条件。

（二）水资源保护力度不断加强

在景区规划建设中，综合考虑防洪排涝、水资源配置、水资源保护等方面的要求，确定骨干河网布局，拟定河道疏浚和整治方案。对湖泊提出针对性的防渗和净化方案，建立人工湿地，储蓄雨洪。建立完善的水务一体化以及水利工程信息化管理系统，从而实现水资源的有效管理。按照“蓄住天上水、拦住过境水、用足黄河水、保护地下水、开发再生水、优化北调水”的水资源开发利用策略进行水资源优化利用，按照“拦——蓄——供——排——处理——回用”布局水网。加强水资源循环利用，例如，如意湖水系内湖水输送到人工湿地，经水净化系统回流入如意湖水系，最大限度地实现了城市生态景观用水的循环利用，年节约水资源 300 万立方米以上。

（三）水生态环境质量日益提升

景区注重水生态与水环境建设，针对五个核心湖泊，南部流经的金水河、熊耳河、七里河、潮河，北部的贾鲁河、魏河、东风渠，根据水环境保护与污染水环境生态修复的最新研究成果，筛选出 7 种水环境保护与污染水环境生态修复技术，即人工湿地污水生态处理技术、人工浮岛湿地控制富营养化技术、生态护坡面源污染控制技术、自然湿地恢复增强河流自净能力技术、河流生境重建增强河流自净能力技术、底泥生态疏浚控制内源污染技术、点源截污控制外源污染技术。这些技术都是适合郑东新区水环境实际的先进技术，有效地解决郑东新区水环境问题。郑东新区现有湖泊景观水维持在Ⅲ类水标准，大多河流为Ⅳ类水标准。

（四）水景观建设水平不断提高

景区建设重视水系景观的营造。根据生态水系格局，营造层次丰富的水系景观。湖泊作为核心，每个湖泊周边都是一串公园，每条河流两岸都是景观带。例如龙湖区域周边将建设“城市生态交错带”，把龙湖周围20个各具特色的公园区块，通过湖滨散步道连为一体，在10千米带状环形区域形成贯穿且多变的绿色开放空间。连接郑东新区河流两岸的桥梁不但发挥着连接交通的现实功能，而且在外形上实现了“每桥有新意，桥桥都不同”，每座桥都有自己的特点和与其特点相符的名字，成为郑东新区水景观体系的重要元素。现在的郑东新区生态水系周边已实现四季常青、三季有花，40多个大大小小的城市公园沿水系分布。

（五）管理宣传能力日益提高

龙湖国家水利风景区资源的开发利用与保护由政府主导，景区管理办公室加强协调管理，并建立与之相适应的制度和措施。同时，重视宣传作用，在景区资源开发利用与保护时，积极科普水利风景区的内涵，用群众喜闻乐见的形式引导人们自觉保护水利风景资源，形成良好的社会氛围。

四　经验启示与前景展望

（一）经验启示

通过高科技引导，郑东新区龙湖国家水利风景区在用好黄河水与高质量发展之间找到巧妙的平衡，成为黄河流域生态保护和高质量发展的典范。主要有以下几个方面的经验。

一是在用好黄河水与高质量发展之间找到巧妙的平衡。郑州是一座干旱缺水城市，按照“蓄住天上水、拦住过境水、用足黄河水、保护地下水、开发再生水、优化北调水”的水资源开发利用策略进行水资源优化利用，按照“拦——蓄——供——排——处理——回用”布局水网，先后建成以龙湖为中心的“五湖十河五渠”水网，建设河流总长度117千米，河湖蓄水量8000万立方米，形成一个完整的城市生态水系，一年四季，碧波荡漾。

二是在修复水域生态环境过程中，将中原地域自然及人文特色相融合，使五个湖区各具特色，打造出城水交融的现代国际都市生态环境。

三是推动水利风景区与城市公共服务一体化，实现城市河湖“主客共享”，打造“宜居、宜业、宜游、宜创”的休闲乐土和幸福家园。

四是通过立法加强龙湖水域保护管理，促进水资源合理利用，发挥龙湖水域综合生态功能，使得水域不文明、不安全行为得到遏制。

（二）前景展望

郑州龙湖水利风景区全面贯彻创新、协调、绿色、开放、共享的发展理念，以坚持“四水同治”、实现新时代水利现代化为目标，巩固并提升水利风景区生态优势，建设功能完善、创新开放、林水相依、水文共荣、城水互动、人水和谐、生态循环、健康幸福的水生态文明城市。

随着城市水系景观的逐步成型，郑东新区正在筹划如意湖—龙湖—龙子湖的通航工程，通过打通航道提高东区水系的整体层次和吸引力，吸引更多游客观光，使郑东旅游成为新的热点，为东区经济开辟新的增长极，为国家中心城市建设注入新活力。

近期（2019～2021年）目标，将完成莲湖工程建设，完善象湖、龙湖湖区景观建设，提升如意湖、龙子湖和景区整体配套旅游服务设施建设，初步奠定“五湖融城·河渠润城·文化绿城·活力水城”的水利旅游品牌地位。

中期（2022～2025年）目标，将充分整合水利旅游，集聚产业要素，初步形成都市板块，进一步提升龙湖水利旅游产业竞争实力，使其成为具有全国影响力的旅游新热点。

远期（2026～2030年）目标，将继续推进集聚板块建设，构建高品质的都市水利休闲度假体系，创建均衡布局、协调发展的良好局面，成功打造与国家中心城市定位相匹配、全国一流、国际知名的休闲旅游目的地。

<专家点评>

龙湖水利风景区依托郑东新区生态水系工程而建，属于城市河湖型水利风景区。郑州属于干旱缺水城市。龙湖在规划之初，郑东新区便考虑了北方城市缺水的特点，充分利用河道、湖泊、湿地的调蓄、循环和互补作用，开展集调蓄、灌溉、景观、气候等多功能于一身的水域建设。龙湖水利风景区积极推动水利风景区与城市公共服务一体化建设，实现城市河湖"主客共享"，打造"宜居、宜业、宜游、宜创"的休闲乐土和幸福家园，建设具有康居、休闲、观光、娱乐、购物等功能的水利风景区，使其成为黄河流域生态保护和高质量发展的先锋景区和城市河湖型水利风景区的典范。

Abstract

The Development Report of China Water Park (2020) is divided into three parts: general report, special reports and provincial (municipal) development report, consisting of a total of fourteen chapters.

2019 was the year of reform. Therefore, the general report analyzes and elaborates the functional positioning, development direction, etc. of the water conservancy scenic spots since 2001. The overall report presents a summary and an overview of the development status and development characteristics of national and provincial (provincial level) water conservancy scenic spots in 2019; analyzes and summarizes the development results, existing problems, macro situation and development opportunities of water conservancy scenic areas; predicts and forecasts the prospect of development tendency of water conservancy scenic spots; and proposes specific countermeasures and policy suggestions on the existing problems. In 2019, the total number of national water conservancy scenic spots throughout the country reached 878, equivalent to over 2000 provincial quality water conservancy scenic spots. The water conservancy scenic spots showed the development characteristics of "highlighting green development, emphasizing people's livelihood service function, and focusing on enhancement of cultural connotation", and the comprehensive benefits of water conservancy scenic spots were increasingly prominent in China's economic and social development. In the year of deepening the supply-side structural reform, all provincial (regional and municipal) and river-basin organizations actively promoted the development and construction of provincial water conservancy scenic spots by relying on the water engineering, and in full combination with "multi-level and multi-aspect demands in maintaining water engineering, protecting water resources, improving water environment, restoring water ecology, carrying forward water culture, and developing water economy".

The special report carries out research by focusing on the PPP model of ecological restoration and environmental protection in Water Conservancy Scenic Spot. The report discusses the protection and utilization of water cultural heritage in Water Conservancy Scenic Spot; analyzes the Significance of Construction of Water Conservancy Exhibition Hall in Water Conservancy Scenic Area and Steps of Construction of Water Conservancy Exhibition Hall; elaborates the application and Importance of Development Concept of Cultural Tourism Integration in Construction of water resources scenic spot, further elaborates the basic state of tourism safety management in water conservancy scenic areas in china and construction of tourism safety management system in water conservancy scenic areas based on the construction of tourism safety management system in water conservancy scenic area.

The provincial (municipal) development report makes a systematic research on the development of water conservancy scenic spots in Zhejiang. The report summarizes and discusses the innovative practice in construction management of water conservancy scenic spots in Panjin City, summarizes the development results and problems of water conservancy scenic spots, analyzes the development situation, and proposes countermeasures and suggestions on the existing problems.

The scenic spot report conducts empirical analysis of Mulan Water Conservancy Scenic Spot, Lecong Water Conservancy Scenic Spot, Taoer River Water Conservancy Scenic Spot, Qinlong Water Conservancy Scenic Spot, Longhu Water Conservancy Scenic Spot, and other scenic spots, and reflects the status, characteristics, problems and results, etc. of the development of water conservancy scenic spots in 2019 from specific cases.

The appendix shows the statistics of national water conservancy scenic spots by provinces, and the speeches of related leaders in 2019.

Keywords: Water Park; Provincial Development; Scenic Development

Contents

Ⅰ General Report

Abstract: The general report presents a summary of the water conservancy scenic areas across China in terms of their current situation and basic features, development achievements and basic experience, macro situation and development opportunities, development trends and prospects as well as countermeasures and suggestions since the 18th NCCPC (the 18th National Congress of the Communist Party of China). Among those specific aspects, the current situation and basic features sum up changes in the number and type of China's water conservancy scenic areas around the 18th NCCPC and corresponding reasons. Their development features after the 18th NCCPC are also summarized such as emphasis on overall development, multi-party integration, comprehensive planning, scenic areas building, public demands satisfaction, green development and quality products making. Development achievements and basic experience elaborate on opportunities and challenges facing water conservancy scenic areas which are brought by environmental changes following the socio-economic development since the 18th NCCPC. Generally speaking, those areas boast high-quality water, green plants on the bank and beautiful scenery, making the harmony between human and nature possible. When it comes to the macro situation and development opportunities, the two aspects analyze the development of water

model in the field of ecological environment, focused on the case analysis of the Meishe River-Shapo Reservoir water environment comprehensive treatment PPP project in Haikou City, analyzed the financing mode and operation mechanism of the case project, and summarized the achievements, hoping to provide enlightenment and reference for the development of water parks.

Keywords: Water Park; Ecological Restoration; Environmental Protection; PPP model

Abstract: After years of construction, the type of water parks have changed, and there are some water parks constructed around water cultural heritage. Because of the unique value of water cultural heritage, the protection and utilization of the heritage in water parks have gradually been put on the important agenda of scenic spot administrative units. The heritage protection includes protection of authenticity, scientificity and integrity. The heritage utilization should be based on the spiritual excavation, tourism adaptation analysis, the integration of the heritage utilization into rural revitalization and the design of the heritage interpretation system.

Keywords: Water park; Water Cultural Heritage; Rural Revitalization

Abstract: Water exhibition hall is an important content in the construction of water parks. With the rapid development of water exhibition halls, there are some problems in the construction of some exhibition halls, such as the prominent homogenization phenomenon and insufficient excavation of water conservancy characteristics. This paper made clear the significance of water exhibition hall construction, and fully expounded the construction content of the exhibition hall from data collection and mining analysis, compilation of exhibition text and exhibition design in the early stage, to the construction management in the later stage, providing rich reference and useful construction experience for the development of the exhibition hall.

Keywords: Water Park; Water Exhibition Hall; Water Culture

Abstract: The concept of integrated development of culture and tourism has the characteristics of related dominance, application widespread, open inclusiveness, and mutual-promoting linkage. It is an important theoretical basis for the in-depth integrated development of culture and tourism, and plays an important guiding role in promoting the high-quality development of China's culture and tourism. The concept corresponds to the construction requirements of water parks in China with a high degree, of important referential significance for the construction of these parks. Actively applying the concept in the construction could be helpful for the parks to better realize the innovation of system and mechanism, the development of water ecological products, the building of water culture brand, the expansion of the tourist market, the improvement of management level and the enhancement of service quality, so as to make a greater contribution to economic and social development.

Keywords: Integrated Development of Culture and Tourism; Water Park; Aquatic Product; Water Culture Brand

Abstract: Strengthening the construction of tourism safety management system is the basis for the sustainable development of water parks. This paper explored the basic status and situation of tourism safety management of water parks in China through a questionnaire survey. It was found that although the safety management of the parks in China had attracted the attention of the park administrative department, there were still many problems existing in the specific safety management system, such as a serious lack of security and medical personnel, backward safety management system, insufficient investment in safety facilities and equipment, and so on. To realize the safe and healthy development, these park administrations should perfect the tourism safety management system, management system, management mechanism and counterplan for safety for the construction of "one plan, three systems", to strengthen the foundation of tourism safety management system. And, they should promote the tourism safety management from talents, capital, technology, planning and other aspects, to realize the safe and healthy development.

Keywords: Water Park; Tourism Safety Management; One Plan, Three Systems

Ⅲ Development Report of Provincial, Municipal and Scenic Areas

Abstract: Zhejiang Province is a large province in the river basin, rich in water resources, where people live near the waters, the cities are built along the waters, and the civilization arises from the waters. Zhejiang has, over the past two decades, actively promoted the construction of water parks, and made remarkable achievements, effectively meeting the people's growing needs for a better life. This report comprehensively analyzed the current situation and basis of the development of water parks in Zhejiang Province, summarized the main achievements, studied and judged the main existing problems and opportunities and challenges faced, looked forward to the development trend and direction, and proposed the corresponding countermeasures and suggestions.

Keywords: Water Park; Evaluation Criteria; Water Park Directory of Zhejiang Province

Abstract: Liao River Dingxiang Water Park is one perfectly combined with modern ecological civilization and natural beautiful scenery. This report introduced in detail its general situation and development process, generalized the construction effect of the park, summarized the experience and enlightenment that could be promoted. Since its establishment, the park administration has taken the ecological civilization construction as the core to strengthen the protection, scientific restoration, moderate development and reasonable utilization of the park resources, which fully embodied the modern water management concept of human-water harmony.

Keywords: Liao River Dingxiang Water Park; Ecological Construction; Reasonable Utilization

Abstract: Danjiangkou Water Control Project is a key control project for regulating and developing the Hanjiang River and permanent harnessing the flood in the river, and is also the water source project of the middle route ofthe south-to-north water transfer project. The Danjiangkou Water Control Project administration subordinate to the Ministry of Water Resource took the opportunity of the operation of the middle route project of south-to-north water transfer, to carry out the construction and management with the connotation of protecting the water environment, restoring the water ecology, creating the water landscape and promoting the water culture. As the operation management was becoming more and more standardized, they upgraded the water control project with full play to the project benefits and built it into a high-quality water conservancy ecology product with spectacular momentum, beautiful scenery and unique features.

Keywords: Key Water Control Project; Water Source Project; Water Conservancy Ecological Product

Abstract: The Mulan Weir, located in Chengxiang District of Putian City, Fujian Province, was built in 1064 in the first year of Zhiping of the Northern Song Dynasty. As one of the most complete existing ancient irrigation projects in China, it is known as the "Dujiang Weir" of Fujian Province. The weir has a long history and profound accumulation, and still plays the integrated functions of water diversion, water storage, irrigation, flood control, tide blocking and water transportation after being renovated by later generations. It has been listed in the national key cultural relic protection units and the first batch of World Heritage Irrigation Structure List. And, it was approved by the Ministry of Water Resources as the 13th batch of National Water Parks in 2013, and was an irrigation area water park. The historical and cultural heritage of the park is well protected through the construction, and the water conservancy civilization is well inherited. The park administration highlights the characteristic connotation of Mulan Weir in the construction, thoroughly studies and sorts out the historical and cultural resources of Putian, strengthens the protection and restoration of the water conservancy heritage, and has gradually built a batch of water culture historical brands with high reputation and great influence.

Keywords: Mulan Weir; Millennium Ancient Weir; World Heritage Irrigation Structure List

Abstract: Lecong National Water Park is an urban river-lake water park built in the developed coastal areas of Guangdong by combining the natural features and cultural deposits of Lingnan water town. It is also a typical representative of coordinating the sustainable development of ecological economy and society. The city has been built with the water, and the water has life because of the city; The city is prosperous with the scenery, and the scene is beautiful because of the city. There is a good interaction between the water park and local social and economic development. The park is not only the product of the highly developed local social economy, but also greatly promotes the local industrial upgrading and social and economic benign development. They actively integrates the construction of the water park into the construction of local ecological civilization, and improves the urban environment and living environment by creating landscape, connecting the water system and improving water quality.

Keywords: Lecong Water Park; Urban Rivers and Lakes; Lingnan Water Town

B. 12 Development Report of Taoer River Water Conservancy Scenic Area in Ulanhaote, Inner Mongolia / 187

Abstract: Taoer River Water Park is located in Ulanhot City, Hinggan League of Inner Mongolia Autonomous Region, with superior geographic conditions and distinctive resource background conditions. It is an irrigation area water park, with a total planned area of 228 square kilometers, including 60 square kilometers of water area. They have always, in the construction of the water park, taken the ecological civilization as the concept, taken water for people's livelihood, public welfare water conservancy and cultural water conservancy as the guidance, and serving the local economic development as the center, to build a full-open and shared-by-all-people national park that combines culture and tourism, rolling with the new era, and integrates close-to-water leisure, health preservation and wellness, ecological resort, science education, and cultural entertainment. After decades of construction and development, they have accumulated a lot of rich experience in the construction and management of the park: first, perfecting the management system dominated by the government; second, relying on the chief of the river to protect the water ecological environment; third, increasing investment to improve the public service facilities; fourth, giving priority to public welfare, and inheriting the national history and culture; fifth, doing well in publicity and promotion to improve the popularity of the park.

Keywords: Inner Mongolia; Ulanhot; Taoer River Water Park; Irrigation Area Type; Ecological Effects

B. 13 Development Report of Qinlong Gorge Water Conservancy Scenic Area in Jiyuan, Henan Province / 202

Abstract: Jiyuan Qinlong Gorge Water Park is located in Kejing Town, Jiyuan City, Henan Province. It is built around the Qinhe River Hekou Village

Reservoir project, and isa reservoir water park. The administration adhered to the construction and management concept of "carrying forward the spirit of Yugong and creating excellent project" in the construction, and formulated the five combination principles of "combination of construction and management, permanence and temporariness, project and culture, project and landscape, and function and informatization" according to the construction principle of "scientific planning and sustainable development". They relied on the abundant landscape resources in the Qinhe Gorge and the Huaichuan culture along the river, to carry out scientific planning, orderly development and reasonable utilization, in order to effectively protect the water conservancy scenic resources, and synchronously implement the engineering construction and the park construction, which gave full play to the self-renewal and self-rehabilitation capabilities of the ecological system, actively created a good ecological environment with green hills, clear waters and beautiful scenery and human-water harmony, and properly achieved the harmonious development between man and nature.

Keywords: Water Park; Jiyuan Qinlong Gorge; Hekou Village Reservoir

Abstract: Zhengzhou Dragon Lake Water Park is constructed around the ecological water system project of Zhengdong New District, and is an urban river-lake water park. The park administration strictly implemented the *Measures for the Protection and Management of the Dragon Lake Water Area of Zhengzhou*, found a delicate balance between the good use of the Yellow River water and high-quality development, and restored the ecological environment of the water area, where each of the five lake areas had its own features, and the river-lake water system was connected. And they have built a modern international urban ecological environment with the integration of city and water, and constructed a landscape pattern reflecting the natural and cultural characteristics of the Central Plains region;

and, promoted the integration of the water park and urban public services, realized the "host-guest sharing" of the urban rivers and lakes, built a leisure paradise and happy homeland that is "suitable for living, working, traveling and creating", and constructed a comprehensive water park with functions of comfortable living, leisure, sightseeing, entertainment and shopping, becoming a model of river region ecological protection and high-quality development.

Keywords: Longhu Water Park; Ecological Protection; Urban Rivers and Lakes Type

S 基本子库
UB DATABASE

中国社会发展数据库（下设 12 个子库）

整合国内外中国社会发展研究成果，汇聚独家统计数据、深度分析报告，涉及社会、人口、政治、教育、法律等 12 个领域，为了解中国社会发展动态、跟踪社会核心热点、分析社会发展趋势提供一站式资源搜索和数据服务。

中国经济发展数据库（下设 12 个子库）

围绕国内外中国经济发展主题研究报告、学术资讯、基础数据等资料构建，内容涵盖宏观经济、农业经济、工业经济、产业经济等 12 个重点经济领域，为实时掌控经济运行态势、把握经济发展规律、洞察经济形势、进行经济决策提供参考和依据。

中国行业发展数据库（下设 17 个子库）

以中国国民经济行业分类为依据，覆盖金融业、旅游、医疗卫生、交通运输、能源矿产等 100 多个行业，跟踪分析国民经济相关行业市场运行状况和政策导向，汇集行业发展前沿资讯，为投资、从业及各种经济决策提供理论基础和实践指导。

中国区域发展数据库（下设 6 个子库）

对中国特定区域内的经济、社会、文化等领域现状与发展情况进行深度分析和预测，研究层级至县及县以下行政区，涉及地区、区域经济体、城市、农村等不同维度，为地方经济社会宏观态势研究、发展经验研究、案例分析提供数据服务。

中国文化传媒数据库（下设 18 个子库）

汇聚文化传媒领域专家观点、热点资讯，梳理国内外中国文化发展相关学术研究成果、一手统计数据，涵盖文化产业、新闻传播、电影娱乐、文学艺术、群众文化等 18 个重点研究领域。为文化传媒研究提供相关数据、研究报告和综合分析服务。

世界经济与国际关系数据库（下设 6 个子库）

立足“皮书系列”世界经济、国际关系相关学术资源，整合世界经济、国际政治、世界文化与科技、全球性问题、国际组织与国际法、区域研究 6 大领域研究成果，为世界经济与国际关系研究提供全方位数据分析，为决策和形势研判提供参考。

法律声明